JN057043

過労死・過労自殺の救済Q&A

第3版

——労災認定と企業賠償への取組み——

大阪過労死問題連絡会［編］

発行 ⊕民事法研究会

第３版発刊にあたって

　あなたがこの本を手にされたのは、大切な方を亡くされ、その生前の働き方からして、仕事による過労がその死を招いたに違いないと考え、労災申請をしたい、更には労基署長等行政手続では業務外とされたが納得できず、訴訟で業務上と認めさせたいと考えたからでしょうか。

　あるいは、過重な長時間労働をさせた会社の責任を認めさせようと、損害賠償請求の訴訟を提起することを考えたからでしょうか。

　大阪過労死問題連絡会は、働き過ぎによる過労死・過労自殺に対して労災認定や企業補償を認めさせ、被災者やその家族を救済するとともに、働き過ぎ社会を考え、過労死をなくしていくことを目的として1981年６月に結成されました。関西地方の弁護士を中心とする、過労死・過労自殺の遺族、医師、研究者、労働組合、労働団体等によるゆるやかなネットワークです。

　当連絡会を結成して以来、過労死・過労自殺として業務上認定させたい、企業に責任をとらせたいとの思いを大切にして、多くの事件で被災者・遺族の労災認定や企業賠償責任についての実績を積んできました。

　労災認定も企業賠償責任も、被災者・遺族の救済を広げる方向に進んでいます。最高裁判所も、電通過労自殺判決（平成12年３月24日）で「労働者が労働日に長時間にわたり業務に従事する状況が継続するなどして、疲労や心理的負荷等が過度に蓄積すると、労働者の心身の健康を損なう危険のあることは、周知のところである」と断言しています。

　この書は、労災申請をするにあたっての手続や基礎的な知識をわかりやすく解説しています。同時に労災の認定基準の問題点を明らかにし、それを乗り越え認定させるにはどうしたらよいか、さらに会社の責任を追及するには何をなすべきかについて述べています。

　また、当連絡会が結成後40年余りの間、当連絡会の弁護士が多くの事件に取り組む中で得た知識とノウハウを集大成したものです。

　なお、本書は2011年７月に初版が、2016年６月に第２版が刊行されたものですが、2021年９月に厚生労働省の脳・心臓疾患についての認定基準が、労働時間と労働時間以外の負荷要因を総合的に判断するなど、被災者・遺族の

救済を一歩進める方向で20年ぶりに改正されました。また、2020年5月には精神障害・自殺の認定基準でパワーハラスメントについて明確化する改正が行われ、2020年9月の改正労災保険法の施行により副業・兼業をしている複数事業労働者についての救済と補償が拡大しました。

　最新の認定基準や認定例、判決等を踏まえた過労死・過労自殺等の認定や、企業賠償責任の追及のための手引として、あなたが、過労死・過労自殺の手続の中で壁にぶちあたり、めげそうになったとき、この書が力になり、良い結果に結びつけば望外の幸せです。

　当連絡会は無料で弁護士による過労死・過労自殺や働きすぎについての相談（連絡先は巻末参照）に応じていますし、この書の内容についての質問や、引用している各種資料についてのお問い合わせも遠慮なくご連絡ください。

　令和 4（2022）年 2 月

大阪過労死問題連絡会

編集代表　弁護士　松　丸　　　正

過労死・過労自殺の救済Q＆A〔第3版〕

目　次

第1章　基礎知識

第2章　過労死の認定基準

第3章　過労自殺の認定基準

第4章　こんなケースも 過労死、過労自殺

第5章　企業責任の追及

資　料　編

凡　例

改正民法	民法の一部を改正する法律（平成29年法律第44号）による改正後の民法（令和2年4月1日施行）
働き方改革関連法	働き方改革を推進するための関係法律の整備に関する法律（平成30年法律第71号）
労災保険法	労働者災害補償保険法 ※「労働者災害」を「労災」、「労働者災害補償保険」を「労災保険」と表記した。
労働施策総合推進法	労働施策の総合的な推進並びに労働者の雇用の安定及び職業生活の充実等に関する法律
労働者派遣法	労働者派遣事業の適正な運営の確保及び派遣労働者の就業条件の整備等に関する法律
労働保険徴収法	労働保険の保険料の徴収等に関する法律

　本書では、「認定基準」の略語について、二つの通達を参照しているので注意されたい。

① 「血管病変等を著しく増悪させる業務による脳血管疾患及び虚血性心疾患等の認定基準について」（令和3年9月14日基発0914第1号）
　……過労死に関する認定基準＝第2章で「認定基準」として参照

②「心理的負荷による精神障害の認定基準について」（平成23年基発1226第1号、令和2年8月21日基発0821第4号改正）
　……過労自殺に関する認定基準＝第3章で「認定基準」として参照

第 1 章

基礎知識

Q1　過労死・過労自殺の意味と発生件数、認定状況

「過労死」「過労自殺」という言葉をよく耳にしますが、どのような用語として使われているのでしょうか。また、毎年どれぐらいの人が過労死・過労自殺しているのでしょうか。そのうちどの程度が労災として認定されていますか。

●過労死の意味

　平成26年6月、「過労死等防止対策推進法」が成立しました（巻末資料編〔資料6〕）。同法では、「過労死等」について、次のように定義しています。「業務における過重な負担による脳血管疾患若しくは心臓疾患を原因とする死亡若しくは業務における強い心理的負荷による精神障害を原因とする自殺による死亡又はこれらの脳血管疾患若しくは心臓疾患若しくは精神障害」をいうとしています（同法2条）。

　なお、医学的に「過労死」を説明すれば、「過労により人間の生体リズムが崩壊して、生命維持の機能が破綻をきたした、致命的な状態」です。脳出血、くも膜下出血、脳梗塞などの脳血管疾患や、心筋梗塞、心不全などの虚血性心疾患、さらには過労から生ずる喘息発作、てんかんのほか、広義では自殺、精神障害も含みます。現代日本社会の病理的な長時間労働が労働者にもたらすものとして、社会的に定着した用語であり、また国際的にも「KAROSHI（Death From Overwork）」として紹介されています。

●過労死・過労自殺の発生件数

　循環器系疾患による死亡者は厚生労働省の統計によれば、毎年30万人程度であり、そのうち就労者にとって生活上の過重負荷は仕事からくることが多いことを考えると、少なくとも数千人から1万人が過労死していると考えられます。

　自殺は、平成10（1998）年に年間の自殺者が3万人となって以降、14年連

続で年間の自殺者数は 3 万人を超えた状態が続いていました。平成22（2010）年以降減少傾向となり、平成24（2012）年には 3 万人を切りました。令和元（2019）年には 2 万169人となったものの、令和 3（2021）年は、 2 万0830人（速報値、警察庁統計）となっています。

　警察庁の自殺統計原票データに基づき厚生労働省が作成した表では、令和 2 年の自殺者総数のうち、勤務問題を原因・動機の一つとするものの割合は、1918人で9.1％となっています（令和 3 年版過労死等防止対策白書）。

●認定状況

　過労死・過労自殺の労災認定の状況と内訳は後掲各表のとおりです。

　まず、脳・心臓疾患の労災補償状況（〈図表 1 〉）をみると、ここ数年の脳・心臓疾患に係る労災請求件数は800件から900件強で、これに対する支給決定件数は、200件台となっています。労災給付の支給決定がなされている割合は30％台ですがここ数年は認定率が下がる傾向にあります。

　令和 3 年 9 月14日に全部改正された「血管病変等を著しく増悪させる業務による脳血管疾患及び虚血性心疾患等の認定基準」（第 2 章 Q12以下参照）により救済の幅が広がることが期待されるところですが、年間数千人から 1 万人が過労死していると考えられることからすれば、まだまだ十分な補償がなされているということはできません。

　また、精神障害・過労自殺についても、平成23年12月に「心理的負荷による精神障害の認定基準について」（第 3 章 Q21以下参照）が発表されたことにより、請求件数が大幅に伸びています。精神障害等の労災補償状況（〈図表 2 〉）をみてみると、特にここ数年における精神障害・過労自殺の請求件数の増加傾向は著しく、令和元年度には2060件（うち自殺事案が202件）と2000件を超え、令和 2 年度も2051件（うち自殺事案が155件）の請求件数となっています。支給決定件数も令和元年度が509件（うち自殺事案は88件）、令和 2 年度が608件（うち自殺事案が81件）となっています。

　近年、職場のいじめ、パワーハラスメントなどの職場の人間関係のトラブルによる精神障害の発病事例も増加傾向にあります。残業代が支払われないため、会社が適正に労働時間管理を行わず、結果的に労働者が長時間労働を

3

強いられているケースが少なくありません。上記のように認定基準はあるものの、労働実態の立証が難しいなど、認定の壁は依然として厚いといえます。しかし、それでも認定の門戸が広がってきていることや、審査請求などの不服審査や訴訟によって逆転勝利したケースも数多くありますので、最後まであきらめないでほしいというのが私たちの願いです。

〈図表 1〉　過去 5 年間の脳・心臓疾患の労災補償状況

区　分 ＼ 年　度	平成28年度	平成29年度	平成30年度	令和元年度	令和 2 年度
脳・心臓疾患 — 請求件数	825	840	877	936	784
決定件数注2	680	664	689	684	665
うち支給決定件数注3	260	253	238	216	194
［認定率］注4	［38.2%］	［38.1%］	［34.5%］	［31.6%］	［29.2%］
うち死亡 — 請求件数	261	241	254	253	205
決定件数	253	236	217	238	211
うち支給決定件数	107	92	82	86	67
［認定率］	［42.3%］	［39.0%］	［37.8%］	［36.1%］	［31.8%］

注1　本表は、労働基準法施行規則別表第 1 の 2 第 8 号に係る脳・心臓疾患について集計したものである。

　　2　決定件数は、当該年度内に業務上又は業務外の決定を行った件数で、当該年度以前に請求があったものを含む。

　　3　支給決定件数は、決定件数のうち「業務上」と認定した件数である。

　　4　認定率は、支給決定件数を決定件数で除した数である。

出典：厚生労働省

〈図表2〉　過去5年間の精神障害の労災補償状況

区　分	年　度	平成28年度	平成29年度	平成30年度	令和元年度	令和2年度
精神障害	請求件数	1586	1732	1820	2060	2051
	決定件数注2	1355	1545	1461	1586	1906
	うち支給決定件数注3	498	506	465	509	608
	［認定率］注4	［36.8%］	［32.8%］	［31.8%］	［32.1%］	［31.9%］
うち自殺注5	請求件数	198	221	200	202	155
	決定件数	176	208	199	185	179
	うち支給決定件数	84	98	76	88	81
	［認定率］	［47.7%］	［47.1%］	［38.2%］	［47.6%］	［45.3%］

注1　本表は、労働基準法施行規則別表第1の2第9号に係る精神障害について集計したものである。

　2　決定件数は、当該年度内に業務上又は業務外の決定を行った件数で、当該年度以前に請求があったものを含む。

　3　支給決定件数は、決定件数のうち「業務上」と認定した件数である。

　4　認定率は、支給決定件数を決定件数で除した数である。

　5　自殺は、未遂を含む件数である。

出典：厚生労働省

Q2　労災申請(1)──手続

　　夫の死亡は過労死だと思いますので、遺族の手で労災申請をしたいと考えています。実際に労災を申請するにはどのような手続をとればよいのでしょうか。また、申請した後の手続はどのような流れになるのでしょうか。

　　通常の民間労働者の場合、まず、①労災補償保険金の支給を受けようとする者、つまり被災者またはその遺族が、②給付の種類ごとに定められた請求書等（後掲【書式1】【書式2】参照）に所定の事項を記載して、③被災者の就業していた事業所を所轄する労働基準監督署長（以下、「労基署長」といいます）に対して、申請（遺族補償年金等の支給請求）を行います。

●事業主（会社）が協力しなくてもできる

　②の請求書等は労働基準監督署に備え付けられていますし、また厚生労働省や各都道府県労働局のホームページからダウンロードすることもできます。請求書には事業主の証明が必要な事項（雇用関係や支払給与額や災害発生状況など）がありますので、事業主に協力を求めることになります。しかし、事業主が必要な証明をしなくても請求できますし、事業主が必要な証明を拒否した場合でも、その事業主が証明を拒否していることを書いて申請することが可能です。この点は、Q5も参照してください。

　さらに、戸籍謄本、死亡診断書（写しでも可となりました）などの請求書に添付すべき書類も給付内容によって定められています。詳しくは労働基準監督署に問い合わせてみてください。

●業務上であることの意見書の作成

　労働基準監督署に労災申請の手続をする際、死亡の結果が仕事の過労によって生じたものであることの資料として、それに基づく意見書を作成し、

〈図表3〉　被災者が民間労働者の場合の手続の流れ

① 労基署長に請求　　※療養・休業・介護・葬祭料請求は2年、障害・遺族補
　　　　　　　　　　　　償請求は5年の時効

　　　　　　　　　　※業務外決定を知った日の翌日から3か月以内

② 労災保険審査官に審査請求

　　　　　　　　　　※審査請求棄却の決定書の謄本が送達された日の翌日から2か
　　　　　　　　　　　月以内、また審査請求をした日から3か月を経過しても決定
　　　　　　　　　　　がないときは、棄却したものとみなして、再審査請求をする
　　　　　　　　　　　とともに、行政訴訟を提起することもできる。

③ 労働保険審査会に再審査請求

　　　　　　　　　　※再審査請求棄却の裁決を知った日の翌日から6か月以内、ま
　　　　　　　　　　　た再審査請求から3か月経過しても裁決がないとき

④ 地方裁判所に提訴

　　　　　　　　　　※判決送達の翌日から14日以内

⑤ 高等裁判所に控訴

　　　　　　　　　　※判決送達の翌日から14日以内

⑥ 最高裁判所に上告

労働基準監督署に提出することも大切です（Q6参照）。

●書類提出後の手続

　申請が受理されたら、調査については労働基準監督署が職権で行います
が、労働基準監督署任せにせずに、遺族独自の調査・資料収集をして、その
調査結果を労働基準監督署に提出し、担当者に面会を求めて調査の進展や方
向性について常にチェックすることが重要です。労働基準監督署の調査は、
調査項目が多いこともあって、請求から決定まで6か月間が標準的調査の処
理期間とされています。

　不幸にして業務外、つまり労災とは認められず不支給とされた場合は、労
働者災害補償保険審査官（以下、「労災保険審査官」といいます）に対して審
査請求をすることができます。この手続も、半年程度かかるのが通常です。

　審査請求も棄却された場合には、労働保険審査会に再審査請求が認められています。裁決まで半年から1年程度かかるのが現状です。その後は裁判所における行政訴訟が可能です（〈図表3〉参照）。

●平成28年4月からの手続の変更

　平成26年6月に行政不服審査法とともに労災保険法、労働保険審査官及び労働保険審査会法等の改正法が国会で成立し、平成28年4月1日に施行されました。

　重要な改正点は不服申立てに関するもので（Q7参照）、これらの改正内容を活用して、審査請求・再審査請求の行政不服審査手続で労基署長が調査し集めた資料や同僚・上司らからの聴取書に関して、不支給とした労働基準監督署長に対し、口頭意見陳述期日に積極的に質問権を行使するなど、その充実を図ることが大切です。また、事案によっては、労災保険審査官が棄却したものとして、早期に行政訴訟を提起（再審査請求とあわせて行うこともできます）することもできるようになりました。

【書式1】　遺族補償年金支給請求書（太ゴシック部分は記載例）

様式第12号（表面）

〔年金新規報告書提出〕

労働者災害補償保険

遺族補償年金／複数事業労働者遺族年金　支給請求書
遺族特別支給金／遺族特別年金　支給申請書

業務災害用
複数業務要因災害用

① 労 働 保 険 番 号						死亡労働者の	フリガナ	コウノ　タロウ		④ 負傷又は発病年月日
府県	所掌	管轄	基幹番号	枝番号			氏 名	甲野 太郎 （男・女）		R3年 10月 20日 午前・後 時 分頃
② 年 金 証 書 の 番 号							生年月日	昭和48年8月20日（49歳）		⑤ 死 亡 年 月 日
管轄局	種別	西暦年	番号	枝番号			職 種	タクシー乗務員		R3年 10月 21日
							所属事業場名称・所在地	㈱○○交通 本社		⑦ 平 均 賃 金 円 銭

⑥ 災害の原因及び発生状況	（あ）どのような場所で（い）どのような作業をしているときに（う）どのような物又は環境に（え）どのような不安全な又は有害な状態があって（お）どのような災害が発生したかを簡明に記載すること
令和3年10月20日会社から帰宅後、自宅で突然倒れ、救急車にて搬送されたが、意識不明のまま翌朝に死亡。くも膜下出血と診断される。午前6時から午後8時までの勤務を長期間行っており、長時間労働による蓄積疲労が原因である。	⑧ 特別給与の総額（年額） 円

⑨	㋑ 死亡労働者の厚年等の年金証書の基礎年金番号・年金コード			㋺ 死亡労働者の被保険者資格の取得年月日 年 月 日	
厚生年金保険関係		㋩ 当該死亡に関して支給される年金の種類			
	厚生年金保険法の イ遺族年金 ロ遺族厚生年金	国民年金法の イ母子年金 ロ準母子年金 ハ遺児年金 ニ寡婦年金 ホ遺族基礎年金		船員保険法の遺族年金	
	支給される年金の額 円	支給されることとなった年月日 年月日	厚年等の年金証書の基礎年金番号・年金コード（複数のコードがある場合は下段に記載すること。）	所轄年金事務所等	
	受けていない場合は、次のいずれかを○で囲む。 ・裁定請求中 ・不支給裁定 ・未加入 ・請求していない ・老齢年金等選択				

③の者については、④、⑥から⑧まで並びに⑨の㋑及び㋺に記載したとおりであることを証明します。
年 月 日
事業の名称 ㈱○○○交通　電話(○○)○○○○-○○○○
事業場の所在地 大阪市北区桜ノ上○丁目○○番○○号 〒○○○-○○○○
事業主の氏名 代表取締役　乙　春太郎
（法人その他の団体であるときはその名称及び代表者の氏名）

【注意】⑨の㋑及び㋺については、③の者が厚生年金保険の被保険者である場合に限り証明すること。

⑩ 請求人申請人	氏 名（フリガナ）	生 年 月 日	住 所（フリガナ）	死亡労働者との関係	障害の有無	請求人（申請人）の代表者を選任しないときは、その理由
	甲野 松子（コウノマツコ）	S49・4・17	大阪市港区花坂○-○-○	妻	ある・ない	

⑪	氏 名（フリガナ）	生 年 月 日	住 所（フリガナ）	死亡労働者との関係	障害の有無	請求人（申請人）と生計を同じくしているか
	甲野 竹彦（コウノタケヒコ）	H18・10・17	大阪市港区花坂○-○-○	長男	ある・ない	いる・いない
	甲野 梅代（コウノウメヨ）	H23・4・15	同上	長女	ある・ない	いる・いない
		・ ・			ある・ない	いる・いない
		・ ・			ある・ない	いる・いない

⑫ 添付する書類その他の資料名	死亡診断書、戸籍謄本

⑬ 年金の払渡しを受けることを希望する金融機関又は郵便局	金融機関（郵便貯金銀行を除く。）	名 称	※金融機関店舗コード ○○ 銀行・金庫 農協・漁協・信組 ○○ 本店・本所 出張所 支店・支所
		預金通帳の記号番号	普通・当座 第 0123456 号
	郵便貯金銀行の支店等又は郵便局	フリガナ 名 称	※郵便局コード
		所 在 地	都道府県 市郡区
		預金通帳の記号番号	第 号

遺族補償年金／複数事業労働者遺族年金 の支給を請求します。
遺族特別支給金／遺族特別年金 の支給を請求します。
年 月 日

労働基準監督署長 殿

〒 - 電話（ ） -
請求人の住所 大阪市港区花坂○-○-○
申請人（代表者）氏名 甲野 松子
□本件手続を裏面に記載の社会保険労務士に委託します。
個人番号 □□□□□□□□□□□□

特別支給金について振込を希望する金融機関の名称		預金の種類及び口座番号
○○ 銀行・金庫 農協・漁協・信組	○○ 本店・本所 出張所 支店・支所	普通・当座 第 0123456 号 口座名義人 甲野 松子

9

様式第12号（裏面）

⑭その他就業先の有無		
有 無	有の場合のその数 （ただし表面の事業場を含まない） 　　　　　　　　　　　　　　　社	有の場合でいずれかの事業で特別加入している場合の特別加入状況 （ただし表面の事業を含まない）
		労働保険事務組合又は特別加入団体の名称
労働保険番号（特別加入）	加入年月日 　　　　　　　　　　　　　　　　　　　　　年　　　月　　　日	
	納付基礎日額 　　　　　　　　　　　　　　　　　　　　　　　　　　　円	

〔注意〕
1　※印欄には記載しないこと。
2　事項を選択する場合には該当する事項を○で囲むこと。
3　③の死亡労働者の「所属事業場名称・所在地」欄には、死亡労働者が直接所属していた事業場が一括適用の取扱いを受けている場合に、死亡労働者が直接所属していた支店、工事現場等を記載すること。
4　⑦には、平均賃金の算定基礎期間中に業務外の傷病の療養のため休業した期間が含まれている場合に、当該平均賃金に相当する額がその期間中の日数及びその期間中の賃金を業務上の傷病の療養のため休業した期間の日数及びその期間中の賃金とみなして算定した平均賃金に相当する額に満たないときは、当該みなして算定した平均賃金に相当する額を記載すること（様式第8号の別紙1に内訳を記載し添付すること。ただし、既に提出されている場合を除く。）。
5　⑧には負傷又は発病の日以前1年間（雇入後1年に満たない者については、雇入後の期間）に支払われた労働基準法第12条第4項の3箇月を超える期間ごとに支払われる賃金の総額を記載すること（様式第8号の別紙1に内訳を記載し添付すること。ただし、既に提出されている場合を除く。）。
6　死亡労働者が傷病補償年金又は複数事業労働者傷病年金を受けていた場合には、
　(1)　①、④及び⑥には記載する必要がないこと。
　(2)　②には、傷病補償年金又は複数事業労働者傷病年金に係る年金証書の番号を記載すること。
　(3)　事業主の証明を受ける必要がないこと。
7　死亡労働者が特別加入者であった場合には、
　(1)　⑦にはその者の給付基礎日額を記載すること。
　(2)　⑧は記載する必要がないこと。
　(3)　④及び⑥の事項を証明することができる書類その他の資料を添えること。
　(4)　事業主の証明を受ける必要がないこと。
8　⑨から⑫までに記載することができない場合には、別紙を付して所要の事項を記載すること。
9　この請求書（申請書）には、次の暑類その他の資料を添えること。ただし、個人番号が未提出の場合を除き、(2)、(3)及び(5)の書類として住民票の写しを訴える必要はないこと。
　(1)　労働者の死亡に関して市町村長に提出した死亡診断書、死体検案書若しくは検視調書に記載してある事項についての市町村長の証明書又はこれに代わるべき書類
　(2)　請求人（申請人）及び請求人（申請人）以外の遺族補償年金又は複数事業労働者遺族年金を受けることができる遺族と死亡労働者との身分関係を証明することができる戸籍の謄本又は抄本（請求人（申請人）又は請求人（申請人）以外の遺族補償年金又は複数事業労働者遺族年金を受けることができる遺族が死亡労働者と婚姻の届出をしていないが事実上婚姻関係と同様の事情にあった者であるときは、その事実を証明することができる書類）
　(3)　請求人（申請人）及び請求人（申請人）以外の遺族補償年金又は複数事業労働者遺族年金を受けることができる遺族（死亡労働者の死亡の当時胎児であった子を除く。）が死亡労働者の収入によって生計を維持していたことを証明することができる書類
　(4)　請求人（申請人）及び請求人（申請人）以外の遺族補償年金又は複数事業労働者遺族年金を受けることができる遺族のうち労働者の死亡の当時障害の状態にある者については、その事実を証明することができる医師又は歯科医師の診断書その他の資料
　(5)　請求人（申請人）以外の遺族補償年金又は複数事業労働者遺族年金を受けることができる遺族のうち、請求人（申請人）と生計を同じくしている者については、その事実を証明することができる書類
　(6)　障害の状態にある者については、労働者の死亡の時以後障害の状態にあったこと及びその障害の状態が生じ、又はその事情がなくなった時を証明することができる医師又は歯科医師の診断書その他の資料
10　⑬については、次により記載すること。
　(1)　遺族補償年金又は複数事業労働者遺族年金の支給を受けることとなる場合において、遺族補償年金又は複数事業労働者遺族年金の払渡しを金融機関（郵便貯金銀行の支店等を除く。）から受けることを希望する者にあっては「金融機関（郵便貯金銀行の支店等を除く。）」欄に、遺族補償年金又は複数事業労働者遺族年金の払渡しを郵便貯金銀行の支店等又は郵便局から受けることを希望する者にあっては「郵便貯金銀行の支店等又は郵便局」欄に、それぞれ記載すること。
　　なお、郵便貯金銀行の支店等又は郵便局から払渡しを受けることを希望する場合であって振込によらないときは、「預金通帳の記号番号」の欄は記載する必要はないこと。
　(2)　請求人（申請人）が2人以上ある場合において代表者を選任しないときは、⑩の最初の請求人（申請人）について記載し、その他の請求人（申請人）については別紙を付して所要の事項を記載すること。
11　「個人番号」の欄には、請求人（申請人）の個人番号を記載すること。
12　本件手続を社会保険労務士に委託する場合は、「請求人（申請人）の氏名」欄の下の口にレ点を記入すること。
13　⑭「その他就業先の有無」で「有」に〇を付けた場合は、様式第8号の別紙3に記載すること。その際、その他就業先ごとに様式第8号の別紙1を記載し添付すること。なお、既に他の保険給付の請求において記載している場合は、記載の必要がないこと。
14　複数事業労働者遺族年金の請求は、遺族補償年金の支給決定がなされた場合に、遡って請求されなかったものとみなされること。
15　⑭「その他就業先の有無」欄の記載がない場合又は複数就業していない場合は、複数事業労働者遺族年金の請求はないものとして取り扱うこと。

社会保険 労務士 記載欄	作成年月日・提出代行者・事務代理者の表示	氏　　名	電話番号
			（　　　） －

【書式2】 葬祭料請求書（太ゴシック部分は記載例）

様式第16号（表面）

業務災害用
複数業務要因災害用

労働者災害補償保険
葬祭料又は複数事業労働者葬祭給付請求書

① 労 働 保 険 番 号					③	フ リ ガ ナ	コウノ マツコ
府県	所掌	管轄	基幹番号	枝番号	請	氏 名	甲 野 松 子
					求	住 所	大阪市港区花坂○─○─○
② 年 金 証 書 の 番 号					人	死亡労働者	
管轄局	種別	西暦年	番 号		の	との関係	妻

④ 死 亡 労 働 者 の	フリガナ 氏 名	コウノ タロウ 甲 野 太 郎 (男・女)	⑤	負 傷 又 は 発 病 年 月 日
	生年月日	昭和48 年 8 月 20 日（49歳）		R 3 年 10 月 20 日
	職 種	タクシー乗務員		午前 後 時 分頃
	所属事業場 名称所在地	㈱○○交通 本社	⑦ 死 亡 年 月 日

⑥ 災害の原因及び発生状況	（あ）どのような場所で（い）どのような作業をしているときに（う）どのような物又は環境に（え）どのような不安全な又は有害な状態があって（お）どのような災害が発生したかを簡明に記載すること	⑦ 死 亡 年 月 日
	令和3年10月20日会社から帰宅後、自宅で突然倒れ、救急車にて搬送されたが、意識不明のまま **翌朝に死亡。くも膜下出血と診断された。** **午前6時から午後8時までの勤務を長期間行っており、長時間労働による蓄積疲労が原因である。**	R 3 年 10 月 21 日
		⑧ 平 均 賃 金
		円 銭

④の者については、⑤、⑥及び⑧に記載したとおりであることを証明します。

電話 （○○） ○○○○─○○○○

事業の名称 **㈱○○交通**

〒○○○─○○○○

年 月 日

事業場の所在地 **大阪市北区桜ノ上○丁目○○番○○号**

事業主の氏名 **代表取締役 乙 春太郎**

（法人その他の団体であるときはその名称及び代表者の氏名）

⑨ 添付する書類その他の資料名	**遺族補償年金請求書に添付**

上記により葬祭料又は複数事業労働者葬祭料の支給を請求します。

年 月 日

〒 ○○○─○○○○ 電話 （○○） ○○○○─○○○○

請求人の 住 所 **大阪市港区花坂○─○─○**

労働基準監督署長 殿

氏 名 **甲 野 松 子**

特別支給金について振込を希望する金融機関の名称		預金の種類及び口座番号	
○ ○	銀行・（金庫） 農協・漁協・信組	○ ○	本店・本所 出張所 支店・（支所）	普通・当座 第 0 1 2 3 4 5 6 号 口座名義人 **甲 野 松 子**

様式第16号（裏面）

⑩その他就業先の有無		
有 無	有の場合のその数 （ただし表面の事業場を含まない） 　　　　　　　　　　社	有の場合でいずれかの事業で特別加入している場合の特別加入状況 （ただし表面の事業を含まない） 労働保険事務組合又は特別加入団体の名称
労働保険番号（特別加入）	加入年月日 　　　　　　　　　　　年　　　月　　　日	
	基礎給付日額 　　　　　　　　　　　　　　　　　円	

〔注意〕
1．事項を選択する場合には該当する事項を○で囲むこと。
2．②には、死亡労働者の傷病補償年金又は複数事業労働者傷病年金に係る年金証書の番号を記載すること。
3．③の死亡労働者の所属事業場名称・所在地欄には、死亡労働者が直接所属していた事業場が一括適用の取扱いを受けている場合に、死亡労働者が直接所属していた支店、工事現場等を記載すること。
4．平均賃金の算定基礎期間中に業務外の傷病の療養のため休業した期間が含まれている場合に、当該平均賃金に相当する額がその期間の日数及びその期間中の賃金とみなして算定した平均賃金に満たないときは、当該みなして算定した平均賃金に相当する額を⑧に記載すること。（様式第8号の別紙1に内訳を記載し添付すること。ただし、既に提出されている場合を除く。）
5．死亡労働者に関し遺族補償給付若しくは複数事業労働者遺族給付が支給されていた場合又は死亡労働者が傷病補償年金若しくは複数事業労働者傷病年金を受けていた場合には、①、⑤及び⑥は記載する必要がないこと。事業主の証明は受ける必要がないこと。
6．死亡労働者が特別加入者であった場合は、⑧にはその者の給付基礎日額を記載すること。
7．この請求書には、労働者の死亡に関して市町村長に提出した死亡診断書、死体検案書若しくは検視調書に記載してある事項についての市町村長の証明書又はこれに代わるべき書類を添えること。
8．死亡労働者が特別加入者であった場合には、⑤及び⑥の事項を証明することができる書類を添付すること。
9．遺族補償給付又は複数事業労働者遺族給付の支給の請求書が提出されている場合には、7及び8による書類の添付は必要でないこと。
10．⑩の「その他就業先の有無」で「有」に○を付けた場合は、様式第8号の別紙3をその他就業先ごとに記載することその際、その他就業先ごとに様式第8号の別紙1を記載し添付すること。なお、既に他の保険給付の請求において記載している場合は、記載の必要がないこと。
11．複数事業労働者葬祭給付の請求は、葬祭料の支給決定がなされた場合、遡って請求されなかったものとみなされること。
12．⑩「その他就業先の有無」欄の記載がない場合又は複数就業していない場合は、複数事業労働者葬祭給付の請求はないものとして取り扱うこと。

社会保険 労 務 士 記 載 欄	作成年月日・提出代行者・事務代理者の表示	氏　　　名	電話番号
			（　　　）　－

Q3　労災申請(2)──時効

　あれこれ悩むうちに、夫が亡くなって3年が過ぎてしまいました。今からでも労災申請はできますか。

●労災請求権の時効

　労災の請求権にも時効があります。請求の内容によって、2年で時効になるものと、5年で時効になるものがあります。時効というのは、過労死の場合、死亡翌日から2年または5年の期間が過ぎると請求できなくなるということです。すなわち、この期間内に申請をしなくてはいけないということになります。

　療養補償給付、休業補償給付、葬祭料、介護補償給付の時効は2年、障害補償給付、遺族補償給付の時効は5年です。

　過労死の場合、その請求の内容として中心となるのは遺族補償給付です。死亡後3年を経過しているご質問の場合、葬祭料の請求はすでに時効が完成しており請求できませんが、遺族補償給付は請求できますので、労災申請をぜひしてください。

　なお、5年が過ぎたときは労災申請は時効でできなくなってしまいますが、会社に対する損害賠償請求は10年間できますから、検討してはいかがでしょうか（Q59参照）。

Q4　労災申請(3)──補償の内容

　　労災（業務上の災害）と認定されると、どのような補償が受けられるのですか。

●補償の種類

　　次のような補償があります。

① 療養補償　　治療費全額が支給されます。健康保険と違い自己負担分はありません。

② 休業補償　　休業補償給付として給付基礎日額（直前3か月間の賃金の平均日額）の60％、休業特別支給金として20％が、治療のため休業している期間の日数分支給されます。通常は、1か月分ごとにまとめての支給となります。

③ 障害補償　　後遺症が残る場合は、その程度に応じて1級から14級までの等級を認定し、それに応じて障害補償給付、同特別支給金が支給されます。1級から7級までの重い後遺症への支払いは年金での支給になっています。

④ 遺族補償　　遺族補償年金、遺族特別支給金、遺族特別年金の遺族補償と葬祭料が支給されます。年金の金額は給付基礎日額（後記参照）をもとに計算されますが、請求者と亡くなられた方との関係や遺族の数で支給される額が異なります（計算例は後掲〈図表4〉参照）。なお、亡くなるまでに治療期間があった場合は、その間の療養費と休業補償が支給されます。

⑤ 傷病補償　　業務上の負傷ないし疾病が療養開始後1年6か月を経過しても治らず、その障害の程度が傷病等級に該当するときに傷病補償年金、傷病特別支給金および傷病特別年金が支給されます。

⑥ 介護補償　　傷病補償年金受給者につき、その障害が一定のもので、

かつその者が現に介護を受けているときに支給されます。

⑦　労災就学等援護費　　就学中の遺族に対しては就学援助金支給の制度があります。なお、給付基礎日額が 1 万6000円を超える場合には支給されません。

〈図表 4 〉　遺族補償の計算例

　配偶者と18歳未満の子二人（17歳、12歳）が遺族で、給付基礎日額が 1 万円、算定基礎日額（年間ボーナス額÷365（日）。後記参照）が2000円であるケースでは、次のようになります。

(ア)　遺族特別支給金　　300万円（定額）

(イ)　遺族補償年金　　 1 万円（給付基礎日額）×223（日）＝223万円（年額）
　　　　　ただし、遺族基礎・厚生年金と併給されるときは20％減額

(ウ)　遺族特別年金　　 2000円（算定基礎日額）×223（日）＝44万6000円
　　　　　　　　　　　　　　　　　　　　　　　　　　　　　（年額）

(エ)　葬祭料　31万5000円＋ 1 万円（給付基礎日額）×30（日）＝61万5000円

(オ)　労災就学援護費（平成28年度現在）
　　　　 1 万6000円（高校生）＋ 1 万3000円（小学生）＝ 2 万9000円（月額）

●給付基礎日額と算定基礎日額

　給付基礎日額とは、原則として、労働基準法の平均賃金額に相当する額をいいます。また、平均賃金とは、原則として、業務上または通勤による負傷や死亡の原因となった事故が発生した日または医師の診断によって疾病の発生が確定した日（賃金締切日が定められているときは、その日の直前の賃金締切日）の直前 3 か月間にその労働者に対して支払われた賃金の総額を、その期間の暦日数で割った 1 暦日あたりの賃金額のことです。

　算定基礎日額とは、原則として、業務上または通勤による負傷や死亡の原因である事故が発生した日または診断によって病気にかかったことが確定した日以前 1 年間にその労働者が事業主から受けた特別給与（いわゆるボーナスのこと）の総額を算定基礎年額として365で割って得た額です。特別給与の総額が給付基礎年額（給付基礎日額の365倍に相当する額）の20％に相当する額を上回る場合には、給付基礎年額の20％に相当する額が算定基礎年額と

なります。ただし、150万円が限度額です。

●サービス残業が日常化していた場合の給付基礎日額

　過労死であると労災認定される場合には、ほとんどのケースで長時間の時間外労働が存在し、なおかつ労働時間に見合った時間外労働等割増賃金が支払われていないいわゆる「サービス残業」が日常化していることが多くあります。給付基礎日額の算定にあたっては、「本来支払われる賃金」を基礎として算定すべきなので、実際に支払われていた給料のほか、時間外労働等に見合った時間外労働等割増賃金が本来支払われるべき賃金であり、不払残業代分を直近3か月の賃金の総額に加算するべきです。「サービス残業」分を加算すると、遺族補償給付の金額が大幅に増額することもあります。最近は、不払残業代を含めて給付基礎日額を算定するとの取扱いがされるようになっています。もし、労働基準監督署が業務上認定をしても、この点が考慮されていない場合には、給付基礎日額の算定について審査請求をしてください。

　また、事業主は、「管理職である」「事業場外労働」などいろいろ理由をつけて時間外割増賃金を支払っていないケースもあり、事業主からの報告を受けてそのまま労働基準監督署が時間外労働等割増賃金を考慮せず、給付基礎日額を算定してしまうこともあります。「名ばかり管理職」など本来割増賃金を支払わなければならないのに支払っていないケースは、「サービス残業」の場合と同様に、算定の基礎に含まれるべきです。

Q5　労災申請⑷──労災申請と会社との関係

労災申請すると、会社にはどんな不都合がありますか。また、会社が「労災とは考えない」と言って申請に協力してくれない場合はどうすればよいのでしょうか。

●労災制度の基本趣旨と労働者の権利

労災保険制度は労働者保護のために政府が主管している保険制度です。労働者に過失があった場合や、会社に落ち度がない場合にも原則として補償が認められます。労災保険制度は労働者の基本的権利であり、会社が反対しても労災申請はできるのです。

会社が労災申請手続をとることや遺族や本人が用意した申請書類への押印を拒否する場合には、会社に拒否の理由を書いた文書を提出してもらったり、そのいきさつを労働基準監督署で説明して、会社の証明印なしに遺族側で申請することになります。

●労災申請と会社の不利益

労災申請して労災が認定されても、支給金は国が支払うわけですから、会社の支払う労災保険料率が上がる場合があること以外には、会社としては何ら経済的損失はありません。

しかし、労災申請によって、遺族や労働基準監督署に会社の基本的な労務政策、たとえば労働時間の管理や健康管理体制などに外部の目が入り、その結果、労働基準監督署による指導監督などがありうるため、会社は消極的になるわけです。さらに、過労死のように社会的注目を集める事件では、会社の社会的イメージの低下を恐れる場合もあります。

●会社に対する損害賠償

会社にとって一番気になることは、労災とは別に、遺族が会社に対して損

害賠償請求を行うかどうかでしょう。業務上と認められることは、業務と発症との因果関係があるということですが、会社の責任（安全配慮義務違反）があることには直接結びつきません。しかし労災と認定されるということは、発症のおそれのある時間外労働等過重な業務に従事していたことが認められるということです。会社は責任を問われて損害賠償を請求される可能性が高くなるので、情報を隠して労災にも協力しないという方針をとることがあります。

　実際、会社に対する損害賠償請求権をあらかじめ放棄するなら、会社は労災申請に協力するという交換条件が出される場合すらあります。しかし、このような不公平な取引に応じる必要性はないと考えます。企業の責任は労災とは別個独立した問題ですし、仮にこのような約束をしても、会社が真剣に労災申請に協力する保証はまったくないからです。労災かどうか、仮に見解は分かれるにしても、従業員の在職死亡という事態を重く受け止め、事実の解明と再発防止に努力することが会社の基本方針であるべきです。

Q6　労災申請(5)──申請に向けた資料の準備

　　労働基準監督署に労災の申請をしようと思います。どのような準備をすればよいでしょうか。

　　労働基準監督署に労災申請として、各種請求書と必要書類を提出するだけでは、簡単に業務上の災害（労災）と認めてもらえるわけではありません。

　労災と認めてもらうには、Q14でも述べるとおり、労働時間を証明することが非常に重要です。脳・心臓疾患でも精神障害でも、長時間労働の証明は大きなポイントとなります。

　したがって、労災を申請する際には、できるだけ被災者の労働実態を示す資料を集めて、労災の請求書にこの資料とそれに基づき業務上であるとの意見書を添付して、提出することが望ましいといえます。

　労働時間を示す資料としては〈図表5〉のようなものがあります。労働時間を示す資料はほかにもいろいろありますので、タイムカードや出勤簿をつけていなかったような場合でも、あきらめないで収集しましょう。

　これらの資料のうちの多くは会社が保管していることが多いでしょう。会社がそれら資料を処分、隠匿する等のおそれがありますので、早期に入手する必要があります。会社から任意に提出を受けることができることもありますが、会社が提出してくれなくても証拠保全という裁判所を通じた手続により資料を確保する手段もあります。

　いずれにしてもどういう手段で資料を収集するかは極めて重要な判断ですので、具体的な資料の収集手段については、専門家である弁護士に相談してください。

　なお、携帯電話の記録などは、保存設定していても、長期間が過ぎるとデータそのものが消えることがありますので、SDカードに移しておくなどしておきましょう。

〈図表5〉　労働時間を証明する資料例

タイムカード、出勤簿、賃金台帳、最終退出簿、施錠記録簿、作業日報、業務日報、警備記録、給与明細書、携帯電話の発着信・メールの送受信の記録、パソコンのログ記録・プロパティ情報、タコグラフ、IC カードの記録、ETC カードの利用履歴、タクシー・コンビニ等の領収書、手帳、書き込みのあるカレンダー、携帯電話の位置情報、情報セキュリティシステムのデータ

コラム1　いまだ膨大な過労死予備軍

　2014年7月に過労死等防止対策推進法が制定され、さらに働き方改革関連法の制定などによって、過労死・過労自殺の最大の要因である長時間労働の削減の取組みが進められています。

　法定労働時間である週40時間を20時間超えて働くと、月の時間外労働時間が80時間（これが過労死ラインと呼ばれます）を超えることになります（20時間÷7×30≒80時間）。

　この過労死ラインを超えて働いている労働者は、徐々に減少してきていますが、それでも、令和3年7月に改定された「過労死等の防止のための対策に関する大綱」（過労死等防止対策大綱）によれば、雇用者全体の5.1％で、実数で292万人にのぼっています。産業別にみれば、運輸業・郵便業（13.0％）、教育・学習支援業（8.1％）、建設業（7.1％）などが多くなっています。

　また、これは男女合わせての数字であり、男性だけをとるとこれらの数字はさらに大きくなり、その中でも30代〜50代が多くなっています。

　いまだに300万人に近い労働者が過労死予備軍となっているのです。このような過労死ラインを超える長時間労働者の削減は喫緊の課題です。

Q 7　労災申請⑹——不服申立ての制度

　　労働基準監督署から業務外と判断したとして、遺族補償年金等の不支給決定が送付されました。私は業務上と考えているので、不服申立てや裁判をしたいのですが、どうしたらよいでしょうか。

　　労基署長が業務外と判断してもあきらめないでください。各労働局の労災保険審査官に審査請求ができ、審査官が業務外として審査請求を棄却しても、東京の労働保険審査会に再審査請求することも、裁判で争うこともできます。労災保険審査官、労働保険審査会への不服申立てや裁判で業務上と認められるものも少なくありません。

　この不服申立手続は、行政不服審査法に伴い労災保険法、労働保険審査官及び労働保険審査会法等が改正され、平成28年4月1日から施行されたことにより、手続が大幅に変更されています。改正のポイントは次のとおりです（〈図表6〉参照）。

① 不服申立期間

　不服申立期間は、

・審査請求については労基署長の不支給処分を知った日の翌日から3か月以内

・再審査請求については労災保険審査官の棄却決定を知った日の翌日から2か月以内

とされていますから、この期間内に必ず不服申立てをしてください。

② 不服審査手続の充実

　口頭意見陳述の機会が、労災保険審査官でも、労働保険審査会でも、不服申立手続の中で請求人に与えられ、その際請求人から労基署長（処分庁）に対する質問権が認められました。

　また、労基署長から提出された文書等の一件記録の閲覧・謄写を求めることができるようになりました。

③ 提訴にあたっての再審査請求前置の廃止

〈図表6〉　審査請求の流れ（厚生労働省作成資料より。ただし一部編集）

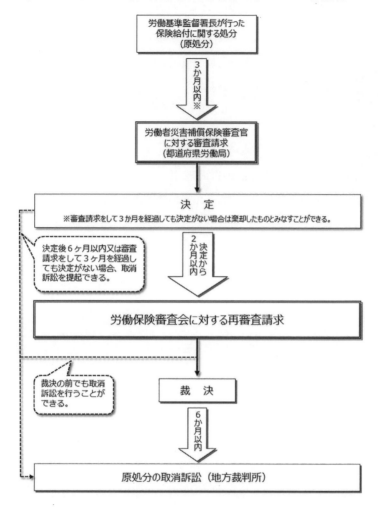

　　裁判の提訴については、それまでは労働保険審査会への再審査請求を前置することが必要でしたが、労災保険審査官の棄却決定がされた時点で、棄却決定を知った日から6か月以内に提訴できるようになりました。
　　さらに、審査請求をした日から3か月を経過しても決定がされないときには、労災保険審査官が棄却決定したものとみなして、再審査請求をするか、再審査請求をせずに提訴することもできるようになりました。

　このように、請求人にとって、不服申立てを充実させ、かつ早期に提訴できる改正がされていますので、これを活用していくことが大切です。

　過労死等の労災認定手続、とりわけ業務外とされたときの不服申立手続や裁判では専門家の助力が不可欠です。末尾に記載された大阪過労死問題連絡会では、無料でご相談をお聞きしていますので、電話等でお気軽にお問い合わせください。

コラム 2　過労死・過労自殺の遺児たち

ぼくの夢

　　大きくなったら　ぼくは　博士になりたい。
　　そして　ドラえもんに出てくるような　タイムマシンをつくる
　　ぼくは　タイムマシーンに乗って、
　　お父さんの死んでしまう前の日に行く
　　そして　「仕事に行ったらあかん」て　いうんや。

　これは、和歌山県橋本市の職員で過労自殺したTさんの息子さん（当時小学1年生）が書いた詩です。

　過労死・過労自殺した労働者の子どもは、最愛の親を失ったうえに、残された親や家族の苦しみを目の当たりにして、大きく傷ついています。

　罪のない子どもたちまで苦しめないためにも、過労死・過労自殺をなくさなければなりません。

Q8　労災の対象者

どのような人が労災保険の対象者になるのでしょうか。パートや派遣社員、個人事業者、完全歩合制度の契約社員、会社役員は対象になりますか。

●適用対象事業

労災保険は、「労働者を使用する事業」に適用されます（労災保険法3条1項）。労働者を使用する事業であれば、その事業が開始された日に、労災保険の保険関係が成立したものとみなされますので（労働保険徴収法3条）、使用者が保険料を支払っていなかったとしても労災保険を申請することができます。また、パート労働者も保険でカバーされていますし、派遣労働者は派遣元の労働保険の対象となります。

●特別加入制度

逆にいえば、労働者でなければ、労災の対象とはならないのが原則です。しかし、次の人については、自ら保険料を支払って任意に特別加入し、労災保険制度による保護を受けることが可能です（労災保険法33条）。

・一定数の労働者を使用する中小事業主
・労働者を使用しないで事業を行う一人親方その他の自営業者とその者が行う事業に従事する者
・特定作業従事者
・海外派遣者（Q9参照）

注意すべきは、特別加入者については、災害が発生したときに、労災保険に特別加入していなければ保険の対象とならないことです。

なお、令和3年9月1日からの特別加入対象者の拡大については、Q19を参照してください。

●労働者かどうかが争われる場合⑴──契約社員など（労働者か、個人事業主か）

　会社との関係で、業務請負契約を締結している場合でも、業務の実態から労働者であるとされ、労災保険が適用されることが多くあります。

　完全歩合制の契約社員については、顧客など対外的な信用維持のために、会社の名刺などを持っているものの、会社との関係では、下請あるいは委託とされて、給料も「業務委託報酬」などとされている場合があります。

　このような場合、労災申請をしたいと会社に申し出ると、会社側は自社の労働者ではなく、委託先の個人事業者だとして申請への協力を拒否することがあります。

　通常、下請会社として一定の仕事の完成を請け負った場合には、請負契約となりますし、専門的業務については委任契約の場合もあります。請負契約や委任契約と労働者の労働契約との違いは、請負契約等では契約者の独立性があるのに対し、労働契約においては、労働者が使用者に従属している点にあります。

　労働者かどうかは、契約の名称や形式によるのではなく、その実質に即して判断することになっています。なぜなら、使用者はできるだけ使用者としての責任を回避するため、請負契約や委任契約の形式をとろうとする傾向があり、それをそのまま認めてしまえば労働者保護の法制度が骨抜きにされてしまうからです。

　労働基準法9条によれば、労働者とは、①事業に使用される者で、かつ②賃金を支払われる者とされています。しかし、賃金とは同法11条によって使用者が労働者に支払うものすべてとされるので、結局は使用される者かどうかが労働者性判断の最も重要な要素となるわけです。

　この点、従来の代表的な判断基準である使用従属性の基準は、次のとおりです。

①　仕事の依頼、業務従事に対する諾否の自由の有無

②　勤務時間・勤務場所の拘束性

③　業務の内容・遂行方法に関する使用者の指揮命令の存在

④　第三者による代替可能性

⑤　報酬の労働力の提供に対する対価性

⑥　生産手段・材料の所有関係

⑦　報酬の額（正規従業員と比較して著しく高額か否か）

⑧　他社の業務に従事することの制約性、困難性

⑨　報酬の生活保障的要素の有無（固定給部分の有無等）

　具体的な判断は極めて微妙な場合が多いので、専門の弁護士と十分協議することをおすすめします。

　「バイク便」などバイシクルメッセンジャーの場合、「業務委託契約」が締結されていることがありますが、その業務の実態から労働者であると判断され、通勤途上の交通事故などでも通勤災害として労災保険が支給されることがあります。

　新型コロナウイルスの感染問題を機に増えたインターネット経由で企業や個人から単発の仕事を請け負う「ギグワーカー」（料理宅配サービスの配達員などが典型例）についても、たとえば、「発注者等から指示された業務を拒否することが、基本的に認められていない」、「業務内容や遂行方法について、発注者等から具体的な指揮命令を受けている」、「発注者等から、勤務場所と勤務時間が指定され、管理されている」、「時間給、日給といった時間を単位での報酬が支払われている」等の事情がある場合、その他の①から⑨の要素に照らして「労働者性」が認められる場合があり得ます。

●労働者かどうかが争われる場合⑵──会社役員（使用者か、労働者か）

　原則として労働者のみが労災保険の対象ですから、本来、使用者にあたる会社役員は労災の対象外のはずです。しかし、取締役兼工場長だとか、取締役兼営業部長など、一定のポストについた者が取締役の肩書きを持っているにすぎない従業員兼取締役の場合もあります。そこで、役員となると労働者性が失われてしまうのかが問題となります。

　この点につき、判例では、労災保険法上の「労働者」は、労働基準法上の「労働者」と同一のものであると解するのが相当とし、「労働者」に当たるか

否かは、その実態が使用従属関係の下における労務の提供と評価するにふさわしいものであるか否かによって判断すべきものとされています。

　専務取締役就任後も就任以前と変わらず営業担当業務を行っていた被災者につき、専務取締役に就任したことをもって直ちに本件会社との使用従属関係が消滅したとはいえず、また本件会社との雇用契約が合意解約されたともいえないとされ、労災保険法の保険給付対象となる「労働者」に該当すると判断した裁判例があります（大阪地裁平成15年10月29日判決〔おかざき事件〕労働判例866号58頁）。

　こうした裁判例からすれば、会社法や会社の定款上、業務執行権をもっていない取締役で、かつ部長などとして代表取締役等の指揮監督下にある者は、労働者として扱われます。ただし、「労働者として取り扱われる重役であっても、法人の機関構成員としての職務遂行中に生じた災害は保険給付の対象としないこと」（昭和34年1月26日基発第48号）とされているため、取締役としての業務以外の労働者としての業務の過重性を主として主張立証していく必要があります。

Q9 労災の対象⑴──海外赴任中の過労死

私の夫は海外赴任先のアメリカで現地会社の副社長として勤務していたところ、くも膜下出血で急死しました。日本で労災申請できるのでしょうか。

●海外赴任者の特別加入制度

労災保険は日本政府による公的保険であり、海外の事業については国内法である労災保険法の適用はないのが原則です。

しかし、労災保険法では、日本国内で行われる事業から派遣されて海外支店、工場、現場、現地法人、海外の提携先企業など海外で行われる事業に従事する労働者等について、任意加入することができる制度が創設されています（特別加入制度、労災保険法33条）。したがって、まず特別加入しているかどうかが問題となります。派遣先の海外事業が中小企業に該当すれば、その事業の代表者でも特別加入の対象になります（昭和52年3月30日基発第192号）。

なお、海外出張の場合には、特別加入制度ではなく、国内の事業からの出張として通常の労災保険の対象となります。海外出張者か派遣労働者かの区別は、当該労働者の所属する事業場が国内か海外か、指揮する使用者は国内か海外かという勤務実態を総合的に勘案して判断されます（前掲通達）。

判例は、4年間余りの期間にわたって、本社から派遣された海外の現地法人の代表者が急性心筋梗塞で死亡した事案で、「労務の提供の場が海外にあるに過ぎず、国内の事業場に所属し、当該事業場の使用者の指揮命令に従い勤務する労働者である海外出張者に当たる」として、特別加入していなくても、労災保険給付の対象となるとしています（東京高裁平成28年4月27日判決・労働判例ジャーナル53号2頁）。

Q10　労災の対象⑵——自宅で倒れた場合や退職後の発症の場合

退職を間近に控えて、連日朝7時から夜11時まで働きづめだった夫は、自宅で就寝中にくも膜下出血を発症して亡くなりました。自宅で倒れた場合にも労災の対象となりますか。また、もし退職後の発症だった場合はどうでしょうか。

労働災害と認められるためには、①業務起因性（労働者が使用者の支配下にあることに伴う危険が現実化したものと経験則上認められること）、②業務遂行性（労働者が事業主の支配下にあること）の二つの要件が必要とされています。工場で作業中に機械に指を挟んだり、地下での作業中に一酸化炭素中毒になるなど、災害的な事故による通常の労災の場合は、まさに「仕事中の事故」ですから、これらの要件を満たしていることは比較的容易に判断できます。

●過労性の発症の場合

しかし、いわゆる過労性（非災害性）の脳・虚血性心疾患の場合は、仕事中に倒れる場合もありますが、自宅で倒れたり、場合によっては会社を辞めた後に発症する場合もあり得ます。

そこで、使用者のもとでの過重業務があったのか（業務遂行性）、それが原因となって発症したのかどうか（業務起因性）を調査することになります。

つまり、過重業務によって発症したのであれば、倒れた場所が自宅であっても労災になりますし、逆に、仕事中に発症したからといって、発症につながるような仕事上の過重負荷が認められなければ労災とはなりません。

●過重負荷と発症までの時間——退職後の場合

退職後であっても、在職中の過重労働が原因で発症することはあります。ただし、過重業務による発症かどうかの判断は容易ではありません。

一般には、過重負荷を受けてから発症までの時間が長くなればなるほど、

他の要因による可能性が考慮されたり、休息によって疲労が回復されたなど
として、業務起因性が認められにくくなります。

　この点、後述（Q12、14参照）する認定基準は、長期間にわたる疲労の蓄
積については、発症前 6 か月にわたる就労実態を検討することになっていま
す。さらに、「脳・心臓疾患の認定基準に関する専門検討会」議事録（第10回、
平成13年 8 月 7 日）では、「疲労の蓄積の観点からすれば、おおむね 1 か月程
度業務から解放され、完全休養が取得できていると認められている状態が続
いている場合には、疲労は回復されたとみなすことができよう」という原案
に対して、仕事をしていればここでいう完全休養には当たらないという見解
が述べられたうえで、ここには「退職後、いつまで影響が残るのかという観
点もある」と説明されています。

　このような経過をみれば、退職後であっても一定の期間内は過重負荷の影
響が残ることが前提とされており、その間の過ごし方も含めたうえで総合判
断されることになります。女性デザイナーが、従前の職場で月80時間から
100時間前後の残業を継続して、退職後 5 日間休業し、6 日目に別の会社で
勤務を開始、7 日目に発症し死亡した事案で、労災認定されている事案があ
ります（大阪天満労働基準監督署長平成14年 5 月14日付け決定〔女性デザイナー
過労死事件〕）。また、ファミリーレストランの店長代行が、過重な長時間労
働に耐えかねて退職後、1 か月（この間は業務に従事していません）して心筋
梗塞を発症して死亡した事案で、退職後も含んだ発症前 6 か月間において
は、月平均80時間を超える時間外労働が認められるとして、労災認定されて
います（鶴岡労働基準監督署長平成24年 9 月20日付け決定）。

Q11　公務員の過労死等の認定手続

公務員の過労死等の認定手続はどうなっているのでしょうか。

●地方公務員（常時勤務）の公務災害の手続

　　常時勤務に服することを要する地方公務員の公務災害手続は、各都道府県・政令指定都市ごとに置かれている地方公務員災害補償基金（以下、「地公災」といいます）支部長に対し、任命権者を経由して、公務災害認定請求書を提出して行います。たとえば、政令指定都市ではない公立中学校の教員の場合、任命権者は中学校がある都道府県教育委員会の教育長となりますので、都道府県教育委員会の教育長に対して公務災害認定請求書を提出します（政令指定都市の場合、市教育委員会の教育長に対して提出します）。

　支部長が公務災害ではないという決定を行ったときは、決定があったことを知った日の翌日から起算して3か月以内に各都道府県・政令指定都市におかれている地公災支部審査会に審査請求をし、ここでも公務災害ではないという理由で審査請求が棄却されたときは、棄却の裁決があったことを知った日の翌日から起算して1か月以内に東京にある地公災審査会に再審査請求します。労災手続の場合は再審査請求する期間は2か月ですが、地公災の手続では1か月ということに注意してください。

　再審査請求でも棄却されたときは6か月以内に公務外の処分取消しの提訴をしなければなりません。なお、支部審査会が3か月以内に裁決をしないときは、その裁決を待つことなく地公災審査会に再審査請求をすることができ、審査請求後あるいは再審査請求後3か月以内に地公災支部審査会や地公災審査会が裁決をしないときは、その裁決を待たずに提訴できることは労災手続と同じです。

●地方公務員（非常勤）の公務災害の手続

　非常勤の地方公務員の公務災害手続は、地公災ではなく、勤務する地方自治体に対して行います。具体的な手続は各地方自治体の条例によって定められていますが、常時勤務に服することを要する地方公務員の場合や、一般の労働者の場合と比べて均衡を失したものであってはならないとされています。

　ところで、非常勤の地方公務員の場合、従前は多くの地方自治体において、遺族等は公務災害の認定を求めることすらできず、公務災害ではないと判断されてもその理由も知ることができませんでした。しかし、「議会の議員その他非常勤の職員の公務災害補償等に関する条例施行規則（案）」（総行安第27号平成30年7月20日）によって、遺族等からの公務災害の申出が認められ、公務災害でないと判断された場合は、その理由などを記載した通知を受けることができるようになりました。

〈図表7〉　被災者が地方公務員の場合の手続の流れ

① 地公災基金支部長に請求

※療養・休業・介護・葬祭料請求は2年、
　障害・遺族補償請求は5年の時効

※公務外決定を知った日の翌日から3か月以内

② 地公災基金支部審査会（都道府県）に審査請求

※審査請求棄却の裁決書の謄本が送達された日の翌日から1か月以内または審査請求翌日から3か月を経過しても裁決がないときは、再審査請求並びに行政訴訟が提起できる。

③ 地公災基金審査会に再審査請求

※再審査請求棄却の裁決を知った日から6か月以内または再審査請求から3か月経過しても裁決がないとき

④ 地方裁判所に提訴

※判決送達の翌日から14日以内

⑤ 高等裁判所に控訴

※判決送達の翌日から14日以内

⑥ 最高裁判所に上告

●国家公務員の公務災害の手続

　国家公務員については補償実施機関に対し、公務上認定の申出を行うことになります。補償実施機関とは、内閣府、警察庁などの各庁、財務省などの各省など34の機関が指定されており、公務災害の認定等の権限を有しています。また、災害が公務上のものである旨の申出が行われると、実施機関の長は、補償事務主任者を組織に属する職員のうちから指名します。たとえば、内閣府の職員が過労死や過労自殺した場合、遺族が内閣府に対して災害が公務上のものである旨の申出を行うと、内閣総理大臣が内閣府の職員から補償事務主任者を指名し、この補償事務主任者が公務災害の認定に関する具体的な事務を行うことになります。

　公務外の認定がなされたときは、人事院に対し審査の申立てをすることになります。

　また、国家公務員の場合、地方公務員や一般の労働者とは異なり、補償実施機関に対する災害が公務上のものである旨の申出を行うことなく、直ちに地方裁判所に訴訟を提起して、国家公務員災害補償法に基づく遺族補償等の請求をすることができます。

　なお、国立大学の職員は国立大学法人に雇用され、国立病院の職員も独立行政法人国立病院機構に雇用されているため、国家公務員災害補償法ではなく、労災保険法が適用されます。

〈図表8〉　被災者が国家公務員の場合の手続の流れ

※実施機関が補償を受けるべき者に対して補償を請求する権利を有する旨の通知をした時から時効が進行する。

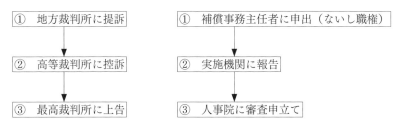

●国家公務員の公務災害と時効

　国家公務員災害補償法28条は、補償を受ける権利は時効の期間を経過後で
も、補償実施機関が補償を受けるべき者に対して補償を請求する権利を有す
る旨の通知をしたことを立証できない限り時効にかからないとしています。
したがって補償実施機関からこの通知（過労死や自殺を公務上と認定する通知）
がされていなければ時効にかかりません。

●公務災害における証拠収集の重要性

　地方公務員や国家公務員の場合、遺族が公務災害の認定請求や申出を行う
と、実務上、所属していた組織が自ら労働時間等の調査を行うことになりま
す。労働者の労災の請求では、会社から独立した労働基準監督署が調査を行
いますが、地方公務員や国家公務員の場合、いわば身内によって調査が行わ
れることになります。そのため、労働時間等の調査についても、遺族側が積
極的に証拠を集める必要があるといえます。

●職権主義にご注意を

　非常勤の地方公務員や国家公務員の場合、遺族等の申出がなくとも、地方
自治体や補償実施機関が自ら公務災害を認定することができます。このよう
な手続を職権主義といいます。
　職権主義は、遺族等からの災害が公務上のものである旨の申出がなくとも
補償を実施することで速やかに公務災害を認定し、遺族等を早期に保護する
ことが本来の目的となっています。しかし、実際には、不十分な証拠に基づ
いて職権主義で公務災害ではないと認定し、その旨を遺族等に伝えること
で、遺族等が申出を行うことを諦めてしまうケースもあります。しかし、そ
のようなケースでも、遺族等が弁護士に委任して、証拠保全等で十分な証拠
を集めて申出を行った結果、公務上であると認定された事案もあります。で
すので、職権主義に基づいて補償実施機関から公務外だと知らされても、公
務上であると認定される可能性があるといえます。

第 2 章

過労死の認定基準

Q12　認定基準の令和 3 年改正

　　令和 3 年 9 月に認定基準が改正されたとのことですが、主な改正点について説明してください。

●20年ぶりの認定基準の改正

　　脳血管疾患あるいは心臓疾患の発症（以下、「過労死」といいます）の業務上外を判断するにつき、厚生労働省は通達という形で「認定基準」を定めています。平成13年12月12日に、厚生労働省は「脳血管疾患及び虚血性心疾患等（負傷に起因するものを除く。）の認定基準について」（基発第1063号労働基準局長通達。以下では「旧認定基準」といいます）という通達を定めていましたが、20年ぶりに、「脳・心臓疾患の労災認定の基準に関する専門検討会報告書（令和 3 年 7 月）」（〈https://www.mhlw.go.jp/content/11201000/000807245.pdf〉、以下では「専門検討会報告書」といいます）の医学的知見等を踏まえて「血管病変等を著しく増悪させる業務による脳血管疾患及び虚血性心疾患等の認定基準について」（令和 3 年 9 月14日基発0914第 1 号、巻末資料編〔資料 1 〕）を新たに定めました（以下では、この新たな基準を単に「認定基準」といいます）。すでに労働基準監督署に申請中の事案についてもこの認定基準に基づいて業務上外の判断がされることになります。

●旧認定基準の「過労死ライン」は妥当としている

　　長期間の過重業務の労災認定にあたっての労働時間の評価について、旧認定基準は、次のようにしていました。
　①　発症前 1 ～ 6 か月間平均で月45時間以内の時間外労働は、発症との関連性は弱く、月45時間を超えて長くなるほど関連性は強まる。
　②　発症前 1 か月間に100時間または 2 ～ 6 か月間平均で月80時間を超える時間外労働は、発症との関連性は強い。

②の時間外労働は「過労死ライン」と呼ばれていますが、新たな認定基準においてもこの過労死ラインが妥当であるとされています。

●過労死ラインに達していなくても、労働時間以外の負荷要因を総合的に考慮

改正点で最も重要なのは、過労死ラインの水準には至らないがこれに近い時間外労働が認められるときは、労働時間以外の、

- ・勤務時間の不規則性
- ・事業場外における移動を伴う業務
- ・心理的負荷を伴う業務
- ・身体的負荷を伴う業務
- ・作業環境

等の負荷要因も総合的に考慮して、業務上外の判断を行うとしたことです。

旧認定基準も、労働時間以外の負荷要因について十分検討することとしていました。しかし、業務上外の判断では過労死ラインの水準に至っているか否かが重視され、労働時間以外の負荷要因の範囲は限定され、かつ付加的にしか評価されていませんでした。今回の改正は、過重性の評価にあたり労働時間という量的過重性に偏重することなく、従事していた業務の質的過重性を総合評価するようになったことが、被災者・遺族の救済にとって最も重要な点です。

●対象疾病に重篤な心不全を加えているが、肺塞栓症は除外

認定基準では、認定基準が対象とする虚血性心疾患等に重篤な心不全が加えられました。不整脈や心筋炎・心筋症等の基礎疾病を有していても病態が安定しており、直ちに重篤な状態に至るとは考えられない場合において、認定基準に該当する業務による明らかな過重負荷によって自然経過を超えて重篤な心不全に至った場合も業務上と認定されることになりました。

地公災や人事院の認定基準では、肺塞栓症も過重な業務により生じる対象疾病としていますが、厚生労働省の認定基準では、長時間同一姿勢となる機会で多くの症例が報告されているとして、改正前と同様過労死の対象疾病と

しては認めていません。長時間同一姿勢を強いられる業務、あるいは業務上の疾病による療養により発症したことが認められれば業務上と認定されるのは当然です。

●過労死ラインに達しない事案の認定への門戸を広げた改正

　過労死ラインに達していないため業務外とされたり、申請をあきらめていた方も少なくないと思います。改正前でも裁判所の判例には過労死ラインに達していなくても、それに近い時間外労働が認められる事件については、他の負荷要因（質的過重性）を総合評価して業務上と判断したものが少なくありません（Q20参照）。

　この新しい認定基準に基づいて、労働時間とともにそれ以外の負荷要因を明らかにして業務上の判断に向けて力を尽くしましょう。

Q13　過労死の認定基準の基本的な考え方

　　　　認定基準はどのような考え方に基づいて業務上外を判断しているのですか。

●認定基準の改正

　厚生労働省はそれまでの認定基準を改め、「血管病変等を著しく増悪させる業務による脳血管疾患及び虚血性心疾患等の認定基準について」（令和3年9月14日基発0914第1号、巻末資料編〔資料1〕）を新たに定めました（Q12参照）。

　また、厚生労働省の認定基準改正を踏まえて、その基準に沿った内容で国家公務員につき人事院は、「心・血管疾患及び脳血管疾患の公務上災害の認定について」（令和3年9月15日職補第266号事務総局職員福祉局長通達〈https://www.jinji.go.jp/kisya/2109/honbun_r3 shokuho_266.pdf〉）、地方公務員につき地方公務員災害補償基金は「心・血管疾患及び脳血管疾患の公務上の災害の認定について」（令和3年9月15日地基補第260号理事長通達〈https://www.chikousai.go.jp/reiki/pdf/r3 ho260.pdf〉）を定めています。

　いずれの認定基準も若干の相違はありますが、内容的にはほぼ同様のものとなっています。

●取り扱う疾病の範囲

　認定基準は、業務上の過重負荷によって発症しうる脳・心臓疾患を次の疾患に限定しています。

（1）　脳血管疾患

　①　脳内出血（脳出血）

　②　くも膜下出血

　③　脳梗塞

　④　高血圧性脳症

(2)　虚血性心疾患等

　①　心筋梗塞症

　②　狭心症

　③　心停止（心臓性突然死を含む）

　④　重篤な心不全

　⑤　大動脈解離

　認定基準によって判断される疾病としては、上記のものに限定されていますが、発症前に過重な業務があった場合は、裁判では喘息死、消化器かいよう等についても認められたものがあります。

　認定基準の対象疾病でなくても、過重な長時間労働から生じる疾病があり、裁判例等では認められるものがあります。病名だけで判断しないようにしましょう（Q38参照）。

●労災認定の基本的な考え方

　過労死は高血圧症、動脈硬化等の基礎疾病（私病）があるところに、業務による明らかな過重負荷が加わり、それによって基礎疾病がその自然経過を超えて著しく増悪し発症したと認められるときには労災と認められます。

　専門検討会報告書（Q12参照）は、次の「発症に至るまでの概念図」を示し、次のように述べています。

---

①　アに示すように長時間労働等業務による負荷が長期間にわたって生体に
　加わることによって疲労の蓄積が生じ、それが血管病変等をその自然経過
　を超えて著しく増悪させ発症する。
②　アに示す血管病変等の著しい増悪に加え、イで示される発症に近接した
　時期の業務による急性の負荷とあいまって発症する。
③　ウに示すように急性の負荷を原因として発症する。
　ここで、発症に近接した時期とは（中略）、発症直前から発症前おおむね1
週間、長期間とは、同じく発症前おおむね6か月が想定される。

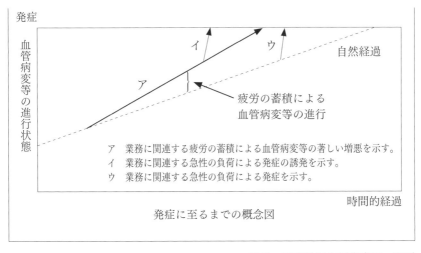

ア　業務に関連する疲労の蓄積による血管病変等の著しい増悪を示す。
イ　業務に関連する急性の負荷による発症の誘発を示す。
ウ　業務に関連する急性の負荷による発症を示す。

発症に至るまでの概念図

出典：専門検討会報告書28〜29頁

　アの長期間の過重業務が過労死ラインに達していなくとも、これに近い労働時間が認められ、かつイの急性の負荷が認められる事案では、その総合評価を強調することが大切です。

●過重性の評価は同種労働者を基準

　過重性の程度を評価するにあたってどのような労働者を基準にするのかという点につき認定基準は旧認定基準で示されていた年令、経験のほか、職種、職場における立場や職責などについても、類似する同種労働者を基準として過重性を判断するとしています。

　また高血圧、動脈硬化等の生活習慣病、更には心筋炎や心筋症の心疾患等の基礎疾患を有していたとしても日常業務を支障なく遂行できる者も含む基準としています。

●認定されるための要件

　認定基準は、次のいずれかが認められるときは業務上と判断するとしています。
　①　発症直前から前日までの間において、発症状態を時間的および場所的

に明確にし得る「異常な出来事」に遭遇したこと（異常な出来事）

②　発症前おおむね 1 週間に日常業務に比較して特に過重な身体的、精神的負荷を生じさせる業務に従事したこと（短期間の過重負荷）

③　発症前おおむね 6 か月間に著しい疲労の蓄積をもたらす特に過重な業務に従事したこと（長期間の過重負荷）

過労死というと③の「長期間の過重負荷」の点が注目されますが、①の「異常な出来事」、②の「短期間の過重負荷」についても検討することが大切です。

次の Q では、実務上事案の多い③の「長期間の過重負荷（業務）」から検討をします。

●認定基準に裁判所は拘束されない

なお、認定基準は行政内部の通達ですから、裁判ではこれに拘束されることなく、より広く認定の門戸が開かれています。行政段階で業務外とされていても、裁判上、業務上として勝訴しているケースも多くあります。勝訴判決の積み重ねが、認定基準を改正させ、救済の門戸を広げてきたといえます。ですから、労働基準監督署で業務外とされても、あきらめずに訴訟で逆転できるかどうかぜひ専門の弁護士と相談してください。

Q14　過労死の認定基準(1)──「長期間の過重業務」

「長期間の過重負荷」として労災認定されるのはどのようなケースですか。

●長期間の過重業務

　　恒常的な長時間労働等の負荷が長期間にわたって作用した場合には、「疲労の蓄積」が生じ、これが血管病変等をその自然経過を超えて著しく増悪させ、その結果、脳・心臓疾患を発症させることがあります。

　このことから、発症との関連性において、業務の過重性を評価するにあたっては、発症前の一定期間の就労実態等を考察し、発症時における疲労の蓄積がどの程度であったかという観点から判断することと、認定基準はしています。

　対象となる期間は、おおむね発症前の6か月間をいい、それより以前の業務については、就労実態を示す明確に評価できる資料があり、特に身体的・精神的負荷が認められる場合は付加的要因として考慮します。

●過重かどうかの基準となる時間外労働（過労死ライン）

　疲労の蓄積をもたらす最も重要な要因は労働時間であるとして、その評価の目安を次のように定めています。

①　発症前1か月間ないし6か月間にわたって、1か月あたりおおむね45時間を超える時間外労働が認められない場合は、業務と発症の関連性が弱いが、おおむね45時間を超えて時間外労働が長くなるほど、業務と発症との関連性が徐々に強まると評価できること

②　発症前1か月間におおむね100時間以上、または発症前2か月ないし6か月間におおむね80時間以上の時間外労働時間（週40時間を超える労働時間）があれば、業務との関連性が強いと評価すること

このように、認定基準によれば、発症前1か月間に100時間の時間外労働が認められるか、発症前2か月間ないし6か月間にわたって、1か月あたりおおむね80時間を超える時間外労働が認められる場合（過労死ライン）は、業務と発症との関連性は強いとして、原則として業務上と判断されます。

●発症前2か月間ないし6か月間のいずれかの期間の意味

「発症前2か月間ないし6か月間にわたって、1か月当たりおおむね80時間を超える」とは、発症前2か月間、3か月間、4か月間、5か月間、6か月間について、そのいずれかの期間における月平均時間外労働が80時間を超えるとのことです。6か月間の平均で判断されるものでないことに留意してください。

なお、時間外労働の計算は、それぞれの事業場の所定労働時間ではなく、労基法の原則的な法定労働時間である週40時間を超える時間により算定されています。労働基準監督署は月（30日）の時間外労働の算定方法について、このQの末尾の表（【書式3】）により算定しています。

●急性の負荷と相まって発症するケース

認定基準は、長期間の疲労の蓄積に加え急性の負荷と相まって発症する場合があるとして、長期間の過重負荷の判断にあたって、急性（発症直前から発症前おおむね1週間）の過重業務についても総合的に評価すべき事案があるとしています（Q13の「発症に至るまでの概念図」参照）。

このような事案は、長期間と急性の負荷を総合的に考慮することが必要です。

●労働密度が特に低い業務でなければ労働時間と評価される

労働密度は仕事の内容により異なります。この点につき、厚生労働省が認定基準と同時に発出した認定基準の「運用上の留意点について」の通達（令和3年9月14日基補発0914第1号、巻末資料〔資料2〕。以下、「留意点通達」といいます）は、過労死ラインを超える「時間外労働に就労していても、例えば、労働基準法第41条第3号の監視又は断続的労働に相当する業務、すなわち、

原則として一定部署にあって監視を行うことを本来の業務とし、常態として身体又は精神的緊張の少ない業務や作業自体が本来間欠的に行われるもので、休憩時間は少ないが手待時間が多い業務等、労働密度が特に低いと認められるものについては、直ちに業務と発症との関連性が強いと評価することは適切ではない場合があることに留意する必要がある」としています。

　逆にいえば、監視・断続労働等、労働密度が特に低いと認められる労働でなければ、労災認定にあたっての労働時間として評価されることになります。

●労働時間以外の負荷要因との総合評価

　認定基準の改正で最も重要な点は、労働時間では前記の過労死ラインの水準には至らない場合でも、「これに近い時間外労働が認められる場合には、特に他の負荷要因の状況を十分に考慮し、そのような時間外労働に加えて一定の労働時間以外の負荷が認められるときには、業務と発症との関連性が強いと評価できることを踏まえて判断すること。

　ここで、労働時間と労働時間以外の負荷要因を総合的に考慮するに当たっては、労働時間がより長ければ労働時間以外の負荷要因による負荷がより小さくとも業務と発症との関連性が強い場合があり、また、労働時間以外の負荷要因による負荷がより大きければ又は多ければ労働時間がより短くとも業務と発症との関連性が強い場合があることに留意すること」としたことです。

　旧認定基準では、労働時間の基準である過労死ラインを超えない事案の多くは認定されませんでした。認定基準の改正により、過労死ラインに「近い時間外労働が認められ」「一定の労働時間以外の負荷要因が認められる」ときにも、認定の門戸が広げられたことになります。

　・「過労死ラインに近い時間外労働」
　・「一定の労働時間以外の負荷要因」
について、以下のQ15、16で検討しましょう。

【書式3】　時間外労働時間計算表

労働時間集計表（8月3日〜9月1日）

（発症前1か月目）

	労 働 時 間 （始業〜終業）	1 日の 拘束時間数	1 日 の 労働時間数	総 労 働 時 間 数	時 間 外 労働時間数
9／1 (月)	8:00〜19:00	11:00	10:00	①	⑥=①-40
8／31(日)	休　日				
／30(土)	休　日			50:00	10:00
／29(金)	8:00〜19:00	11:00	10:00		
／28(木)	8:00〜19:00	11:00	10:00		
／27(水)	8:00〜19:00	11:00	10:00		
／26(火)	8:00〜19:00	11:00	10:00		
／25(月)	8:00〜19:00	11:00	10:00	②	⑦=②-40
／24(日)	休　日				
／23(土)	休　日			10:00	0:00
／22(金)	夏期休暇				
／21(木)	夏期休暇				
／20(水)	夏期休暇				
／19(火)	夏期休暇				
／18(月)	夏期休暇			③	⑧=③-40
／17(日)	休　日				
／16(土)	休　日				
／15(金)	8:00〜22:30	14:30	13:00	58:00	18:00
／14(木)	8:00〜22:30	14:30	13:00		
／13(水)	8:00〜24:00	16:00	14:30		
／12(火)	8:00〜27:00	19:00	17:30		
／11(月)	8:00〜22:00	14:00	12:30	④	⑨=④-40
／10(日)	休　日				
／9 (土)	16:00〜28:00				
／8 (金)	16:00〜28:00				
／7 (木)	16:00〜28:00				
／6 (水)	16:00〜29:00				
／5 (火)	有給休暇				
／4 (月)	16:00〜28:00	12:00	11:00	⑤	⑩=⑤-X(⑧)
／3 (日)	休　日			11:00	3:00
合　計		205:00		①〜⑤ 186:30	⑥〜⑩ 48:30

> **8／3、4の算定方法**
> 7／29〜8／2までの5日間の就労状況をみて、
> ○ 休日が2日以上ある場合はX＝16とする。
> ○ 休日が1日ある場合はX＝8とする。
> ○ 休日がない場合はX＝0とする。

出典：厚生労働省労働基準局労災補償部補償課職業病認定対策室「脳・心臓疾患の労災認定実務要領」

Q15　過労死ラインに近い時間外労働

認定基準の過労死ラインの水準には至らないが「これに近い時間外労働」と述べている時間外労働は、どの程度の時間になりますか。

●留意点通達における指摘

認定基準は「これに近い時間外労働」とするのみで具体的な時間外労働を数値では示していません。

留意点通達（Q14参照）では、「『これに近い時間外労働』については、労働時間がより長ければ労働時間以外の負荷要因による負荷がより小さくとも業務と発症との関連性が強い場合があり、また、労働時間以外の負荷要因による負荷がより大きければ又は多ければ労働時間がより短くとも業務と発症との関連性が強い場合があることから、労働時間以外の負荷要因の状況によって異なるものであり具体的な時間数について一律に示すことは困難である」としています。

一方で留意点通達は、専門検討会「報告書においては、①長時間労働と脳・心臓疾患の発症等との間に有意性を認めた疫学調査では、長時間労働を『週55時間以上の労働時間』又は『1日11時間以上の労働時間』として調査・解析しており、これが1か月継続した状態としてはおおむね65時間を超える時間外労働の水準が想定されたこと、②支給決定事例において、労働時間に加えて一定の労働時間以外の負荷要因を考慮して認定した事例についてみると、1か月当たりの時間外労働は、おおむね65時間から70時間以上のものが多かったこと、そして、③このような時間外労働に加えて、労働時間以外の負荷要因で一定の強さのものが認められるときには、全体として、労働時間のみで業務と発症との関連性が強いと認められる水準と同等の過重負荷と評価し得る場合があることが掲記されている」としています。

●過労死ラインに達しなくても認定された二つの事例

　さらに留意点通達は、「労働時間と労働時間以外の負荷要因を総合的に考慮するに当たっては、当該掲記を踏まえ、別紙1『労働時間以外の負荷要因の評価に当たっての留意事項』にも留意して、適切な評価を行うこと。また、別紙2の事例も参考とすること」としています。

　別紙2の事例として挙げられているのは、次の二つの事例です。

【事例1】

　Aさんは、トラックの運転手として、県内で製造された電気製品等を国内各地に所在するホームセンターの物流センターに配送する業務に従事していた。Aさんは、これらの業務に従事し、発症前2か月平均で月約71時間の時間外労働を行っていた。

　夜間運行を基本とし、20時から23時に出勤し、翌朝8時から9時、遅い日では15時頃まで勤務していた。発症前6か月の拘束時間は、発症前1か月から順に、216時間、302時間、278時間、266時間、219時間、291時間となっていた。

　Aさんは、配送先の物流センターで製品の積み込み作業中に倒れた。物流センターの作業員が倒れていたAさんを発見し、救急車を呼び病院に搬送したが、Aさんは、心筋梗塞により死亡した。

【事例2】

　Bさんは、関東に所在する水産加工工場に勤務し、水産物の仕入れや営業担当業務に従事していた。Bさんは、これらの業務に従事し、発症前3か月平均で月約64時間の時間外労働を行っていた。

　この3か月の全ての勤務は泊付きの出張であり、主に仕入業者との商談や営業のため、関西と九州方面の港に出張していた。

　発症前3か月の泊付きの出張日数は64日、工場から関西や九州方面へ移動を要した日数は24日に及んだ。

　Bさんは出張先で、痙攣、めまい、吐き気の症状を訴え、救急車を呼び病院に搬送され、脳梗塞と診断された。

●過労死ラインに達しなくても他の負荷要因を明らかにして認定させよう

　過労死ラインに至らなくても「これに近い時間外労働」を具体的な数値で示すことは、他の負荷要因の強度との相対的な関係もあるので難しいかもしれません。

　しかし、以上述べてきたことからして、少なくも月65時間前後の時間外労働が認められる事案では、他の負荷要因の強度との総合的評価により認定される可能性があります。また、それ以下の労働時間しか認められない場合でも、他の負荷要因が特に強度なものであれば、認定されることもありますので、あきらめないことが大切です。

　次のQ16では他の負荷要因とその強度の評価について考えましょう。

Q 16　一定の労働時間以外の負荷要因

認定基準では、労働時間以外の負荷要因を総合的に考慮すると
しています。負荷要因として評価されるのはどのような勤務です
か。また、その負荷の評価方法について、どう定めていますか。

認定基準では、過労死ラインには至らないが、これに近い時間
外労働が認められる場合には、特に労働時間以外の他の負荷要因
の状況を総合的に十分に考慮して判断するとしています。

そのうえで、労働時間以外の負荷要因として次のような勤務を示し、それ
ぞれの負荷要因の検討の視点について述べています。

留意点通達では、別紙 1 「労働時間以外の負荷要因の評価にあたっての留
意事項」が掲記されていますので、それもあわせて検討することが必要です。

●勤務時間の不規則性

＜拘束時間の長い勤務＞

「拘束時間の長い勤務については、拘束時間数、実労働時間数、労働密度
（実作業時間と手待時間との割合等）、休憩・仮眠時間数及び回数、休憩・仮眠
施設の状況（広さ、空調、騒音等）、業務内容等の観点から検討し、評価する」。

「なお、1 日の休憩時間がおおむね 1 時間以内の場合には、労働時間の項
目における評価との重複を避けるため、この項目では評価しない」。

＜休日のない連続勤務＞

「休日のない（少ない）連続勤務については、連続労働日数、連続労働日
と発症との近接性、休日の数、実労働時間数、労働密度（実作業時間と手待
時間との割合等）、業務内容等の観点から検討し、評価する」。「その際、休日
のない連続勤務が長く続くほど業務と発症との関連性をより強めるものであ
り、逆に、休日が十分確保されている場合は、疲労は回復ないし回復傾向を
示すものであることを踏まえて適切に評価する」。

＜勤務間インターバルが短い勤務＞

「勤務間インターバルが短い勤務については、その程度（時間数、頻度、連続性等）や業務内容等の観点から検討し、評価する」。

「長期間の過重業務の判断に当たっては、睡眠時間の確保の観点から、勤務間インターバルがおおむね11時間未満の勤務の有無、時間数、頻度、連続性等について検討し、評価する」。

＜不規則な勤務・交替制勤務・深夜勤務＞

「不規則な勤務・交替制勤務・深夜勤務については、予定された業務スケジュールの変更の頻度・程度・事前の通知状況、予定された業務スケジュールの変更の予測の度合、交替制勤務における予定された始業・終業時刻のばらつきの程度、勤務のため夜間に十分な睡眠が取れない程度（勤務の時間帯や深夜時間帯の勤務の頻度・連続性）、一勤務の長さ（引き続いて実施される連続勤務の長さ）、一勤務中の休憩の時間数及び回数、休憩や仮眠施設の状況（広さ、空調、騒音等）、業務内容及びその変更の程度等の観点から検討し、評価する」。

旧認定基準では「交替制勤務・深夜勤務は、直接的に脳・心臓疾患の発症の大きな要因になるものではないとされていることから、交替制勤務が日常業務としてスケジュールどおり実施されている場合や日常業務が深夜時間帯である場合に受ける負荷は、日常生活で受ける負荷の範囲内と評価されるものである」としていました。ですから、交替制の深夜勤務でも、あらかじめ勤務シフトが決まっている看護師やコンビニ・居酒屋の店員の勤務による負荷は評価されませんでした。

認定基準では、交替制勤務がスケジュールどおり実施されたり、日常業務が深夜時間帯である場合も含めて、生体リズムやその位相のずれによる負荷要因として認めている点が重要です。

●事業場外における移動を伴う業務

「出張の多い業務については、出張（特に時差のある海外出張）の頻度、出張が連続する程度、出張期間、交通手段、移動時間及び移動時間中の状況、移動距離、出張先の多様性、宿泊の有無、宿泊施設の状況、出張中における

睡眠を含む休憩・休息の状況、出張中の業務内容等の観点から検討し、併せて出張による疲労の回復状況等も踏まえて評価する」。

「ここで、飛行による時差については、時差の程度（特に 4 時間以上の時差の程度）、時差を伴う移動の頻度、移動の方向等の観点から検討し、評価する」。

「また、出張に伴う労働時間の不規則性についても、……適切に評価する」としています。

なお、「出張」に該当しない事業場外における移動を伴う業務も負荷要因としています。

●心理的負荷を伴う業務

「心理的負荷を伴う業務については、別表 1 及び別表 2 に掲げられている日常的に心理的負荷を伴う業務又は心理的負荷を伴う具体的出来事等について、負荷の程度を評価する視点により検討し、評価すること」とし、精神障害の認定基準に準じた業務による心理的負荷の評価表で評価するとしています。

なお、旧認定基準においては、精神的緊張の程度が特に著しいと認められるものについて評価することとされており、また、業務に関連する出来事について、発症に近接した時期におけるものが評価の対象とされていましたが、認定基準においてはそれらの限定はなされていません。

●身体的負荷を伴う業務

「身体的負荷を伴う業務については、業務内容のうち重量物の運搬作業、人力での掘削作業などの身体的負荷が大きい作業の種類、作業強度、作業量、作業時間、歩行や立位を伴う状況等のほか、当該業務が日常業務と質的に著しく異なる場合にはその程度（事務職の労働者が激しい肉体労働を行うなど）の観点から検討し、評価する」。

●作業環境

作業環境は、短期間の過重業務については他の負荷要因と同様に評価するとしていますが、長期間の過重業務では付加的に評価するとしています。

「温度環境については、寒冷・暑熱の程度、防寒・防暑衣類の着用の状況、一連続作業時間中の採暖・冷却の状況、暑熱と寒冷との交互のばく露の状況、激しい温度差がある場所への出入りの頻度、水分補給の状況等の観点から検討し、評価する」。

なお、旧認定基準は、高温環境は一般的に発症との関連は考え難いとしていましたが、認定基準は寒冷と同様、負荷要因として評価するとしています。

「騒音については、おおむね80dBを超える騒音の程度、そのばく露時間・期間、防音保護具の着用の状況等の観点から検討し、評価する」。

●労働時間以外の負荷要因についての調査・検討の重要性

認定基準が労働時間以外の負荷要因としているものの多くは、旧認定基準でも「検討し評価する」とされてきましたが、労働基準監督署の認定実務では付加的にしか評価されず、過労死ラインを超えない事案のほとんどは業務外とされてきました。新たな認定基準の下では、「過労死ライン」の高い壁は、以上述べてきた労働時間以外の負荷要因についてしっかり調査し検討することにより、それを低くすることができるようになったといえます。

●過労死ラインに至らなくても、他の負荷要因を総合的に評価して認定を

労働時間のみでなく、以上に挙げられている他の負荷要因を総合的に評価するとした認定基準の考えは、当然の考え方です。

これまで過労死ラインに達しないからとして、他の負荷要因を評価せずに認定されなかった事案は多くあります。労働時間とともに他の負荷要因を明らかにすることが、認定の門戸を広げるために、より大切になっています。

Q17　過労死の認定基準⑵──「短期間の過重業務」

短期間の過重業務として認定されるのはどのような業務ですか。

●発症前おおむね１週間に特に過重な業務に従事したこと

　発症前おおむね１週間に特に過重な業務に従事したことによる過重負荷により発症したときも労災認定の対象になります。

　認定基準は、「発症前おおむね１週間より前の業務については、原則として長期間の負荷として評価するが、発症前１か月間より短い期間のみに過重な業務が集中し、それより前の業務の過重性が低いために、長期間の過重業務とは認められないような場合には、発症前１週間を含めた当該期間に就労した業務の過重性を評価し、それが特に過重な業務と認められるときは、短期間の過重業務に就労したものと判断する」としています。

　労働時間とそれ以外の負荷要因を総合的に考慮することは、長期間の過重業務と同様です。

　認定基準は、特に過重な業務による過重負荷の有無の判断につき、次のように述べています。

①　発症に最も密接な関連性を有する業務は、発症直前から前日までの間の業務であるので、まず、この間の業務が特に過重であるか否かを判断すること

②　発症直前から前日までの間の業務が特に過重であると認められない場合であっても、発症前おおむね１週間以内に過重な業務が継続している場合には、業務と発症との関連性があると考えられるので、この間の業務が特に過重であるか否かを判断すること

　なお、発症前おおむね１週間以内に過重な業務が継続している場合の

継続とは、この期間中に過重な業務に就労した日が連続しているという趣旨であり、必ずしもこの期間を通じて過重な業務に就労した日が間断なく続いている場合のみをいうものではない。したがって、発症前おおむね1週間以内に就労しなかった日があったとしても、このことをもって、直ちに業務起因性を否定するものではない。

●特に過重な業務についての基準

認定基準は、長期間の過重業務については労働時間につき過労死ラインを定めていますが、短期間の過重業務については労働時間についての具体的な定めはしていません。しかし、次のように述べています。

「労働時間の長さは、業務量の大きさを示す指標であり、また、過重性の評価の最も重要な要因であるので、評価期間における労働時間については十分に考慮し、発症直前から前日までの間の労働時間数、発症前1週間の労働時間数、休日の確保の状況等の観点から検討し、評価すること。

その際、①発症直前から前日までの間に特に過度の長時間労働が認められる場合、②発症前おおむね1週間継続して深夜時間帯に及ぶ時間外労働を行うなど過度の長時間労働が認められる場合等（手待時間が長いなど特に労働密度が低い場合を除く。）には、業務と発症との関連性が強いと評価できることを踏まえて判断すること。

なお、労働時間の長さのみで過重負荷の有無を判断できない場合には、労働時間と労働時間以外の負荷要因を総合的に考慮して判断する必要がある」。

急迫した納期や、事故や災害の対応で発症直前やおおむね1週間に、深夜時間帯に及ぶ過度の長時間労働に従事したことが該当します。納期の切迫や事故対応等による精神的緊張、不規則な勤務等、労働時間以外の負荷要因も総合的に考慮されます。また、短期の過重業務の評価にあたっては、「作業環境について、付加的に考慮するのではなく、他の負荷要因同様に十分検討すること」としています。

●発症が近づくにつれて労働時間が増加する事案等

発症前1か月の時間外労働は、過労死ラインのおおむね月100時間に達し

なくても、発症が近づくにつれて急カーブで時間外労働が増加する事案が少なくありません。

　また、長時間労働が発症前に長期間にわたって継続し、発症前数週間により長時間労働が生じた事案もあります。

　おおむね 1 週間に拘泥せず、発症が近づくにつれて長時間労働が増加する事案の検討にとって重要な基準です（Q13の「発症に至るまでの概念図」を参考にしてください）。

コラム 3　「過労死を考える家族の会」

　過労死や過労自殺した労働者の遺族は、①大切な人を突然失った喪失感、②自分がそれを止められなかったという自責の念、③たちまち襲ってくる経済的困難、④労災申請したいがどうしたらよいかわからないという不安などに苦しむのが通常です。

　そのような遺族同士が集まって、全国と各地に「過労死を考える家族の会」をつくって活動しています。お互いに相談し合ったり励まし合ったり、労働基準監督署にいっしょに行ったり、法廷傍聴や署名活動に協力し合ったり、合宿交流会や、親子交流会を行うなどの活動をしています。また、自分の事件が解決した後も、「後輩」の遺族を援助するために会に残って活動する人もたくさんいます。

　また、過労死や過労自殺をなくそうと、年 1 回、厚生労働省や地方公務員災害補償基金本部に要請する活動も行っており、2014年に成立した過労死防止対策推進法の制定にあたっては、その中心となって活動しました。

　なお、大阪過労死家族の会の連絡先は、下記いわき総合法律事務所です。

いわき総合法律事務所

〒530－0047　大阪市北区西天満 4 丁目 4 番18号　梅ヶ枝中央ビル 7 階

TEL06－6364－3300㈹　FAX06－6364－3366

Q18　過労死の認定基準⑶──「異常な出来事」

「異常な出来事」として労災認定されるのはどのようなケースですか。

●発症当日から前日の「異常な出来事」

「異常な出来事」（Q13で示した認定基準の要件①）とは、「発症直前から前日までの間において発生状態を時間的及び場所的に明確にし得る異常な出来事」であり、「当該出来事によって急激な血圧変動や血管収縮等を引き起こすことが医学的にみて妥当と認められる出来事」です。

認定基準には次の3類型が挙げられています。

ⓐ　極度の緊張、興奮、恐怖、驚がく等の強度の精神的負荷を引き起こす事態
ⓑ　急激で著しい身体的負荷を強いられる事態
ⓒ　急激で著しい作業環境の変化

●異常な出来事による過重負荷の判断

認定基準は異常な出来事と認められる検討の視点として、「異常な出来事と認められるか否かについては、出来事の異常性・突発性の程度、予測の困難性、事故や災害の場合にはその大きさ、被害・加害の程度、緊張、興奮、恐怖、驚がく等の精神的負荷の程度、作業強度等の身体的負荷の程度、気温の上昇又は低下等の作業環境の変化の程度等について検討し、これらの出来事による身体的、精神的負荷が著しいと認められるか否かという観点から、客観的かつ総合的に判断すること」としています。

●異常な出来事と認められる具体的出来事

異常な出来事として業務と発症との関連が強いと評価される具体的出来事

として、

① 業務に関連した重大な人身事故や重大事故に直接関与した場合

② 事故の発生に伴って著しい身体的、精神的負荷のかかる救助活動や事故処理に携わった場合

③ 生命の危険を感じさせるような事故や対人トラブルを体験した場合

④ 著しい身体的負荷を伴う消火作業、人力での除雪作業、身体訓練、走行等を行った場合

⑤ 著しく暑熱な作業環境下で水分補給が阻害される状態や著しく寒冷な作業環境下での作業、温度差のある場所への頻回な出入りを行った場合

等を認定基準は挙げています。

●長期間の過重業務による負荷と発症直前の異常な出来事との総合評価

昭和62年に短期間の過重業務の基準が定められるより前の認定基準は「災害主義基準」といわれ、この基準のみで業務上外が判断され、認定の門戸は狭きに失したものでした。

異常な出来事のみで認定される事案は限られますが、Q13の「発症に至るまでの概念図」にあるように、長期間の過重業務に加えて、発症に近接した時期（発症直前から発症前おおむね1週間）の業務による急性の負荷と相まって発症するとしています。

異常な出来事の前に短期間（おおむね1週間）や長期間（おおむね6か月間）の業務の過重性が認められるときは、これらの負荷とあいまって発症したものとして総合評価させることも大切です。

Q19　副業・兼業と認定基準

複数の会社で副業・兼業して働いているときの過労死等の労災認定の門戸が広がったとのことです。どのように変更されたのか教えてください。

●複数事業労働者の業務上の負荷の総合判断

労災保険法1条等の改正で、令和2年9月1日以降の「事業主が同一人でない二以上の事業に使用される労働者（複数事業労働者）」、すなわち、副業・兼業している労働者については、業務による複数の事業場の業務上の負荷を総合的に評価して労災認定の判断をすることになり、認定基準でもその旨を定めています。

対象となるのは、改正法が施行された令和2年9月1日以降に発症した過労死等で、脳・心臓疾患や精神障害・自殺等で、それぞれの認定基準は法改正に沿って改正されています。

●過労死等の労災認定の門戸の広がり

A社に勤務するだけでなくB社（さらにC社、D社でも副業・兼業する場合も同様です）等複数事業場で副業・兼業している労働者が過労死等をしたとき、今までは、A社、B社のそれぞれの会社での労働時間やストレス等の業務による負荷を個々の会社別に評価して労災認定できるかどうか判断されていました。

今回の労災保険法の改正により、A社、B社らすべての会社での業務による負荷を総合的に判断されることになりました。

脳・心臓疾患については過労死ラインの時間外労働が重要ですが、A社のみでは過労死ラインを超えていなくても、A社、B社の各勤務日の労働時間を通算して超えていれば、原則として業務上と判断されることになります。ですから、勤務日にA社で7時間、B社で4時間勤務すれば、その日の労働

時間は11時間になります。月25日勤務すれば、月の労働時間は11時間×25（日）＝275時間で、時間外労働は100時間近くの過労死ラインに達します。

　精神障害・自殺についても、Ａ社、Ｂ社での労働時間を含め業務による出来事による心理的負荷の強度を、総合的に評価して判断することになります。

　Ａ社での配転による長時間労働の出来事があり、またＢ社では仕事上のミスによる上司からの叱責等の出来事があれば、これら業務上の出来事を総合的に評価することになります。

　この改正により、副業・兼業している複数事業労働者の労災認定の門戸は広がりました。

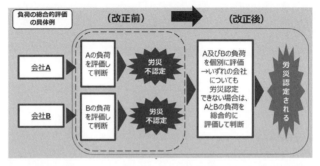

出典：厚生労働省パンフ〈https://www.mhlw.go.jp/content/000662505.pdf〉

●補償額の算定にあたっても、賃金額は通算される

　また、業務上と認められた場合の補償額も、副業・兼業している全ての会社の賃金額を合算して、それを基礎に支給されることになりました。

　Ａ社から月20万円、Ｂ社から月10万円を支給されていたケースでは、賃金

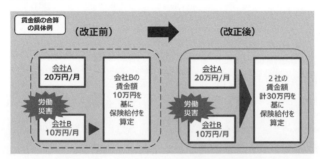

（同上・厚労省パンフより。金額を一部変更）

を合算すると20万円＋10万円＝30万円になり、1日当たりの平均賃金は1万円になります。

　この平均賃金を基礎にした休業補償や遺族補償が支給されることになります。

●副業・兼業で、個人事業主や一人親方として働き、労災保険に特別加入した場合

　A社で労働者として働く一方、個人事業主や一人親方として事業を経営している場合でも、労災保険に特別加入していれば、同様の扱いがされることになります。労災保険法施行規則の改正で令和3年9月1日から、自転車を使用して貨物運送業を行う方やITフリーランスの方も特別加入できるようになりました。過労死等の労災補償を考えると一人親方としての特別加入を求めることも大切です。なお、特別加入したとしても、労働者性が認められるときは、通常の労働者としての労災補償（その方が、認定や補償額について有利です）を求めることができます。

Q 20　過労死の認定についての裁判所の判断基準

　　夫の急性心不全死は過労死だと確信して、労働基準監督署に労災申請しましたが私病によるものと判断され、審査請求を出しました。しかし、労災保険審査官、労働保険審査会のいずれでも業務外と判断されてしまい、残された手段は行政訴訟しかないのですが、裁判では行政の考え方と違う結論が出る可能性はあるのでしょうか。裁判所の基本的な考え方について説明してください。

●行政の認定基準と裁判所の判断基準 ──行政の通達は裁判所を拘束しない

　労働基準監督署長など行政機関の判断は、厚生労働省や人事院の通達（認定基準）に拘束されます。

　しかし裁判所は、この行政の認定基準を「多数の公務（業務）災害の認定請求を迅速に処理するために作成されたもので、これ自体は行政の内部通達にすぎないもの」と考えており、業務と疾病の因果関係の有無の判断において一応の合理性のある参考資料として考慮はしますが、それに拘束されるという立場はとっていません。

　労働基準監督署長、審査官、審査会と行政段階の手続での「3連敗」にもめげず、訴訟で狭きに失する認定基準を争い、勝訴判決を重積する中で、認定基準の門戸が広げられてきました。

●相当因果関係の有無についての裁判所の考え方

　判決は、「脳・心臓疾患における業務起因性の判断は、被災者が従事した業務による負荷が基礎疾患をその自然経過を超えて増悪させ、脳・心臓疾患を発症させたと認められる場合」に業務起因性を肯定するものとし、

①　被災者の従事した業務が同人の基礎疾患を自然経過を超えて増悪させる要因となり得る負荷（過重負荷）のある業務であったと認められるこ

と

②　被災者の基礎疾患が確たる発症の危険因子がなくてもその自然経過により脳・心臓疾患を発症させる寸前まで進行していたとは認められないこと

③　被災者には他に確たる発症因子はないこと

の3つの要件が認められれば、従事した業務による負荷が基礎疾患をその自然経過を超えて増悪させ脳・心臓疾患を発症させたと認めるのが相当である、との考え方（3要件説）をとるものが主流です（最高裁平成9年4月25日第三小法廷判決・労働判例722号13頁、最高裁平成12年7月17日第一小法廷判決・労働判例785号6頁、最高裁平成16年9月7日第三小法廷判決・労働判例880号44頁、最高裁平成18年3月3日第二小法廷判決・労働判例919号5頁ほか、下級審判決は多数）。

●判決は業務の質的過重性を重視してきた

本来、認定基準においては、「特に過重な業務に就労したと認められるか否かについては、業務量、業務内容、作業環境等を考慮し、同僚労働者又は同種労働者（以下「同僚等」という。）にとっても、特に過重な精神的、身体的負荷と認められるか否かという観点から、客観的かつ総合的に判断すること」（旧認定基準）とされ、労働時間とそれ以外の負荷要因を総合的に評価することとされていました。

しかし実際には、労働時間数のみが重視され、労働時間以外の負荷要因（質的過重性）は軽視されがちでした。

認定基準改正前から、裁判所は過労死ラインに拘泥せず、労働時間以外の負荷要因も総合的に評価して、次のように業務上の判決を下しています。

●国・常総労基署長（旧和光電気）事件・東京地裁平成25年2月28日判決（労働判例1074号34頁）

会計システム開発業務に従事していた労働者（当時35歳）が脳内出血により死亡した事案です。

発症前6か月間の労働時間につき、

発症前 1 か月　72時間15分

発症前 2 か月　58時間11分　　2 か月平均　65時間13分

発症前 3 か月　73時間55分　　3 か月平均　68時間07分

発症前 4 か月　59時間46分　　4 か月平均　66時間02分

発症前 5 か月　29時間54分　　5 か月平均　58時間48分

発症前 6 か月　24時間35分　　6 か月平均　53時間06分

と算定しています。

　そのうえで、時間外労働は認定基準を充足しているとは認められないものの、精神的緊張、出張業務、並びに深夜勤務が少なからず睡眠－覚醒のリズムを障害し、生活リズムの悪化をもたらしたこと等の質的過重性を評価し、業務上としています。

●国・宮崎労基署長（宮交ショップアンドレストラン）事件・福岡高裁宮崎支部平成29年 8 月23日判決（労働判例1172号43頁）

　ブルガダ症候群の基礎疾病を有する社員が心停止により死亡した事案です。

　原審の宮崎地方裁判所は認定基準に該当しないとして業務外と判断しましたが、福岡高等裁判所宮崎支部は発症直前 9 日間の業務の過重性にも着目し、業務上と判断しました。

　高裁支部判決は、地裁判決が認定した、

発症前 1 か月　46時間10分

発症前 2 か月　71時間56分　　2 か月平均　59時間03分

発症前 3 か月　55時間29分　　3 か月平均　57時間52分

発症前 4 か月　54時間06分　　4 か月平均　56時間55分

発症前 5 か月　47時間33分　　5 か月平均　55時間03分

発症前 6 か月　62時間20分　　6 か月平均　56時間15分

の時間外労働の下での業務量および業務内容が相当程度の精神的・肉体的疲労の蓄積を生じさせるに足りるものとしたうえで、「とりわけ本件発症直前の業務の内容、態様に鑑みると、……本件発症直前には強度のストレス、睡眠不足、疲労の状態にあったと認められるのであり、これらが本件発症の誘

因となったとみるのが合理的かつ自然というべきである」として、業務上と判断しており、長期間の過重業務と短期間の過重業務を総合評価した事案といえます。

●専門検討会で検討した判例

認定基準改正にあたっての第3回脳・心臓疾患の労災認定の基準に関する専門検討会（令和2年9月29日）では、過労死ラインに達しないものの他の負荷要因を評価して業務上と判断した多くの裁判例を資料6として挙げていますので参照にしてください（〈https://www.mhlw.go.jp/content/11201000/000697437.pdf〉）。

●相当重い基礎疾患があっても救済される

不支給処分の取消しを求める行政訴訟では、被災者に相当重い基礎疾患がある場合、国側は、脳・心臓等の疾患の発症はその基礎疾患の「自然増悪」であると主張するのが一般です。しかし、前述の3要件説のもとでは、業務に過重性が認められれば、相当重い基礎疾患があっても、「確たる発症の危険因子がなくてもその自然経過により脳・心臓疾患を発症させる寸前まで進行していたとは認められない」として業務起因性を認めるものも多くあります。

たとえば、長期間の過重業務を認めた旧認定基準策定の契機となった銀行支店長付きの運転手（当時54歳）がくも膜下出血を発症した事案についての最高裁平成12年7月17日判決（労働判例785号6頁）は、上告人（被災者）には「くも膜下出血の危険因子として挙げられている高血圧症が進行していたが、……なお血圧が正常と高血圧の境界領域にあり、治療の必要のない程度のものであった」、「脳動脈りゅうの血管病変は慢性の高血圧症、動脈硬化により増悪するものと考えられており、慢性の疲労や過度のストレスの持続が慢性の高血圧症、動脈硬化の原因の一つとなり得る」として、「上告人の右基礎疾患が右発症当時その自然の経過によって一過性の血圧上昇があれば直ちに破裂を来す程度にまで増悪していたとみることは困難であるというべき」であるとして、業務起因性を認めました。

　また、「右冠動脈及び左回旋枝には閉そくが、左前下行枝には狭さくがそれぞれ認められ、左心室造影駆出率は25％」という心臓疾患を有する地方公務員（当時55歳）が、公務として行われたバレーボールの試合に出場した際に急性心筋こうそくを発症して死亡した事案で、福岡高裁平成19年12月26日判決・労働判例966号78頁（最高裁平成18年 3 月 3 日判決・判例タイムズ1207号137頁の差戻審判決）は、（発症の約 3 年前の時点でも）「冠動脈のうち灌流域の最も大きい左前下行枝は閉塞することなく血流が保たれていた上、側副血行による血流も存在していたこと……、同日から本件災害時まで甲野に心不全の徴侯が見られず、公務や日常生活に支障を来すことはなかったことに照らすと、この間に心機能が低下していた可能性は否定できないにしても、本件災害当時、確たる発症因子がなくてもその自然の経過により心筋梗塞を発症させる寸前にまで増悪していたとは認められない」として、業務起因性を認めています。

●裁判所での救済の可能性

　裁判所では、行政の基準に拘束されることなく、個別の事案ごとの判断を示します。また、労働時間やその他の負荷要因についても、裁判で立証する中で過重性を明らかにすることもできます。

　したがって、認定基準では過労死と認定されない事案についても、裁判で救済される場合もありますので、あきらめることなく弁護士に相談をしてください。

第3章

過労自殺の認定基準

Q21　過労自殺の認定基準⑴——基本的な考え方

過労自殺や、業務に起因して精神障害を発症した場合の認定基準の基本的な考え方はどのようなものですか。

●認定基準としての行政通達

　　民間労働者の通達については、「心理的負荷による精神障害の認定基準について」（平成23年12月26日基発1226第 1 号、改正：令和 2 年 5 月29日基発0529第 1 号、令和 2 年 8 月21日基発0821第 4 号。以下本章では、「認定基準」といいます。第 2 章と異なりますのでご注意ください）があります（巻末資料編〔資料 3 〕。認定基準の運用についての〔資料 4 〕も参照）。

　認定基準は、上記のとおり平成23年12月に策定されたものですが、令和元年 5 月に改正労働施策総合推進法が成立して令和 2 年 6 月から施行され、パワーハラスメントの定義が法律上規定されたことに伴い、認定基準も同年 5 月に一部改正され、業務による心理的負荷評価表にパワーハラスメントを明示し、具体的出来事として、「上司等から、身体的攻撃、精神的攻撃等のパワーハラスメントを受けた」が追加されました（巻末資料編〔資料 5 〕参照）。

　さらに令和 2 年 8 月にも一部改正され、複数の異なる事業の業務による心理的負荷の判断方法が変更され（Q36参照）、現在の認定基準となっています。

　公務員のうち、国家公務員については人事院事務総局職員局長の「精神疾患等の公務上災害の認定について」（平成20年 4 月11日職補第114号、平成24年 3 月26日職補第95号改正）、地方公務員については地方公務員災害補償基金理事長の「精神疾患等の公務災害の認定について」（平成24年 3 月16日地基補第61号）の各通達があります。

　この三つの通達の基本的な考え方は類似しています。ただし、認定基準は、精神障害発病について具体的な出来事による心理的負荷の強度を問題にするのに対し、公務員の通達は、日常業務に比較して特に過重な業務に従事

したこと等による精神的または肉体的負荷を問題にしています。本書では認定基準を中心に解説しますが、公務上認定に取り組むにあたっては、人事院や地方公務員災害補償基金の通達を理解することが不可欠です。

●認定基準の参考資料

認定基準の参考資料として、厚生労働省が作成し労働基準監督署やインターネットで入手できる「精神障害の労災認定」のパンフは、フローチャートや図などを用いてわかりやすく認定基準を説明しています（〈https://www.mhlw.go.jp/bunya/roudoukijun/rousaihoken04/dl/120427.pdf〉）。

また認定基準を策定するために設置された「精神障害の労災認定の基準に関する専門検討会」の議事録や、同検討会の報告書（平成23年11月8日、令和2年5月15日。以下、「専門検討会報告書」といいます）は、認定基準の基礎になる考え方が述べられており、その正確な理解のためにも重要な資料です。

●基本的な考え方

精神障害は、精神医学上、多様な要因によって発病するとされています。そのため、認定基準では多様な要因を考慮して、業務による心理的負荷、業務以外の心理的負荷、個体側の要因のいずれが有力な原因となって発病したのか否かを総合判断するという基本的な考え方に基づいています。

このような基本的な考え方の基礎となるのが、米国国立労働安全衛生研究所が作成したNIOSHモデルです（〈図表9〉）。このモデルでは、職業におけるストレス要因、職業以外のストレス要因、個体側要因、緩和要因を考慮して、ストレス反応と疾病の発病を考えています。

〈図表9〉　NIOSH職業性ストレスモデル

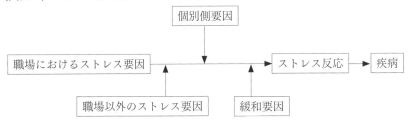

Q22　過労自殺の認定基準(2)──「ストレス－脆弱性」理論

Q 　精神障害の成因について認定基準は「ストレス－脆弱性」理論に依拠しているとのことですが、どのような理論ですか。

A

●「ストレス－脆弱性」理論

　「ストレス－脆弱性」理論とは、環境からくるストレスと、個体側の反応性、脆弱性との関係で精神的破綻が生じるかどうか決まるという考えです。つまり、ストレスが非常に強ければ、個体側の脆弱性が小さくても精神障害が起こるし、逆に脆弱性が大きければ、ストレスが小さくても破綻が生ずるとするものです。平成11年7月29日付精神障害等の労災認定に係る専門検討会報告書では次頁の〈図表10〉のように説明していますが、身体因または心因を環境因、素因を脆弱性と考えてもよいでしょう。

●「ストレス－脆弱性」理論の問題点

　認定基準は、ストレスの強度について、当該の労働者にとってどう受け止められたかではなく、平均的労働者あるいは同種労働者がどう受け止めるかという客観的な評価に基づくとしています。

　そのため、認定基準では、労働者に個体側要因としての脆弱性（精神障害の既往歴等）がある場合、平均的労働者あるいは同種労働者と比較してストレス反応が高いなどとして、脆弱性が発病の有力な原因となったとされてしまい、業務外とされる傾向が高まります。

　また、「ストレス－脆弱性」理論では、精神障害発病の原因となったすべてのストレスを含めて評価することが前提であると考えられます。

　しかし、認定基準は、時間外労働時間やいじめ以外の慢性ストレスが十分に評価されないなどの問題点があるとされています。

　その結果、認定基準ではストレスが十分評価されない結果、精神障害の発

病は、どのような脆弱性か誰にもわからない「隠れた脆弱性」によって引き起こされたものだとされてしまい、業務外とされる傾向が高まります。

　このように、「ストレス−脆弱性」理論を認定基準に当てはめることは、さまざまな問題点を抱えているといえます。

　もっとも、判例は認定基準とは異なる考えに基づいているものもあります。判例の考え方についてはQ37を参照してください。

〈図表10〉　精神障害の成因の概念図

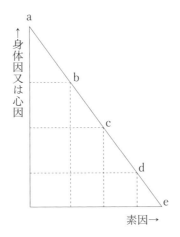

出典：大熊輝雄『現代臨床精神医学改訂第 7 版』 9 頁（金原出版）

Q23　過労自殺の認定基準⑶——認定基準の要件と判断手順

認定基準の要件と判断手順について教えてください。

●認定要件

　　認定基準においては、以下の①～③の要件をすべて満たす精神障害を業務上の疾病として取り扱うとしています。

①　対象疾病を発病していること

②　対象疾病の発病前おおむね 6 か月の間に、業務による強い心理的負荷が認められること

③　業務以外の心理的負荷および個体側要因により対象疾病を発病したとは認められないこと

●自殺の場合の取扱い

　　認定基準は自殺の場合について、「業務により ICD −10の F 0 から F 4 に分類される精神障害を発病したと認められる者が自殺を図った場合には、精神障害によって正常の認識、行為選択能力が著しく阻害され、あるいは自殺行為を思いとどまる精神的抑制力が著しく阻害されている状態に陥ったものと推定し、業務起因性を認める」と定めています。

　　すなわち、自殺の前に精神障害を発病しており、その精神障害の発病が仕事上のストレスが原因であるといえれば、自殺は仕事が原因であるということになるということです。

　　これは、自殺は自ら選択したものではなく精神障害により正常の認識や行為選択能力が著しく阻害された下で引き起こされたものであり、精神障害の病態の一つとして認定基準は定めています。

〈図表11〉「自殺」の取扱い

出典：厚生労働省「精神障害の労災認定」（令和2年9月改訂）11頁

●判断手順

　認定基準では、上記①〜③の要件の順番で判断がなされます。

　まず、対象疾病に該当する精神障害を発病しているか否かが判断されます（要件①）。認定の対象疾病は、ICD−10第Ⅴ章「精神および行動の障害」によって定められています。対象疾病ごとの取扱いの違いや、対象疾病に関する調査方法などについては、Q24を参照してください。

　次に、対象疾病の発病前おおむね6か月の間に、業務による強い心理的負荷が認められるか否かが判断されます（要件②）。この要件は、認定基準の別表1「業務による心理的負荷評価表」（以下、「別表1」といいます）において、出来事の心理的負荷の強度を「弱」「中」「強」の三段階で評価し、総合評価が「強」と判断されなければなりません。具体的な判断の方法については、Q25以下を参照してください。

　最後に、業務以外の心理的負荷および個体側要因により当該精神障害を発病したとは認められないといえるか否かが判断されます（要件③）。業務以外の心理的負荷については、認定基準の別表2「業務以外の心理的負荷評価表」（以下、「別表2」といいます）において判断されます。具体的な判断の方法については、Q29を参照してください。

　以上の点は、〈図表12〉の厚生労働省作成のフローチャートにまとめられていますので、参考にしてください。

〈図表12〉　精神障害の労災認定フローチャート

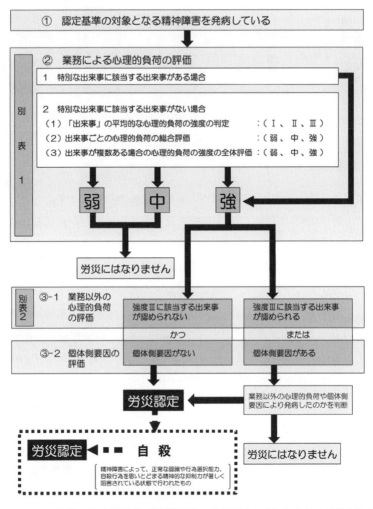

出典：厚生労働省「精神障害の労災認定」（令和 2 年 9 月改訂）12頁

Q24　対象となる精神障害と発病の判断

　　業務上と判断されるためにはどのような精神障害を発病してい
なければならないのでしょうか。また、精神障害を発病していた
か否かについてどのような調査が行われるのでしょうか。

●対象疾病──労災の対象となる精神障害

　　国際疾病分類第10回修正版「ICD－10」第Ⅴ章「精神および
行動の障害」分類（以下、「ICD－10」といいます）に基づき、労災の対象と
されている精神障害は〈図表13〉のとおりです。

　　ただし、認定基準では、対象疾病のうち業務に関連して発病する可能性の
ある精神障害は、主として ICD－10のF2～F4に分類される精神障害で
あるとされています。特に多いのは、うつ病エピソードをはじめとするF3

〈図表13〉　ICD－10第Ⅴ章「精神および行動の障害」分類表

F 0	症状性を含む器質性精神障害
F 1	精神作用物質使用による精神および行動の障害
F 2	統合失調症など
F 3	気分（感情）障害　……うつ病エピソードなど
F 4	ストレス関連障害など　……適応障害など
F 5	生理的障害および身体的要因に関連した行動症候群
F 6	成人のパーソナリティーおよび行動の障害
F 7	精神遅滞（知的障害）
F 8	心理的発達の障害
F 9	小児期および青年期に通常発症する行動および情緒の障害、特定不能の精神障害

出典：融道男ほか監訳『ICD－10　精神および行動の障害─臨床記述と診断ガイドライン』129頁

「気分障害」であるといえるでしょう。

　なお、いわゆる心身症は、認定基準における精神障害には含まれないとされています。自律神経失調症は、ICD－10のG90に分類されるもので、対象疾病ではないとされていますが、不安障害やうつ病などを発病していると判断される場合もありますので、その点に留意して専門医に対して疾病名に関する意見等を求めるとされています。

　そのため、通院していた病院の診断書に「自律神経失調症」などと記載されていても、実はうつ病の症状であることも多くありますので、あきらめずに専門の弁護士に相談してください。

●発病の有無の判断

＜精神障害の治療歴がある場合＞

　精神障害の発病があったか否かは「ICD－10　精神および行動の障害　臨床記述と診断ガイドライン」（以下、「診断ガイドライン」といいます）に基づき、主治医の意見書や診療録等の関係資料、請求人や関係者からの聴取内容、その他の情報から得られた認定事実により、医学的に判断されます。ICD－10という診断基準に該当する症状があるかどうかを、主治医の意見書やカルテ、家族や同僚等の聴取内容から判断していくわけです。特に、主治医の意見は重視されますので、精神障害の治療歴がある場合は、主治医と面談をして意見を聞いたり、カルテを開示してもらって、診断名などを確認しておくことが有益です。

＜精神科の受診歴がない場合＞

　実際には、本人も精神障害の病識をもっておらず、精神障害の治療歴がない場合がほとんどです。認定基準では、精神障害の治療歴がない事案については、「うつ病エピソードのように症状に周囲が気づきにくい精神障害があることに留意しつつ関係者からの聴取内容等を医学的に慎重に検討し、診断ガイドラインに示されている診断基準を満たす事実が認められる場合又は種々の状況から診断基準を満たすと医学的に推定される場合には、当該疾患名の精神障害が発病したものとして取り扱う」としています。このように、認定基準では、精神科等の受診歴がなくても、亡くなる前の様子についての

家族の供述等から、精神障害の発病があったか否かを慎重に検討するとしています。実際に、精神障害の受診歴がなくともうつ病等の発病は多く認められています。

＜生前にうつ病だと気づかなくても、あきらめずに相談を！＞

ご遺族は、被災者が生前にうつ病等の精神障害に罹患しているとは思いも寄らなかったと語られることが少なくありません。これは無理もないことであり、前述したとおり、認定基準自体も、うつ病エピソードなどはその症状に周囲が気づきにくいことにあえて言及しているほどです。

特に、うつ病の絶対多数は、軽症ないし中等症と指摘されています。このような軽症ないし中等症のうつ病者は、苦痛に堪えながらも、相手に気づかれぬように努力して、なめらかに話し、にこやかに笑顔を浮かべて応対することがあり、そのため家族・同僚・診察者も、本人がそれほど苦しんでいると思わず、突然の自殺企図に周囲が驚くことがあるという指摘もあります。

WHOの世界的な統計調査によって、自殺者の98％に、何らかの精神障害の罹患があったことが明らかとなっています。同調査では、上記精神障害のうち、特にうつ病などの気分障害が30.2％と最も高い割合を示したとされています。その意味で、希死念慮をもった自殺の場合、その背景にはうつ病をはじめとする精神障害の発病があったことが疑われます。

他方で、一般の人は、体調の変化があっても、これがうつ病の症状であるとはすぐには気づきません。抑うつ症状を呈する患者の初期診断科は、内科が64％、精神科が6％とされており、多くの人はうつ病の症状とは気づかずに精神科以外の科を受診しているのです。

また、過労によるうつ病の場合、抑うつ気分や疲労感よりも、不安感や焦燥感が前景に立つ場合が多く、目の前の課題をこなそうと、バリバリと仕事に向かう姿が、私たちが一般に抱くうつ病のイメージと異なることも、周囲が気づきにくくなっている要因になっています。

このように精神障害の明確な症状が出ていないことが多いのですが、よくよく振り返ってみれば、朝新聞を読まなくなっていた、寝起きがきつそうだった、食欲が落ちていた、寝つきが悪くなっていた、趣味をしなくなった等の微妙な様子の変化が思い出されることがあります。それらがまさにうつ

病のサインなのです。

　ご家族であっても、医学的な知識があるわけではないですから、当時は気づくことができなかったとしても、当然なのです。ですが、今から振り返ってみれば、上記のようなサインが思い出され、それに基づいて精神障害の発病が認められることがありますので、決してあきらめず、専門の弁護士に相談をしてください。

　たとえば、ICD－10の診断ガイドラインに記載されているうつ病の症状として、〈図表14〉のようなものがあります。

　うつ病エピソードの発病が認められるためには、上記の［典型的症状］のうち少なくとも二つ、［その他の一般的な症状］のうち少なくとも二つが認められることが必要です。

　朝新聞をみなくなった、テレビを観ても笑わなくなったというのは「興味・喜びの喪失」、「しんどい」と言うようになった、休日に外出しなくなったというのは「易疲労感」、「おっくうだ、面倒だ」という感覚は、「興味・喜びの喪失」と「易疲労感」が結びついたもの、朝なかなか布団から起きてこない、話しかけても反応がないというのは「抑うつ気分」の一例です。仕事のスピードが落ちていたり、するべきことを忘れてミスをしたことも「集中力

〈図表14〉　ICD－10診断ガイドライン記載のうつ病の症状

```
［典型的症状］
　抑うつ気分、興味と喜びの喪失、活動性の減退による易疲労感
の増大や活動性の減少
［その他の一般的な症状］
　(a)　集中力と注意力の減退
　(b)　自己評価と自信の低下
　(c)　罪責感と無価値観
　(d)　将来に対する希望のない悲観的な見方
　(e)　自傷あるいは自殺の観念や行為
　(f)　睡眠障害
　(g)　食欲不振
```

出典：〈図表13〉と同じ

と注意力の減退」の現れであることがあります。

　また、自信をなくしたり、自分を責める内容（「こんな自分でごめんなさい」等）の発言や遺書が残されていることもあります（自信の低下、罪責感）。

　これらのほかにも、たとえば、肩こりがひどくなった、下痢や便秘になった、寝汗をかいていた、口が渇くと言っていたなどの身体症状もありますので、専門の弁護士に相談してください。

●発病時期の判断

　精神障害・自殺の労災認定基準では、発病の時期の判断は極めて重要です。

　なぜなら、対象疾病の発病前おおむね6か月の間に、業務による強い心理的負荷が認められることが要件とされており、発病後の出来事は「特別な出来事」以外は評価の対象とされていないからです（Q30参照）。

　自殺前に精神科の受診をしていない事案では発病の時期を特定するのが困難なことが少なくありません。この点に関し認定基準は「強い心理的負荷と認められる出来事の前と後の両方に発病の兆候と理解し得る言動があるものの、どの段階で診断基準を満たしたのかの特定が困難な場合には、出来事の後に発病したものと取り扱う」と明記しています。出来事後に発病したことを認めさせるためには、この認定基準の考え方は大切です。

　原則として発病前6か月の出来事しか考慮されず、発病後の出来事は原則として考慮されませんので、発病時期の特定はとりわけ慎重に検討することになりますが、かかる記載により、発病の兆候が出来事前後にまたがっており微妙なケースであっても、その出来事によるストレスは評価の対象となり得ます。

●「治ゆ（症状固定）」とは～既往症があってもあきらめない

　労災保険における「治ゆ」（症状固定）とは、健康時の状態に完全に回復した状態のみをいうものではなく、傷病の症状が安定し、医学上一般に認められた医療を行っても、その治療効果が期待できなくなった状態（傷病の症状の回復・改善が期待できなくなった状態）をいいます。

　認定基準では、通常の就労（1日8時間程度の勤務）が可能な状態で、精

神障害が現れなくなったまたは安定した状態を「寛解」と定義し、そのような「寛解」の診断がなされている場合には、投薬等を継続している場合であっても、通常は治ゆ（症状固定）の状態にあると考えられるとしています。

　そして、精神障害がいったん治ゆ（症状固定）した後において再びその治療が必要な状態が生じた場合は、新たな発病と取り扱い、あらためて認定要件に基づいて業務上外を判断するとしています。

　この点については平成23年11月の専門検討会報告書も、「精神障害で長期間にわたり通院を継続しているものの、症状がなく（寛解状態にあり）、または安定していた状態で、通常の勤務を行っていた者の事案については、ここでいう『発病後の悪化』の問題としてではなく、治ゆ（症状固定）後の新たな発病として判断すべきものが少なくないこと」に留意すべきとしています。

　ですから、たとえば何らかの精神障害の既往症があり、通院して投薬等を継続していたとしても、症状が安定していて通常の勤務ができており、その後、過労等により症状が悪化した場合についても、通常どおりの判断で仕事のストレスの程度が強いとの判断がなされれば労災認定される可能性がありますので、あきらめずに専門の弁護士に相談してください。

Q25 業務による心理的負荷の評価の判断(1)——判断の仕組みと手順

仕事によるストレスの評価はどのようにしてするのでしょうか。

●判断の仕組み

対象疾病の発病前おおむね6か月の間に、業務による強い心理的負荷が認められることが必要です。

① 対象疾病の発病前おおむね6か月の間に業務による出来事があること

② 当該出来事およびその後の状況による心理的負荷が、客観的に対象疾病を発病させるおそれのある強い心理的負荷であると認められること

という2点がポイントです。

①について、発病の6か月前までしか遡らないのですが、例外的に、いじめやセクシュアルハラスメントの場合、発病前6か月よりも前に開始されていて、発病前6か月以内の期間にも継続している場合には、開始時からのすべての行為を評価の対象とすることとされています。

②について、心理的負荷の強度は、別表1（業務による心理的負荷評価表）を指標として、「強」、「中」、「弱」の三段階で評価するとされています。別表1で「強」と判断される場合には、業務による強い心理的負荷が認められ、「中」「弱」では認められないことになります。

●判断手順

＜特別な出来事がある場合＞

別表1に記載の「特別な出来事」がある場合は、それだけで、総合評価は「強」と判断されます。ここでは、「心理的負荷が極度のもの」として、たとえば、生死にかかわる重大なケガを負わせたことや強姦を受けたことなど、

「極度の長時間労働」として、発病直前1か月に160時間以上、発病直前3週間におおむね120時間以上の時間外労働を行ったことが挙げられています。

＜特別な出来事がない場合＞

別表1の「特別な出来事」に該当する事実がない場合（ほとんどの事案がこれに該当します）、次の手順で心理的負荷の強度を判断していくことになります。

① 具体的出来事の平均的な心理的負荷を別表1に従いⅠ、Ⅱ、Ⅲで判断する。

② 具体的出来事が別表1の具体例に合致すれば、それによって評価する。

③ 具体例に合致しなければ「心理的負荷の総合評価の視点」「総合評価における共通事項」に基づき、事案ごとに評価する。

②では、どのような場合について出来事の心理的負荷の強度を「強」とするのか、「中」「弱」とするのか、各出来事類型に沿って具体例がそれぞれ明記されています。

ただし、別表1に記載されている具体例は、あくまで例示のもので、これに該当しなければ、労災認定されないと考えるべきではありません。その出来事による心理的負荷（ストレス）の強さを、「心理的負荷の総合評価の視点」「総合評価における共通事項」に基づいて、多角的に主張していくべきです。

Q26　業務による心理的負荷の評価の判断(2)——長時間労働の位置づけ

　　認定基準における長時間労働の位置づけについて教えてください。

●極度の長時間労働

　　認定基準では、発病直前の1か月におおむね160時間を超えるような、またはこれに満たない期間にこれと同程度の（たとえば3週間におおむね120時間以上の）時間外労働を行った場合は、心身の極度の疲弊、消耗を来し、うつ病等の原因となることから、「特別な出来事」の一類型である「極度の長時間労働」として、これのみで心理的負荷の総合評価を「強」とするとしています。

●長時間労働の「出来事」としての評価

　　長時間労働については、1か月に80時間以上の時間外労働に従事したことを独立した出来事とされています（平均的心理的負荷の強度はⅡ）。

　　また、この出来事の「強」に該当する具体例として、

- ・発病直前の連続2か月間に1か月当たりおおむね120時間以上の時間外労働＋業務内容が通常その程度を要するもの
- ・発病直前の連続した3か月間に、1か月当たりおおむね100時間以上の時間外労働＋業務内容が通常その程度を要するもの

と明記されています。

　　なお、厚生労働省職業病認定対策室によると、「おおむね120時間以上」というのは、各月において120時間を上回る必要があり、平均で上回ることではないということです（厚生労働省職業病認定対策室「精神障害の労災認定実務要領」（令和2年6月））。ただし、「おおむね」と表現されていることから、

厳密に120時間を上回らないといけないというものではなく、労働密度等との関係で若干の幅のある基準ととらえることができます。

●恒常的な長時間労働

認定基準においては、出来事に対処するために生じた長時間労働は、心身の疲労を増加させ、ストレス対応能力を低下させる要因となることや、長時間労働が続く中で発生した出来事の心理的負荷は強くなることから、出来事自体の心理的負荷と恒常的な長時間労働（月100時間程度となる時間外労働）を関連させて総合評価を行うものとしています。業務上とされる事案の多くは、この基準で認定されています。

具体的には、心理的負荷の程度が「中」「小」程度と判断される出来事の前後に、「恒常的な長時間労働」がある場合は、次のように、業務上の出来事の心理的負荷の強度を修正して、「強」と判断できるとしています。

① 具体的出来事の心理的負荷「中」＋具体的出来事後に月100時間＝「強」

② 具体的出来事前に月100時間＋具体的出来事の心理的負荷「中」＋具体的出来事後おおむね10日以内の発病 or 事後対応に多大な労力＝「強」

③ 具体的出来事前に月100時間＋具体的出来事の心理的負荷「弱」＋具体的出来事後に月100時間＝「強」

ここで、出来事前の期間は、発病日の6か月前から出来事の発生日の前日まで、出来事後の期間は、出来事の発生日から発病日までを指します。発病日を特定できない、たとえば月までしか特定できなかった場合、当該発病月に含まれる日の一番早い日付の6か月前から出来事の発生日までを出来事前の期間とし、当該発病月に含まれる日の一番遅い日付から出来事の発生日までを出来事後の算出対象の期間として算出します（〈図表15〉参照）。

前記の実務要領によると、「『出来事前』、『出来事後』そのそれぞれの期間について、時間外労働が100時間となる月（30日）が1回でもあれば、当該期間について『恒常的長時間労働があった』と評価する」とされています。また、1か月というのは「発病前6か月間における算定しうる全ての連続した30日」であるとされていて、起算点は任意の日になっています。

なお、労働基準監督署では、〈図表16〉の「恒常的長時間労働確認表」の

〈図表15〉　月までしか特定できなかった場合

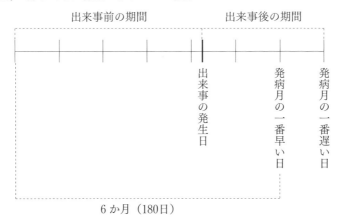

6か月（180日）

書式を使用して、1か月100時間程度の時間外労働時間の有無をチェックしています。

　たとえば、配置転換（平均的な心理的負荷の強度「中」）の前に、残務処理と業務の引継ぎ等のため、月100時間を超える時間外労働があれば、恒常的長時間労働＋「中」の出来事として、「強」と評価される可能性が高いことになります。また、納期が遅れてしまい、その事後対応として長時間労働を余儀なくされ、月100時間の時間外労働が生じた場合も、「ノルマの不達成」（平均的な心理的負荷の強度「中」）＋恒常的長時間労働として「強」と評価される可能性が高いことになります。

　このように恒常的長時間労働の存在が、労災認定されるための重要なポイントになることが多いので、あきらめずに時間外労働時間数を調査することが大切です。

〈図表16〉　恒常的長時間労働確認表

番号	期間	労働時間
1	2/15 ~ 1/17	109:17
2	2/14 ~ 1/16	105:17
3	2/13 ~ 1/15	105:17
4	2/12 ~ 1/14	104:55
5	2/11 ~ 1/13	104:55
6	2/10 ~ 1/12	111:22
7	2/9 ~ 1/11	107:22
8	2/8 ~ 1/10	103:22
9	2/7 ~ 1/9	91:44
10	2/6 ~ 1/8	95:44
11	2/5 ~ 1/7	100:49
12	2/4 ~ 1/6	100:49
13	2/3 ~ 1/5	100:49
14	2/2 ~ 1/4	92:49
15	2/1 ~ 1/3	92:49
16	1/31 ~ 1/2	80:49
17	1/30 ~ 1/1	80:49
18	1/29 ~ 12/31	73:34
19	1/28 ~ 12/30	65:34
20	1/27 ~ 12/29	65:34
21	1/26 ~ 12/28	65:34
22	1/25 ~ 12/27	69:34
23	1/24 ~ 12/26	54:24
24	1/23 ~ 12/25	58:24
25	1/22 ~ 12/24	54:19
26	1/21 ~ 12/23	42:19
27	1/20 ~ 12/22	47:09
28	1/19 ~ 12/21	59:09
29	1/18 ~ 12/20	67:09
30	1/17 ~ 12/19	50:24
31	1/16 ~ 12/18	54:24
32	1/15 ~ 12/17	57:34
33	1/14 ~ 12/16	49:34
34	1/13 ~ 12/15	54:24
35	1/12 ~ 12/14	66:24
36	1/11 ~ 12/13	72:27
37	1/10 ~ 12/12	68:49
38	1/9 ~ 12/11	72:49
39	1/8 ~ 12/10	67:37
40	1/7 ~ 12/9	59:37
41	1/6 ~ 12/8	82:27
42	1/5 ~ 12/7	74:27
43	1/4 ~ 12/6	82:27
44	1/3 ~ 12/5	77:42
45	1/2 ~ 12/4	81:42
46	1/1 ~ 12/3	84:52
47	12/31 ~ 12/2	84:52
48	12/30 ~ 12/1	89:42
49	12/29 ~ 11/30	101:42
50	12/28 ~ 11/29	109:42
51	12/27 ~ 11/28	97:42
52	12/26 ~ 11/27	100:12
53	12/25 ~ 11/26	103:22
54	12/24 ~ 11/25	103:22
55	12/23 ~ 11/24	103:22
56	12/22 ~ 11/23	107:22
57	12/21 ~ 11/22	95:22
58	12/20 ~ 11/21	99:22
59	12/19 ~ 11/20	99:22
60	12/18 ~ 11/19	104:07
61	12/17 ~ 11/18	104:07
62	12/16 ~ 11/17	104:07
63	12/15 ~ 11/16	104:07
64	12/14 ~ 11/15	100:07
65	12/13 ~ 11/14	96:57
66	12/12 ~ 11/13	104:35
67	12/11 ~ 11/12	104:35
68	12/10 ~ 11/11	104:35
69	12/9 ~ 11/10	104:35
70	12/8 ~ 11/9	104:35
71	12/7 ~ 11/8	94:35
72	12/6 ~ 11/7	90:35
73	12/5 ~ 11/6	93:50
74	12/4 ~ 11/5	98:35
75	12/3 ~ 11/4	90:35
76	12/2 ~ 11/3	90:35
77	12/1 ~ 11/2	80:35
78	11/30 ~ 11/1	82:35
79	11/29 ~ 10/31	78:35
80	11/28 ~ 10/30	82:35
81	11/27 ~ 10/29	88:05
82	11/26 ~ 10/28	88:05
83	11/25 ~ 10/27	88:05
84	11/24 ~ 10/26	88:05
85	11/23 ~ 10/25	84:05
86	11/22 ~ 10/24	88:20
87	11/21 ~ 10/23	92:20
88	11/20 ~ 10/22	104:20
89	11/19 ~ 10/21	105:06
90	11/18 ~ 10/20	105:06
91	11/17 ~ 10/19	105:06
92	11/16 ~ 10/18	101:06
93	11/15 ~ 10/17	89:36
94	11/14 ~ 10/16	100:21
95	11/13 ~ 10/15	104:27
96	11/12 ~ 10/14	105:35
97	11/11 ~ 10/13	106:29
98	11/10 ~ 10/12	90:11
99	11/9 ~ 10/11	101:49
100	11/8 ~ 10/10	96:45
101	11/7 ~ 10/9	102:43
102	11/6 ~ 10/8	107:41
103	11/5 ~ 10/7	107:44
104	11/4 ~ 10/6	107:17
105	11/3 ~ 10/5	108:42
106	11/2 ~ 10/4	116:42
107	11/1 ~ 10/3	111:32
108	10/31 ~ 10/2	116:51
109	10/30 ~ 10/1	121:04
110	10/29 ~ 9/30	121:57
111	10/28 ~ 9/29	122:49
112	10/27 ~ 9/28	123:12
113	10/26 ~ 9/27	114:49
114	10/25 ~ 9/26	115:12
115	10/24 ~ 9/25	115:12
116	10/23 ~ 9/24	111:45
117	10/22 ~ 9/23	117:21
118	10/21 ~ 9/22	111:45
119	10/20 ~ 9/21	108:35
120	10/19 ~ 9/20	96:35
121	10/18 ~ 9/19	90:11
122	10/17 ~ 9/18	82:27
123	10/16 ~ 9/17	99:44
124	10/15 ~ 9/16	101:12
125	10/14 ~ 9/15	100:18
126	10/13 ~ 9/14	91:10
127	10/12 ~ 9/13	84:10
128	10/11 ~ 9/12	93:15
129	10/10 ~ 9/11	93:15
130	10/9 ~ 9/10	98:25
131	10/8 ~ 9/9	97:13
132	10/7 ~ 9/8	96:25
133	10/6 ~ 9/7	92:50
134	10/5 ~ 9/6	87:11
135	10/4 ~ 9/5	84:33
136	10/3 ~ 9/4	89:53
137	10/2 ~ 9/3	85:58
138	10/1 ~ 9/2	84:46
139	9/30 ~ 9/1	82:56
140	9/29 ~ 8/31	79:29
141	9/28 ~ 8/30	72:31
142	9/27 ~ 8/29	73:44
143	9/26 ~ 8/28	78:28
144	9/25 ~ 8/27	82:49
145	9/24 ~ 8/26	82:27
146	9/23 ~ 8/25	80:34
147	9/22 ~ 8/24	78:45
148	9/21 ~ 8/23	81:22
149	9/20 ~ 8/22	82:39
150	9/19 ~ 8/21	92:39
151	9/18 ~ 8/20	99:35
152	9/17 ~ 8/19	93:15
153	9/16 ~ 8/18	90:47
154	9/15 ~ 8/17	77:41
155	9/14 ~ 8/16	71:04
156	9/13 ~ 8/15	74:51
157	9/12 ~ 8/14	
158	9/11 ~ 8/13	
159	9/10 ~ 8/12	
160	9/9 ~ 8/11	
161	9/8 ~ 8/10	
162	9/7 ~ 8/9	
163	9/6 ~ 8/8	
164	9/5 ~ 8/7	
165	9/4 ~ 8/6	
166	9/3 ~ 8/5	
167	9/2 ~ 8/4	
168	9/1 ~ 8/3	
169	8/31 ~ 8/2	
170	8/30 ~ 8/1	
171	8/29 ~ 7/31	
172	8/28 ~ 7/30	
173	8/27 ~ 7/29	
174	8/26 ~ 7/28	
175	8/25 ~ 7/27	
176	8/24 ~ 7/26	
177	8/23 ~ 7/25	
178	8/22 ~ 7/24	
179	8/21 ~ 7/23	
180	8/20 ~ 7/22	
181	8/19 ~ 7/21	

労働時間評価範囲　H22.2.15 / H21.8.15

Q27　業務による心理的負荷の評価の判断(3)──ハラスメントの位置づけ

認定基準におけるハラスメントの位置づけについて教えてください。

●「パワーハラスメント」を明示

　令和2年6月に改正労働施策総合推進法が施行され、パワーハラスメントの定義が法律上規定されたことを受けたこと等を踏まえ、認定基準においては、業務による心理的負荷評価表に、具体的出来事として、「上司等から、身体的攻撃、精神的攻撃等のパワーハラスメントを受けた」が明記されています。

　職場におけるパワーハラスメントとは、職場において行われる以下の3つの要素をすべて満たす言動とされています。

　①　優越的な関係を背景とした言動であって、
　②　業務上必要かつ相当な範囲を超えたものにより、
　③　就業環境が害されるもの

●心理的負荷が「強」となる具体例

　パワーハラスメントについて、心理的負荷が「強」となる具体例は、以下のようにされています。

・　上司等から、治療を要する程度の暴行等の身体的攻撃を受けた場合
・　上司等から、暴行等の身体的攻撃を執拗に受けた場合
・　上司等による次のような精神的攻撃が執拗に行われた場合
　▶　人格や人間性を否定するような、業務上明らかに必要性がない又は業務の目的を大きく逸脱した精神的攻撃
　▶　必要以上に長時間にわたる厳しい叱責、他の労働者の面前における大

声での威圧的な叱責など、態様や手段が社会通念に照らして許容される
範囲を超える精神的攻撃
・　心理的負荷としては「中」程度の身体的攻撃、精神的攻撃等を受けた場
合であって、会社に相談しても適切な対応がなく、改善されなかった場合

また、前述の改正労働施策総合推進法を受けて定められた「事業主が職場
における優越的な関係を背景とした言動に起因する問題に関して雇用管理上
講ずべき措置等についての指針（令和2年1月15日厚生労働省告示第5号）」（巻
末資料編〔資料7〕参照）においては、上記の具体例以外にも、代表的な言
動の類型として以下の6つの類型が示されており、それぞれパワーハラスメ
ントに該当すると考えられる具体例も挙げられています。

(1)　身体的な攻撃（暴行・傷害）

(2)　精神的な攻撃（脅迫・名誉毀損・侮辱・ひどい暴言）

(3)　人間関係からの切り離し（隔離・仲間外し・無視）

(4)　過大な要求（業務上明らかに不要なことや遂行不可能なことの強制・仕事
の妨害）

(5)　過小な要求（業務上の合理性なく能力や経験とかけ離れた程度の低い仕事
を命じることや仕事を与えないこと）

(6)　個の侵害（私的なことに過度に立ち入ること）

ただし、指針に列挙されている具体例に限定されるものではなく、具体的
な事案の状況等によっては、パワーハラスメントと評価される可能性があり
ますので、上記指針の具体例にあてはまらないからといってあきらめる必要
はありません。

●パワーハラスメントを会社に相談したが、適切に対処され なかったことも心理的負荷として評価される

認定基準改正の基になった令和2年5月の専門検討会報告書では、パワー
ハラスメントを受けた後の状況として、「被害者が会社に当該事実やその改
善を相談したにもかかわらず会社が適切に対応しなかったという事実や、状
況が改善されなかったという事実がある場合には、心理的負荷を強める要素

になる」とされています。

　そこで、認定基準においては、心理的負荷としては「中」程度の身体的、精神的攻撃を受けた場合であって、会社に相談しても適切な対応がなく改善されなかった場合も、心理的負荷が強いと評価されることになりました。

　実際、パワーハラスメントの相談の中には、会社に相談したけれど放置されたり、適切な対処がされなかったりすることで絶望し、体調を悪化させるケースが多くあります。

　このようにパワーハラスメントの相談を受けた使用者側の対応も、心理的負荷の程度の評価において考慮されることになっています。

●同僚や部下からのハラスメント

　パワーハラスメントは、優越的な関係を背景とした言動とされていますので、同僚や部下から受ける言動については、基本的には「同僚等から、暴行又は（ひどい）いじめ・嫌がらせを受けた」出来事で評価されることになります。

　もっとも、認定基準では、「上司等」には、職務上の地位が上位の者のほか、同僚または部下であっても、業務上必要な知識や豊富な経験を有しており、その者の協力が得られなければ業務の円滑な遂行を行うことが困難な場合、同僚または部下からの集団による行為でこれに抵抗または拒絶することが困難である場合を含むとされています。

　したがって、同僚や部下であっても、実質的に優越的な関係が認められればパワーハラスメントとして評価される可能性があります。

　なお、顧客からのハラスメント（いわゆるカスハラ）については、「同僚等から、暴行または（ひどい）いじめ・嫌がらせを受けた」出来事に当てはめて評価されることになっています。

Q28　業務による心理的負荷の評価の判断⑷──複数出来事の評価

出来事の評価にあたって、配置転換に伴い仕事内容が変化したり、昇格、上司・同僚との人間関係の変化が生じたようなときはどのように評価するのですか。また、配置転換に伴い、上司とのトラブルが生じたような、複数の出来事が重なって生じた場合はどうでしょうか。

認定基準では、出来事の数、各出来事の内容、各出来事の時間的な近接の程度によっては、「中」が複数ある場合に、「強」となる可能性があることを認めています。

具体的には次のように判断するとしています。

①　複数の出来事が関連して生じた場合には、その全体を一つの出来事として評価する。原則として最初の出来事を具体的出来事として別表 1 に当てはめ、関連して生じたそれぞれの出来事は出来事後の状況とみなし、全体の評価をする。

②　関連しない出来事が複数生じた場合には、出来事の数、それぞれの出来事の内容、時間的な近接の程度を考慮して全体の評価をする。

　　これは、主として出来事の近接の程度、出来事の数、出来事の内容を考慮して全体評価する。

〈図表17〉　関連しない出来事が複数生じた場合

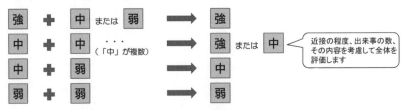

出典：厚生労働省「精神障害の労災認定」（令和 2 年 9 月改訂） 3 頁

90

Q29　業務以外の心理的負荷および個体側要因の評価

業務以外の心理的負荷や個体側要因についての評価はどのようにされるのでしょうか。

認定基準では、認定要件のうち「業務以外の心理的負荷及び個体側要因により対象疾病を発病したとは認められないこと」とは、次の二つの場合をいうとされています。

① 業務以外の心理的負荷および個体側要因が認められない場合

② 業務以外の心理的負荷または個体側要因は認められるものの、業務以外の心理的負荷または個体側要因によって発病したことが医学的に明らかであると判断できない場合

●業務以外の心理的負荷の判断

業務以外の心理的負荷の判断は次の手順で行うとされています。

(a) 業務以外の心理的負荷の強度については、対象疾病の発病前おおむね6か月の間に、対象疾病の発病に関与したと考えられる業務以外の出来事の有無を確認し、出来事が一つ以上確認できた場合は、それらの出来事の心理的負荷の強度について、巻末資料編〔資料３〕別表２「業務以外の心理的負荷評価表」を指標として、心理的負荷の強度を「Ⅲ」、「Ⅱ」または「Ⅰ」に区分する。

(b) 出来事が確認できなかった場合には、上記①に該当するものと取り扱う。

(c) 強度が「Ⅱ」または「Ⅰ」の出来事しか認められない場合は、原則として上記②に該当するものと取り扱う。

(d) 「Ⅲ」に該当する業務以外の出来事のうち心理的負荷が特に強いものがある場合や、「Ⅲ」に該当する業務以外の出来事が複数ある場合等については、それらの内容等を詳細に調査のうえ、それが発病の原因であ

ると判断することの医学的な妥当性を慎重に検討して、上記②に該当するか否かを判断する。

たとえば、別表2には、「自分が病気やケガをした」という出来事があげられており、この出来事の心理的負荷の強度は「Ⅱ」とされており、「配偶者や子供、親又は兄弟が死亡した」という出来事の心理的負荷の強度は「Ⅲ」とされています。

ここで、自分が病気やケガをしたという出来事しかない場合であれば、上記(c)に従い、業務以外の心理的負荷により対象疾病を発病したとは認められないことになります。

また、仮に、親が亡くなったという出来事があったとしても、それだけで直ちに業務以外の心理的負荷が原因であると判断されるわけではなく、上記(d)のとおり、詳細に調査をして、それが発病の原因であると判断することの医学的な妥当性を慎重に判断されることになります。

●個体側要因の評価

本人の個体側要因とは、既往歴、生活史（社会適応状況）、アルコール等依存状況、性格傾向等の個体側の脆弱性を指します。

認定基準では、個体側要因について、その有無とその内容について確認し、個体側要因の存在が確認できた場合には、それが発病の原因であると判断することの医学的な妥当性を慎重に検討して、上記②に該当するか否かを判断するとされています。

●業務以外の心理的負荷や個体側要因があってもあきらめずに相談を

以上のような「業務以外の心理的負荷又は個体側要因によって発病したことが医学的に明らかであると判断されること」を求める判断構造からは、業務以外の心理的負荷や個体側要因が原因で発病したと判断されることはかなり限定的であるといえるでしょう。業務による強い心理的負荷が認められるにもかかわらず、業務以外の心理的負荷や個体側要因で発病したと判断された事案を、私たちは経験していません。

　調査方法についても、審査の迅速化などのため簡略化されています。すなわち、チェックリスト等の定型文で調査を実施し、かかる調査や主治医などから顕著な事情が認められればその詳細を調査することになっています。

コラム 4　過労自殺の労災申請は氷山の一角

　平成10（1998）年に年間の自殺者が３万人となって以降、14年連続で年間の自殺者数が３万人を超える状態が続きました。その後、平成22（2010）年以降減少傾向となり、平成24（2012）年には３万人を切りました。令和元（2019）年には２万169人となったものの、令和２（2020）年は、２万1081人と増えました。

　では、年間の自殺者数のうち、過労自殺はどの程度発生しているのでしょうか。

　警察庁の自殺統計原票データに基づき厚生労働省が作成した表では、令和元年の自殺者総数のうち、勤務問題を原因・動機の一つとするものの割合は、1949人で9.7％となっています。

　これに対して過労自殺として労災申請がされている件数は、年間200件程度で（Ｑ１〈図表２〉参照）、勤務問題が原因で自殺をした人の10分の１程度と、大きな乖離があります。また、仕事が原因で精神障害のために体調不良となって失業し、その後、生活のために借入れなどして借金苦で自殺した場合や、さらに失業や借金苦などで家庭内が崩壊したため家族問題で自殺した場合など、直接の原因・動機は体調不良、生活苦、家庭問題となりますが、その背景として勤務問題が潜んでいる可能性があります。

　このように、統計上で明確となっている過労自殺の件数は氷山の一角といえます。

Q30　精神障害の発病後における悪化の業務起因性

精神障害を発病した後、それが悪化した場合には、どのように評価されますか。

Q24で詳しく述べたとおり、認定基準では、精神障害を発病する直前おおむね6か月間の心理的負荷を評価の対象としており、治療が必要な状態にある精神障害が、発病後に業務による心理的負荷によって悪化した場合、その発病後の心理的負荷は評価の対象とされないのが原則です。

ただし、巻末資料編〔資料3〕別表1の「特別な出来事」に該当する出来事があり、その後おおむね6か月以内に対象疾病が自然経過を超えて著しく悪化したと医学的に認められる場合には、その「特別な出来事」による心理的負荷が悪化の原因であると推認し、悪化した部分について、業務起因性を認めるという取扱いとなっています。

しかし、精神障害発病後の業務上の心理的負荷について、発病前の場合と区別して、このような極めて限定的な場合しか業務起因性を認めないことについては批判も強く、行政訴訟においては発病後の心理的負荷も考慮されることもあります（Q37参照）。そのため、すでに精神障害を発病した後、強いストレスを受けて自殺したような場合であっても、あきらめずに専門の弁護士に相談してください。

なお、上記の発病後増悪の場合の判断方法については、「治療が必要な状態にある精神障害が悪化した場合」とされていますので、精神障害がいったん治ゆ（症状固定）されている場合には、その後再び治療が必要な状態となった場合には、新たな発病として扱われることに注意してください（Q24参照）。

Q31　過労自殺の労災認定へ向けての事実調査の進め方

　　　　職場の営業課長が、年度末の業務量の増加によって長時間労働に従事し、その後に自殺しました。また、上司による強い叱責もあったようです。労災認定に取り組むにあたっては事実の調査をどのように進めたらよいでしょうか。

　　　　請求書類を労働基準監督署に提出してその判断を仰ぐという待ちの姿勢ではなく、提出する前に事前調査を徹底して行い、これだけの事実が明らかな以上、業務上として判断すべきと請求当初から求めることが肝要です。また、精神障害の場合、発病時期や増悪過程のエピソードなども重要になりますので、被災者の状態についての家族や同僚の記憶を早期に整理しておくことも大切です。認定基準に従って次のような調査を進めましょう。

●対象疾病に該当する精神障害の発病の有無の調査

　認定基準では、対象疾病に該当する精神障害の発病が認められない場合の自殺は原則として覚悟の自殺として業務上となりません。つまり、対象疾病に該当する精神障害を発病していたことの立証が必要となります。

　自殺前に精神科や心療内科を受診している場合、カルテの開示を求めるとともに、主治医と直接面談してその診断名（診断書等に記載された診断名は勤務のことを考慮して正確でないこともあります）、発病時期、および症状を聞くことが必要です。また、精神障害によって、下痢、めまい、倦怠感、頭痛などの身体症状を自覚することも多いため、精神科や心療内科ではなく、内科や耳鼻咽喉科などを受診することもあります。そのため、故人の財布などに入っている診察券から、自殺前に受診したすべての病院に対して最終受診の時期を確認し、必要に応じてカルテの開示や主治医との面談等を求めたほうがよいでしょう。

　遺族によるカルテの開示は、各病院によって手続が異なりますが、「診療

情報の提供等に関する指針」（厚生労働省医政局医事課、平成15年９月12日策定、平成22年９月17日改訂）において遺族に対する診療情報の提供を定めていますので、病院側が拒否しても、粘り強く交渉しましょう。

　自殺前に精神科や心療内科を受診していない場合、うつ病エピソードのように症状に周囲が気づきにくい精神障害もあることを踏まえたうえで家族、友人のほか、可能であれば職場の上司、同僚、取引先等から状況を聴取してICD―10の診断ガイドラインの診断基準を満たす事実が認められるか、または種々の状況から診断基準を満たすと医学的に推定されるかについて調査をします。

　たとえば、うつ病エピソードの場合、典型的な抑うつのエピソードとして、①抑うつ気分、②興味と喜びの喪失、および③活動性の減退による易疲労感の増大や活動性の減少に悩まされることの三つのエピソードがあり、少なくとも二つのエピソードを満たす必要があります。次に、他の一般的な症状として、集中力と注意力の減退、自己評価と自信の低下、罪責感と無価値観、将来に対する希望のない悲観的な見方、自傷あるいは自殺の観念や行為、睡眠障害、食欲不振があり、そのうち少なくとも二つの一般的症状を満たす必要があります。

　また、うつ病エピソードの診断基準の一部のみを満たす場合、適応障害という精神障害を発病していた可能性もあります。適応障害は、①発症前の１か月以内に、心理社会的ストレス因を体験した（並はずれたものや破局的なものではない）と確認されていること、②症状や行動障害の性質は、うつ病エピソードなどにみられるものであるが、個々の障害の診断基準は満たさないこと、③この症状は、原則としてストレス因の停止またはその結果の後６か月以上持続しないこと（しかし、この診断基準がまだ満たされない時点で、予測的に診断することはかまわない）の三つが診断基準となっています。そして、②の症状としては、不安、抑うつ、焦躁、過敏、混乱などの情緒的な症状、不眠、食欲不振、全身倦怠感、易疲労感、頭痛、肩凝り、腹痛などの身体症状、遅刻、欠勤、早退、過剰飲酒などの問題行動があるとされています。

　その他、遺書の内容も重要です。たとえば「死にたい」、「逃げたい」、「消えてしまいたい」などと希死念慮を表明している場合、「ごめんなさい」と

何度も謝罪するなど自己評価の低下が認められる場合、「疲れた」などと易疲労感を訴えている場合などは、うつ病エピソードのサインであると受けとめることが可能です。遺書がラインやフェイスブック、スマホのメモアプリなどに記載されている場合もありますので、注意して探してください。

　なお、対象疾病に該当する精神障害の発病を明らかにするため、精神科医の協力医による医学意見書が必要なこともあります。

●発病の時期

　認定基準は、自殺事案の場合、精神障害発病前おおむね6か月の間に、業務による強い心理的負荷が認められるか否かが問題となります。つまり、精神障害発病後にどれだけ業務による強い心理的負荷があっても考慮されません。そのため、精神障害の発病時期が重要となります。ご質問の事例の場合、年度末の業務量の増加や、上司による叱責が、精神障害発病の後であれば、これらの心理的負荷は「精神障害発病前おおむね6か月の間」には入らないので、評価の対象となりません。

　この点、認定基準は、Q24でも述べたとおり、強い心理的負荷と認められる出来事の前と後の両方に発病の兆候と理解し得る言動があるものの、どの段階で診断基準を満たしたのかの特定が困難な場合には、出来事の後に発病したものと取り扱うとしています。たとえば、ご質問の事例の場合、業務量の増加や上司からの叱責の前後で発病の兆候が認められる場合は、出来事後に発病したと取り扱われることになります。

　認定基準策定前の判断指針（平成11年9月14日基発第544号ほか）が用いられていた時代の判決には精神障害発病後自殺までの出来事を考慮した判決が多数存在しますし、認定基準策定後の判決でも同様の判決があります。

●業務による心理的負荷についての調査

　年度末の業務量の増加によって長時間労働に従事したという出来事は、認定基準における「仕事内容・仕事量の（大きな）変化を生じさせる出来事があった」に該当すると思われます。そして、「強」となる具体例としては、「仕事量が著しく増加して時間外労働も大幅に増える（倍以上に増加し、1月当たり

おおむね100時間以上となる）などの状況になり、その後の業務に多大な労力を費した（休憩・休日を確保するのが困難なほどの状態となった等を含む）」や、「過去に経験したことがない仕事内容に変更となり、常時緊張を強いられる状態となった」などが例示されています。そこで、発病前おおむね6か月間を中心として、営業課長の業務の内容、業務量の増加の程度、時間外労働時間の増加の程度などを調査します。具体的には、企画書、工程表、報告書、月報週報日報、メール、会議の議事録、納品書などから業務の内容や増加量を把握し、タイムカード、パソコンのログ、メールの送信時間、セキュリティの記録、手帳、携帯電話の記録などから時間外労働時間を把握します。また、業務の困難性、能力・経験と業務内容のギャップ等、業務の密度の変化、責任の変化、仕事の裁量性の有無、職場環境の変化、職場の支援・協力の有無等もあわせて調査しましょう。

　次に上司から強い叱責を受けたという出来事は、認定基準における「上司等から、身体的攻撃、精神的攻撃等のパワーハラスメントを受けた」または「上司とのトラブルがあった」に該当すると思われます。そして、これらの出来事が「強」となるためには、「業務指導の範囲」を逸脱していたかがポイントになりますので、上司から受けた強い叱責の内容、場所、時間、回数、多数の面前であったか否かについての調査が必要となります。具体的には、上司や同僚などの協力者の陳述書、本人の日記や手帳の記載、メールの内容、叱責の内容が録音された音源の有無を把握する必要があります。なお、ハラスメントを繰り返す上司は、他に退職した被害者がいることも少なくありません。過去の年賀状や携帯電話の記録から、過去に退職した人を特定し、上司がどのような叱責を行ったのか調査することも有効です。

●業務以外の心理的負荷・個体側要因の調査

　業務以外の心理的負荷に関しては、業務以外の心理的負荷評価表において「Ⅲ」に該当する業務以外の出来事のうち心理的負荷が特に強いものがある場合や、「Ⅲ」に該当する業務以外の出来事が複数ある場合等については、それらの内容等を詳細に調査のうえ、それが発病の原因であると判断することの医学的な妥当性を慎重に検討して、業務以外の心理的負荷によって発病

したことが医学的に明らかであると判断できるか否かが検討されます。ですので、たとえば、離婚と同時に重い病気やケガをしたといったよほど大きなストレスがかかったような場合を除き、業務以外の心理的負荷が問題となることはありません。

　次に個体側要因に関しては、就業年齢前の若年期から精神障害の発病と寛解を繰り返しており、請求に係る精神障害がその一連の病態である場合や、重度のアルコール依存状況がある場合等を除き問題となりません。通常の社会人として生活をし、職場でも営業課長としての重責を果たしていたのでしょうから、個体側要因が問題となることはないでしょう。

Q32　災害的な出来事による精神障害・自殺

 災害的出来事が生じた場合について認定基準はどのように定めていますか。また実例を教えてください。

 認定基準は、職場での災害的な出来事に関し、「特別な出来事」として、「生死にかかわる、極度の苦痛を伴う、又は永久労働不能となる後遺障害を残す業務上の病気やケガをした」、「業務に関連し、他人を死亡させ、又は生死にかかわる重大なケガを負わせた（故意によるものを除く）」を定めています。また、「特別な出来事以外」として、「（重度の）病気やケガをした」（平均的強度Ⅲ）、「悲惨な事故や災害の体験、目撃をした」（平均的強度Ⅱ）、「業務に関連し、重大な人身事故、重大事故を起こした」（平均的強度Ⅲ）を定めています。

認定基準が定められる前にもこれら災害的出来事が精神障害の発病前に認められるときは業務上と判断されており、次のようなケースがこれに該当します。

① 大型貨物自動車の運転手である被災者が業務中交差点で主婦と小学生をはね、主婦は死亡、3人の小学生が重軽傷を負った。事故後警察で事情聴取ののち、主婦や小学生らの搬送された病院や会社に立ち寄り帰宅したが、その後自宅付近の公園で縊死した。

② フォークリフト運転手である被災者が、工場内の運搬用エレベーターを使用して、運搬作業中突然エレベーターが故障し、照明が消えるとともに、1階から3階まで上昇、下降を繰り返すエレベーター内に閉じ込められた。非常停止ボタンを押したが停止せず、電機技上を呼び電源を切ってようやく停止し救助された。

③ タクシー運転手である被災者が深夜外国人を乗せ何度も同じところを回るよう指示されたのち、人気のない所で停車したところ、首に文化包丁を突きつけられた。1万円を渡したが、再度金を要求されたため身の

危険を感じ急発進した際、加害者が後部座席から車外へ転げ落ちたため、そのまま車を走らせて交番に逃げ込んだ。凶器である包丁で首と左手に負傷した。

④　被災者の作業指示の下、同僚二人といっしょに冷房用コンプレッサーにガス充塡作業中、コンプレッサーが破裂し、その破片が同僚に当たり一人が死亡、一人は重傷を負った。

⑤　大震災や大災害等の惨事に関連する労働によるストレスは、災害的出来事による心理的負荷の典型的なものといえます。

阪神・淡路大震災や、東日本大震災の際、救助活動や復旧活動に従事した自治体、消防、警察、自衛隊等の公務員や、会社の事業再開のため長時間労働に従事した民間労働者は、日常をはるかに越える強い心理的負荷の下で業務に従事したとして、公務上（業務上）と判断されるべきケースが多いといえましょう。

大惨事の状況下での救助・救援活動に従事した労働者のストレスは惨事ストレスとよばれることがありますが、業務そのものの心理的負荷に加え、多数の死傷者が生じた大惨事という異常な状況下で被災者に対する感情的な思い入れをもって活動を行ったこと自体のストレスも十分評価されるべきです。

東日本大震災の後では、ⓐ市職員が土地勘のない地域の震災対応を任され、その地域の地理や地域性を理解していなかったことから、震災被災者のクレームが殺到し、その結果、うつ病を発病し自殺した、ⓑ勤務歯科医が死亡した被災者の歯の検視をする中、抑うつ状態となった、ⓒ小学校の教師が生徒を救助できなかったことにつき、責任を感じて、自殺に至ったなどの相談が寄せられました。

Q33　認定基準において業務上と判断される具体例①

　　SE である夫はうつ病の既往歴があり、継続して通院をしていましたが、最近は通院の回数も減り、投薬も必要最小限度となって、とても安定した状態になっていました。

　　ところが年度末の業務量が増加した結果、うつ病が再びひどくなり、自殺しました。上司とのトラブルもあったようです。認定基準上、業務上と判断されるのはどのような場合でしょうか。

　　まず、ご主人のうつ病が「治ゆ」していたのかが問題となります。実際の症状により個別に判断されますが、通院の回数が減り、投薬も必要最小限度で、通常の勤務ができるような状態であれば、認定基準上も「治ゆ」と評価されて、再びうつ病がひどくなった時点を新たな発病ととらえることも可能だと考えられます。

　次に、認定基準上、ご質問の事例で検討すべき出来事は、「仕事内容・仕事量の（大きな）変化を生じさせる出来事があった」（別表 1・項目15）と、「上司とのトラブルがあった」（別表 1・項目31）です。

　まず、「仕事内容・仕事量の（大きな変化）を生じさせる出来事があった」が「強」と評価される具体例としては、「仕事量が著しく増加して時間外労働も大幅に増える（倍以上に増加し、1 月当たりおおむね100時間以上となる）などの状況になり、その後の業務に多大な労力を費した（休憩・休日を確保するのが困難なほどの状態となった等を含む）」や、「過去に経験したことがない仕事内容に変更となり、常時緊張を強いられる状態となった」が示されています。もっとも、この具体例はあくまで例示ですから、業務内容の困難性、能力・経験と業務内容のギャップ等や、時間外労働、休日労働、業務の密度の変化の程度、仕事内容、責任の変化の程度等を総合的に評価する必要があります。

　次に、「上司とのトラブルがあった」が「強」と評価される具体例としては、「業務をめぐる方針等において、周囲からも客観的に認識されるような大き

な対立が上司との間に生じ、その後の業務に大きな支障を来した」が示されています。この具体例も例示ですから、トラブルの内容、程度等や、その後の業務への支障等を総合的に考慮する必要があります。

　では、それぞれが「強」とされず、たとえば「中」の出来事が二つあると評価された場合はどのように考えればよいのでしょうか。認定基準は、複数の出来事が認められる場合、両者が関連するか否かで扱いを区別しています。ご質問の事例で、仮に業務量の増加と上司のトラブルとは関連していない場合、別々に強度を判断することになります。そして、認定基準は「中」の出来事が二つあった場合、「中」または「強」と評価するとしています。

　最後に個体側要因として既往症が問題となりますが、一度「治ゆ」したと評価されるのであれば、「個体側要因によって発病したことが医学的に明らかであると判断できない」ため、「業務以外の心理的負荷及び個体側要因により対象疾病を発病したとは認められないこと」という認定基準の要件には抵触しないと考えられます。

Q34　認定基準において業務上と判断される具体例②

　営業マンであった息子は、配置転換の前後に長時間労働に従事していましたが、うつ病になって自殺しました。認定基準上、業務上と判断されるのはどのような場合でしょうか。

　なお、息子は消費者金融から借入れをしていたため、自殺時点において100万円程度の借金が残っていました。

　認定基準上、ご相談の事例で検討すべき出来事は、「配置転換があった」（別表1・項目21）です。「強」となる具体例としては、「過去に経験した業務と全く異なる質の業務に従事することとなったため、配置転換後の業務に対応するのに多大な労力を費した」、「配置転換後の地位が、過去の経験からみて異例なほど重い責任が課されるものであった」、「左遷された（明らかな降格であって配置転換としては異例なものであり、職場内で孤立した状況になった）」が示されています。また、これらの具体例は例示ですから、職種、職務内容の変化の程度、配置転換の理由・経緯等や、業務の困難度、能力・経験と業務内容のギャップ等や、その後の業務内容、業務量の程度、職場の人間関係等を総合的に考慮する必要があります。

　では、「強」となる具体例にそのまま当てはまらないか、総合評価をしても「強」と判断されず、「中」または「弱」と評価された場合はどうでしょうか。認定基準は、まず「中」と判断される出来事の後に恒常的な長時間労働（月100時間程度となる時間外労働）が認められる場合や、「中」と判断される出来事前に恒常的な長時間労働（月100時間程度となる時間外労働）が認められ、その後おおむね10日以内に発病した場合や事後対応に多大な労力を要した場合は、「強」と評価されます。また、恒常的な長時間労働が存在する時期については、「出来事前」「出来事後」のそれぞれの期間について、時間外労働が100時間程度となる月（30日）が1回でもあれば、当該期間について、「恒常的長時間労働があった」と評価するとしています。ですので、配置転換の前後に恒常的な長時間労働が一度もないかしっかりと確認してください。

　最後に100万円程度の借金があったことが問題とはなりますが、認定基準上、消費者金融からの借入れに関する心理的負荷の強度は「Ⅰ」とされていますので、影響は小さいと考えられます。

Q35　認定基準において業務上と判断される具体例③

　　息子は技術開発部門に配属され、直属の上司から「仕事が遅い」、「どうしてこんなこともできないんだ」などと他の同僚がいる前で繰り返し叱責を受けるようになりました。叱責は時として1時間以上に及び、強い口調と大声で毎週行われていました。

　　そのため段々と調子が悪くなり、うつ状態と診断されて休職をしました。

　　2か月程度休職して職場復帰をし、当該上司とは違うチームになりました。通院もしていませんでした。

　　しかし、当該上司と近い席になり、当該上司の視線が気になると話したり、仕事でプレッシャーのかかる場面になると、震えが止まらなくなったり、パニックになることがありました。また、簡単な仕事もこなせなくなっていました。

　　やがて「死にたい」と周囲に漏らすようになり、職場復帰をして1年後に自殺しました。

　　認定基準上、自殺について業務上と判断されるのでしょうか。

　　認定基準上、ご質問の事例で検討すべき出来事は、「上司等から、身体的攻撃、精神的攻撃等のパワーハラスメントを受けた」（別表1・項目29）です。「強」となる具体例として、上司等による「必要以上に長時間にわたる厳しい叱責、他の労働者の面前における大声での威圧的な叱責など、態様や手段が社会通念に照らして許容される範囲を超える精神的攻撃」等が執拗に行われた場合が挙げられています。

　　ご質問の事例では、他の同僚がいる前で、時として1時間以上という長時間に及び、強い口調と大声での叱責が繰り返されていたとのことですから、「強」の具体例である、上司等による「必要以上に長時間にわたる厳しい叱責、他の労働者の面前における大声での威圧的な叱責など、態様や手段が社会通念に照らして許容される範囲を超える精神的攻撃」が執拗に行われた場合に

該当するものと思われます。

　次に、職場復帰後、自殺までに通院をしていなかったということですので、その間に「治ゆ」していたのかどうかが問題になります。プレッシャーのかかる場面になると震えが止まらなくなったり、パニックになることがあり、簡単な仕事もこなせなくなっていたということですので、休職をしていたときの精神障害が「治ゆ」していなかったと考えられます。

　そのような場合、パワーハラスメントにより発病した精神障害に基づく自殺ということで業務上と判断されることになります。

Q 36　認定基準において業務上と判断される具体例④

　　私は、Ａ会社で勤務をしておりましたが、ノルマを達成でき
かったことで、降格となり賃金も減らされたことから、生活を維
持するため、夜間にＢ会社でもアルバイトをするようになりまし
た。

　　その無理が祟って、体調を崩し、精神科に受診をしたところ、
主治医からはうつ病と診断され、休職をしたほうがよいと言われ
ました。

　　認定基準上、業務上と判断されるのはどのような場合でしょう
か。

　　このような複数の事業の業務による心理的負荷が蓄積してうつ
病を発病した場合、認定基準では、それぞれの事業における出来
事を、別表１の具体的出来事に当てはめて心理的負荷を評価する
ということになっています。

　認定基準上、ご質問の事例で検討すべきＡ会社での出来事は、「達成困難
なノルマが課された」（別表１・項目８）または「ノルマが達成できなかった」
（別表１・項目９）です。前者の項目ではノルマの内容、困難性、強制度等、
後者の項目では達成できなかったことによる経営上の影響度、ペナルティの
程度や事後対応の困難性等から「強」に該当するかどうかが評価されること
になります。

　次に、認定基準は、「中」と判断される出来事の後に恒常的な長時間労働（月
100時間程度となる時間外労働）が認められる場合は、「強」と評価されます。
そして、ポイントとして、複数事業場での労働時間、労働日数についてはそ
れぞれ通算するとされています（令和２年８月の認定基準の改正）。そのため、
Ａ会社での労働時間とＢ会社での労働時間を通算し、時間外労働時間が月
100時間程度であった場合には、心理的負荷が「強」と評価される可能性が
高くなります。

Q37　認定基準の問題点と裁判所の判断基準

　　　過労自殺の労災認定で労働基準監督署長、労災保険審査官、労働保険審査会のいずれでも業務外とされました。裁判で逆転できるのでしょうか。

　　　過労自殺の労災（公災）認定で、行政段階で業務外とされてもあきらめないでください。

●裁判所の認定のほうが門戸が広い

　これまでの行政訴訟の判例を分析しますと、行政段階よりも裁判による判決のほうが認定についての門戸が広くなっており、具体的には、次のような違いがあります。

　第1に、どのような労働者を基準にして心理的負荷の強度を評価するかという点です。労働者のストレス耐性は多様であり、どのような労働者を基準にするかによって心理的負荷の強度は異なるのは当然です。

　行政段階ではストレス耐性について平均的労働者、あるいは同種労働者を基準として判断しています。これに対し判決は、通常想定される範囲の同種労働者の中で脆弱な者を含んでの基準で評価すべきとしているものが多数です。

　第2に、発病後の出来事をどのように評価するかという点です。認定基準は、発病後の出来事は「特別な出来事」のみを評価します。これに対して、判例では、「認定基準が、健常者において精神障害を発病するような心理的負荷の強度が『強』と認められる場合であっても、『特別な出来事』がなければ一律に業務起因性を否定することを意味するのであれば、このような医学的知見が精神科医等の専門家の間で広く受け入れられていると認められない……『特別な出来事』がなければ一律に業務起因性を否定することは相当ではないとの考え方は、認定基準の策定に際しての専門検討会での議論の趣旨にも合致すると解される」とし、認定基準の枠組みにとらわれず、業務上

の心理的負荷の程度、業務外の心理的負荷の有無・程度、個体側の要因等を総合的に検討して、相当因果関係の有無を判断することを相当とした判決があります（名古屋高裁平成28年12月1日判決・労働判例1161号78頁）。上記判例以外にも多くの判例が、認定基準の枠組みにとらわれず、発病後の出来事を考慮して総合的に判断しています（名古屋地裁平成21年5月28日判決・労働判例1003号74頁、東京高裁平成25年5月30日判決・判例集未掲載、東京高裁令和2年10月21日判決・労働判例1243号64頁等）。

　以上の点以外にも評価の対象となる出来事の期間（認定基準は発病前おおむね6か月間としていますが、判例はより長期間を対象にしています）、長時間労働等慢性ストレスの評価についても判例のほうがその負荷を重くみています。

　そのようなことから、行政段階、すなわち労働基準監督署長、労災保険審査官、労働保険審査会で不支給の判断が続いても、それを逆転する可能性があるのです。

第4章

こんなケースも
過労死、過労自殺

Q38　病名がわからなくとも過労死と認定される

　　夫が急に倒れて亡くなりました。死亡前の仕事の忙しさを考えると過労死だと思い、労災申請することを考えるようになりましたが、死亡診断書には「脳卒中」としか記載されていません。また、「急性心不全」と記載されていたときはどうでしょうか。

●脳卒中

　　脳卒中とは、脳血管発作により何らかの脳障害を起こしたものをいいます。脳内出血やくも膜下出血、脳梗塞等の対象疾病から生じたものか、それ以外の疾病から生じたものかについて脳卒中という診断名では明らかにならないことは、急性心不全の場合と同じです。

　しかし、認定基準は、脳卒中についても「対象疾病以外の疾病であることが確認された場合を除き、本認定基準によって判断して差し支えない」としています。

　このように、死亡診断書に脳卒中と書かれている場合でも、対象疾病以外の疾病であることが確認された例外的な場合以外は、認定基準に基づいて判断されることになります。

●急性心不全

　急性心不全とは心臓の血液を全身に送り出すポンプ機能が急性に停止した状態で病名ではありません。「急性心臓死」「心臓麻痺」も同じ意味です。

　脳卒中同様、発症した病名が特定されていなくとも、認定基準の対象疾病を発症したものとして判断されます。

Q39　喘息による死亡、てんかんによる死亡も労災認定されることがある

　　夫は定期バスの運転手をしていましたが、以前から喘息の持病をもっていました。年末年始で人手不足の時期に出勤するよう会社から頼まれ、断りきれずに仕事に行っていましたが、運転中に重い喘息発作を起こし、呼吸困難になって窒息死しました。喘息発作による死亡も労災認定されるのでしょうか。

　　また、てんかんが原因で死亡した場合はどうでしょうか。

●喘息による死亡も労災となることがある

　　過労死の認定基準は、脳および虚血性心疾患に関するもので、喘息発作による窒息死はその対象疾病に入っていません。

　しかし、このようなケースが労災にならないというわけではありません。認定基準は脳・心臓疾患につき、過重な業務と発症との因果関係が認められるケースを定型化したものですので、直接には認定基準の対象疾病に該当しない場合は、経験則に基づいて業務上かそうでないかを判断することになります。

　喘息は、アレルギーのみでなく、過労による体力の消耗、冷気、排気ガス、ストレス等の刺激が重なることが引きがねになって発作が起こったり悪化するとされており、業務の過重性が基礎疾病たる喘息を増悪させることは十分に考えられます。

　また、ご質問のような場合、重い喘息発作を起こし、速やかに医療措置を受けなければならない状態になったのに、運転中であることからそれができず、異常な身体的状況が生じたのちも業務の継続により治療機会を喪失したこと自体が労災であるという考え方も可能です。

●裁判所の判断

　自動車学校の教務係長が自宅において気管支喘息の発作を起こし、急性呼吸不全により死亡した件につき、業務上であると認めました（札幌地裁平成20年3月21日判決・労働判例968号185頁）。そして、平成21年1月30日札幌高等裁判所は、上記地裁判決と判断理由については異なるものの、結論としては1審を支持し、国の控訴を棄却し、業務上と認める判断が確定しました（札幌高裁平成21年1月30日判決・労働判例980号5頁）。また、喘息の持病をもつパン製造会社の配送担当の社員が長時間労働に従事する中、喘息死した件につき、業務上と認めました（東京地裁平成22年3月15日判決〔国・川口労基署長（神戸屋）事件〕労働判例1010号84頁）。

　喘息死の労災認定については、ほかにも東京高裁平成15年9月30日判決・労働判例857号91頁、名古屋高裁平成14年3月15日判決・労働判例827号126頁、東京高裁平成24年1月31日・労働経済判例速報2137号3頁など、判例が積み重ねられており、裁判所は長時間労働による過労・ストレスにより生じた喘息死を業務上と判断しています。

●てんかんの例

　このような喘息の事例と同種のものに、重度のてんかん発作が原因で死亡に至った事例があります。平成21年4月8日付けで労働保険審査会は、「睡眠不足などが、てんかんの発作を引き起こすことは医学的に知られている」と指摘し、「過重な勤務が原因で疲労を蓄積し、死に至る重い発作を起こした」としてその死を業務上と認めました（平成20年労第124号の裁決）。この件では、亡くなった男性は警備会社で交通整理などを担当していましたが、死亡前2か月間は月100時間以上の時間外労働に従事し、勤務中にけいれんを起こして心肺停止となり低酸素脳症で5日後に死亡しました。

Q40　重い基礎疾病があった場合

私の夫は、月残業が100時間を軽く超え、月に数回夜勤もあるという厳しい仕事に就いていましたが、突然死しました。解剖した医師によると、慢性の心筋炎という聞き慣れない病気が原因で心停止となり亡くなったことになっています。このような基礎疾病がある場合でも、労災認定がされますか。

基礎疾病として心筋症等を有する場合であっても、その病態が安定しており、直ちに重篤な状態に至るとは考えられない場合には、過重業務によって基礎疾病が自然経過を超えて増悪し脳・心臓疾患を発症したとして、労災認定がされます。したがって、ご質問の場合、心筋炎の病態が安定しており、認定基準を超える時間外労働が認められれば心停止（心臓性突然死を含む）に該当し労災認定がなされます。

　その他、消化器系の疾患の事案ですが、最高裁判決（最高裁平成16年9月7日第三小法廷判決〔ゴールドリングジャパン事件〕労働判例880号42頁）は、十二指腸かいよう再発によるせん孔の発症につき、基礎疾病として十二指腸かいようがあったとしても、過重な業務により自然の経過を超えて急激に悪化したとして業務上と判断しています。また喘息の基礎疾病があっても、長時間労働等による過労・ストレスが加わり喘息死した場合も、判決は業務上としています（Q39参照）。

　また、脳動静脈奇形が破綻して出血死した事件の判決（東京高裁平成9年10月14日判決・労働判例727号50頁）や脳血管奇形の一種である「もやもや病」により血管破綻した結果、後遺障害が残った事件の判決（名古屋高裁金沢支部平成12年9月18日判決・労働判例796号62頁）は、いずれも公務の過重性と発症との間に因果関係を認め、公務上と認めています。

　その他、身体障害者雇用枠で採用された労働者がその障害とされている基礎疾病が悪化して死亡した件について、判決ではその業務起因性の判断にあたり、平均的な労働者ではなく、当該労働者を基準とすべきとした事例（名

古屋高裁平成22年4月16日・マツヤデンキ事件・労判1006号5頁）があります。

　このように、基礎疾病がある場合であっても、労災認定がされることはありますので、あきらめずにご相談ください。

Q41　事業場外労働や裁量労働制の場合でも時間外労働は認められるか、テレワークだとどうなるか

　　営業マンをしている私の夫は、毎日のように携帯電話で会社と連絡をとりながら午前8時から午後7時30分ころ（休憩1時間）まで外勤のセールスをしています。また週休2日制ですが土曜日のほとんどは定時の出勤をしていました。先日、脳梗塞を発症して療養中ですが、業務上になるでしょうか。なお、会社は事業場外労働だから何時間セールスしても8時間しか働いたことにしかならないと言っています。

　　また、夫がテレワークで残業をしていた場合はどうでしょうか。

●事業場外労働

　　ご質問の事例のように、営業マンで外勤が中心の方の場合などの事業場外労働については、みなし労働時間制といって、何時間働いても所定時間労働したものとみなすとの取扱いが労働基準法上認められています（同法38条の2）。また、裁量労働制とは、労働者の裁量に委ねる必要のある業務に就く労働者について労使であらかじめ定めた時間を働いたとみなす制度です（同法38条の3・38条の4）。

　　事業場外労働について、この扱いが認められるのは「労働時間の算定が困難な場合」に限られ、勤務終了後会社にいったん戻ったり、上司とともに何人かのグループで営業をしたり、携帯電話で連絡をとりながら営業している場合には適用されません（昭和63年1月1日基発第1号労働基準局長通達）。ですから平日の2時間30分の分については残業手当も当然要求できますし、過労死の認定にあたっては過重性の評価の対象となるのも当然です。

　　また、みなし労働時間制は、労働時間の制限や残業代の請求などの関係上、所定の労働時間働いたとみなすというものにすぎず、業務上の過重負荷との関係では、みなし労働時間制の適用の有無に関係なく、実労働時間に基

づく時間外労働が問題となります。

　したがって、ご主人の場合は、仕事中の待機時間が特に長いなどの特段の事情がない限り、実際の時間外労働時間が過労死認定基準を超えていれば、業務上と判断されるでしょう。

　また、労働基準法の労働時間、休日、休憩および深夜労働の割増賃金に関する規定の適用対象外とする制度である高度プロフェッショナル制度（同法41条の2）が適用されている労働者についても、使用者の指揮命令下で働いていることに変わりはありませんので、認定基準に従って通常の労働者と同様に労災制度が適用されます。

●テレワークの場合

　テレワークの場合、会社に行かず自宅などで仕事をするため、所定労働時間外に残業しても労働時間と評価されるのかが問題となり得ます。しかし、テレワークの場合であっても、明示的に残業を指示された場合だけではなく、残業を余儀なくされた場合は黙示の指示があったとして労働時間と評価されることになります（黙示の指示について Q42参照。コラム5も参照）。

Q42　サービス残業・持ち帰り残業はどのように立証すればよいか

夫は銀行員で、毎晩深夜まで残業をしていたのですが、どんなに残業しても月45時間までという残業枠が設けられており、タイムカードを押してからさらに仕事をするという日々が続いていましたし、家での持ち帰り残業もありました。そのため労災申請するに際して正確な労働時間数がわかりません。このような場合にはどうしたらよいのでしょうか。

●隠されるサービス残業

サービス残業とは、残業をしていても、使用者に残業として申告しないか、あるいは申告しても支払いがされない残業のことで、賃金不払労働というのが正確です。この場合、申告していなくても実際に残業しているならば、本来は割増賃金の請求ができます（労働基準法37条）。

ご質問のようなサービス残業はよくみられます。不況の下での経費節減で枠を設けたり、時間外労働の限度時間を定めた労使協定（36協定）の枠内でしか申告できないという場合もあれば、そもそも成果主義で、時間管理そのものがない場合や労働時間について自己申告制をとっていて実際の労働時間を申告させないということも稀ではありません。

●サービス残業の規制

高まるサービス残業批判に対応して、厚生労働省は「労働時間の適正な把握のために使用者が講ずべき措置に関するガイドライン」（平成29年1月20日基発0120第3号、巻末資料編〔資料8〕）を定めています。この通達は、使用者は労働者の始業・終業時刻の確認と記録を原則として使用者の現認や客観的方法（タイムカードなど）で行うことを義務づけたうえで、労働者が現実の残業時間を申告することを妨げる目的で、残業時間の総枠などを設けてはならないなどとしています。

●残業に関する指揮命令のあり方と労災認定

　サービス残業といっても、口頭などで明示の残業命令があれば労働時間となることは当然です。

　問題は、締切りのある業務を命じられて所定労働時間内では処理できない場合に、労働者の判断で残業しているような場合です。行政解釈は、「自主的時間外労働の場合は、労働時間ではないが、黙示の命令があると判断されるような場合（残業しないと嫌がらせされたり、不利益な扱いをされる等）は、労働時間にあたる」（昭和23年7月13日基発第1018号・第1019号）としています。

　では何をもって「黙示」の命令があると考えるかですが、労働がなされるのを使用者が黙認・許容していた場合はそれに該当するでしょう。特に、前述したように使用者の労働者の出退勤時間の正確な把握義務を前提とすると、給与支払いの対象としていなくとも、残業を黙認・許容していたといえる場合が多いと思います。また、賃金カットはもちろん、心理的強制も含めて、業務に従事しないことによる不利益がある場合も、労働時間といえるでしょう。

　一方で今日、コンピュータが発達する中、締切りまでに成果物を提出すれば、自宅に持ち帰って仕事をしてもよいというような、会社の緩やかな監督と労働者に広い裁量権が認められる労働も広がっています。

　そのような場合でも、仕事についての期限と品質に対する要求がある以上、明示ないし黙示の命令が認められる場合は多いと思いますので、当該業務をめぐる労働者と上司等とのやり取りや業務の性質について、できるかぎり細かく調査することが重要です。業務のため、社内あるいは持ち帰り残業がなされている事実が認められれば、使用者の命令の有無を問わず、過重性判断にあたっての労働時間として認められています。これは、判例の多くは労働基準法上の労働時間と労災事件において業務の過重性を判断する場合の労働時間は別であると考えているからです。

●サービス残業の立証

　前述の通達などサービス残業に対する規制は強化されつつありますが、構

造不況の中、実態としてのサービス残業の蔓延にどこまで実効性があるかは疑問といわざるを得ません。いったんタイムカードを押したうえで残業するなど、より巧妙化した悪質な残業隠しが増えるおそれもあります。

　したがって、使用者側の手持資料の早期の保全に努める必要があります。日報、タコグラフ、出入門管理記録、社内で使用しているコンピュータの使用履歴（ログイン・ログアウト）など、使用者からの任意の提出が得られない場合に、裁判所の証拠保全を通じて入手した例もあります。

　また、被災者が所持していた手帳などの解読や家族との携帯メールのやりとり、家族の記憶による推定労働時間表の作成、同僚からの労働実態の聴き取りなど、自主的な調査も重要です。

●裁判例

　社内の経理規則に反する仕入れ伝票の持ち帰りを行い、品減り調査業務を自宅で長時間行うなどして自殺した事案において、東京地裁判決は、「連日伝票類を自宅に持ち帰って深夜、早朝に及ぶまで調査を継続していたもの」とその業務性を肯定し、具体的な残業命令がないことや、伝票類を自宅に持ち帰ることが禁止されていた行為であることが、自宅での調査が業務に含まれることを否定するものとは解されないとして、自宅における持ち帰り残業についても、事業所での残業と同じように労働時間として認定した事案（東京地裁平成20年1月17日判決〔大丸東京店事件〕労働判例961号68頁）、持ち帰りについて明示的な業務命令はないものの、作業の一部は上司の指示によるものであることや、直接の上司には事業場内での作業を黙認されているという程度の評価しか受けず、休日出勤も止められたという事情の下で自宅でのパソコン作業等にも業務遂行性があるとされた事案（札幌地裁平成18年2月28日判決〔北洋銀行事件〕労働判例914号11頁）などがあります。

Q43　営業に伴う接待は労働時間に含まれるか

　　夫は証券会社の外回りの営業マンで、ノルマに追われていましたが、接待のための飲食やゴルフも多く、労働時間がどのくらいだったかわかりません。「しんどいから行きたくない」と言いながら出かけていった接待ゴルフの最中に倒れて死亡しました。接待ゴルフも仕事だと思うのですが、労働時間に含まれるのでしょうか。

●労働時間の範囲

　　あなたのご主人の例のように、会社の費用で飲食したり、あるいは会社の費用負担でゴルフをするというような場合、そのほとんどは得意先・取引先の接待のためです。これらの時間は、はたして労働時間といえるのでしょうか。

　一般に労働時間とは「労働者が使用者に労務を提供し、使用者の指揮命令に服している時間」のことをいうとされています。このような観点からすれば、接待ゴルフをすることが「使用者に労務を提供し、使用者の指揮命令に服している」といえるか否かが問題ということになりそうです。

　ゴルフをするしないが自己の判断によるのではなく、使用者の命令によってなされており、それにより接待をすることが業務の遂行上必要なものと判断されれば、接待ゴルフも労働時間といえます。

●接待の業務性の判断

　ただこの点につき、裁判所や行政判断はかなり厳しい見方をしています。過労死の事案ではありませんが、接待ゴルフの業務性に関し、参考になる裁判例があります（前橋地裁昭和50年6月24日判決・労働判例230号26頁）。事案は次のようなものです。

　得意先会社の係長以上の有志と県内の協力会社の有志をもって組織された

親睦会のゴルフコンペ例会に出席する途中、自動車事故で死亡した者の遺族が労災補償を請求した事件です。裁判所は「親睦目的の会合ではあっても、右会への出席が業務の遂行と認められる場合もある」が、それには「右出席が単に事業主の通常の命令によってなされ、あるいは出席費用が事業主により出張旅費として支払われる等の事情があるのみでは足りず、右出席が事業運営上緊急なものと認められ、かつ事業主の積極的特命によってなされた」ことが必要であるとしました。

　また行政解釈においても、宴会等の催しの世話役等について自己の職務の一環として参加する場合には一般に業務遂行性が認められるが、それ以外の労働者の場合は、その催しの主催者、目的、内容（経過）、参加方法、運営方法、費用負担等について総合的に判断しなければならないとして、特別の事情がない限り、業務遂行性はないのが通例としています。

●「業務性」のポイント

　以上のとおり、厳しい見解からすれば、接待のための飲食やゴルフについての業務性に関してポイントとなるのは、①当該接待が仕事の遂行に社会通念上必要と認められるか否か、②親睦の目的の場合には、事業主（使用者）の積極的特命があるか否か、ということになりそうです。

　判例の中には教材販売会社営業次長の脳内出血（左半身麻痺）事案において「業務は特に過重でなく、業務以外の日常の飲酒や不規則な生活が原因」としていた労基署長の判断を覆し、「営業次長が終礼終了後に営業部員を伴って飲酒するのも社長の指示によるもので、業務の延長というべきものである」と判断したものや（福岡地裁平成10年6月10日判決・労働判例741号19頁）、部長主催で呼ばれた懇親会や顧客挨拶のために来た統括部長代理らとの懇親会は直接参加強制はなかったが直属上司が主催者で自身は情報部門リーダーであり営業社員はほとんど参加で断れないとして労働時間と認める一方、送別会・昇格祝・野球大会・スポーツ大会などは労働時間と認めなかったものがあります（高松高裁令和2年4月9日判決・労働判例ジャーナル100号1頁）。

　また、携帯電話の通信ネットワーク会社の大阪事務所長が過労死した事案で、取引先関係者への接待や社員との飲食しながらの会合（チームビルディ

ング）は業務の延長であると推認できるとして、接待時間等を含めて労働時間と評価し、業務上と判断した判例も注目されます（大阪地裁平成23年10月26日判決〔国・大阪中央労基署（ノキア・ジャパン）事件〕労働判例1043号67頁）。

　業務の過重性という点からの労働時間の認定にあたっては、賃金支払いの対象となる労働基準法上の労働時間と比較して広く解されるべきであり、事業主の具体的な指示、命令の有無にかかわらず、仕事のうえで社会通念上必要なものであれば、過重性の判断にあたって評価されるのは当然です。

Q44　通勤時間は労働時間に含まれるか

　夫は、Ａ市にある建設会社に勤務し、Ｂ市にある自宅から車で片道１時間かけて通勤していましたが、会社からの指示で自宅から２時間かかるＣ市の建築現場の現場監督として３か月間派遣されることになり、自宅から２時間、往復で４時間かけて現場まで車で直行直帰で通勤していました。工期が遅れていたこともあって現場での作業時間が９時間から10時間に及び、通勤時間を含めると13時間から14時間となり、本当に疲れ切っている様子でした。通勤時間や通勤による疲労は、どのように評価されるのでしょうか。

●会社指示による業務の必要性から生じた通勤時間の増加

　ご質問の事例では、それまでは会社まで１時間で通勤してきたのに、会社の指示で現場監督として派遣されたため、通勤時間が１時間増加しています。

　業務の必要性で生じた通勤時間の増加分は、業務の過重性の判断にあたっては労働時間として評価するのが相当だと考えます。自宅から会社までいったん出勤し、そのうえで現場に向かう場合は、会社から現場までの移動時間は当然労働時間として評価されます。それとの比較で考えても、業務の必要性から生じた通勤時間の増加分は労働時間として評価されるべきです。

●通勤時間を過重性判断の対象としない労基署長の考え方

　労基署長の判断では、労災保険法７条２項が通勤の定義を「労働者が、就業に関し、住居と就業の場所との間を、合理的な経路及び方法により往復することをいい、業務の性質を有するものを除くものとする」としていることを持ち出して、「通勤による負荷は業務による負荷とは認められない」という理由で、通勤による負荷を業務の過重性判断の対象から排除するという考

え方を採用しています。

　極めて不当ですが、残念ながら、純粋な通勤時間そのものを業務上の過重性の要素として評価させることは困難です。ただ、仮に業務そのものでないとしても、業務関連時間が長いことは、それだけ疲労回復条件が悪化するわけです。その意味からも、通勤負担についても、きちんと調査して主張していくことが重要です。

コラム 5　リモートワークの危険性

　2020年春先からの新型コロナウイルス感染拡大の中で、デジタル技術を活用して職場外で仕事をするリモートワーク（テレワーク）が急速に拡がっています。在宅勤務が主ですが、サテライトオフィス勤務や、ホテルやカフェなどで臨機応変に行うモバイル勤務もあります。

　リモートワークは、コロナウイルス感染防止につながるほか、経費の節減、通勤時間の短縮、家庭生活との両立といったメリットもありますが、他方で、労働時間管理の難しさ（始業・就業や中抜け）、オン・オフの区別がつきにくく長時間労働になりやすいこと、業務環境の劣悪さ（機器、照明、騒音、家族の在宅など）、家庭が安息の場でなく仕事の場となることや、メール等による指示・職場とのコミュニケーション不足・孤独感によるストレスといったデメリットも多くあります。

　今後、在宅勤務中の転倒などの事故や、過労・ストレスによる過労疾患や精神障害が多数発生してくることが予想されますが、労災の適用の有無や就労状況の立証が問題となるでしょう。リモートワークをする場合は、労働時間や作業内容をきちんと記録し、時間外労働をする場合は時間外手当をきちんと支払う、時間外に業務指示をしない、リアル出勤と交互にする、といったルールをきちんと定めていく必要があります。

Q45　出張業務はどのように配慮されるのか

夫は各地の工場に出向いて機械の修理を行う仕事のため、月のうち半分くらいは出張で、旅先のホテルで寝ても、疲れがとれないとグチをこぼしています。もしも倒れた場合、出張の多さについて特別に配慮されるのでしょうか。また、夫が国際便のフライトアテンダントの場合はどうでしょうか。

●出張や長距離移動に伴う過重性の要素

出張や長距離移動に伴う過重性の要素として、一般的には、移動と本来の出張先の業務とで拘束時間が長時間化すること、移動に伴う疲労（特に自動車運転や海外出張の場合）、環境の変化（特に海外出張の場合）、疲労回復条件の悪化などをあげることができます。また、緊急トラブルへの対応や重要な交渉など、出張の目的となる業務そのものが精神的に過重である場合もあります。

●認定基準の内容

新しい認定基準では、「出張の多い業務」と長距離輸送の運転手や航空機の客室乗務員など「その他事業場外における移動を伴う業務」を分けています。そして、「出張が多い業務」については、「特に4時間以上の時差」を重視することとし、出張に伴うさまざまな条件や疲労の回復状況、出張に伴う労働時間の不規則性等も考慮することとされています。また、「その他事業場外における移動を伴う業務」についても移動（特に時差のある海外）の頻度等、同様の検討・評価をすることとされています。

このように、単に出張や長距離移動が多かったという結論だけでなく、その内容について詳細に調査して過重性を根拠づけることがポイントとなります。

●労働時間の認定に係る質疑応答・参考事例集（令和3年3月30日基補発0330第1号）

　厚生労働省が作成した行政における労働時間の認定に関する資料「労働時間の認定に係る質疑応答・参考事例集」（令和3年3月30日基補発0330第1号）では、「使用者が、業務に従事するために必要な移動を命じ、当該時間の自由利用が労働者に保障されていないと認められる場合には、労働時間に該当するものであること。この基本的な考え方により、所定労働時間内に業務上必要な移動を行った時間については、一般的には、労働時間に該当すると考えられるが、所定労働時間外であっても、自ら乗用車を運転して移動する場合、移動時間中にパソコンで資料作成を行う場合、車中の物品の監視を命じられた出張の場合、物品を運搬すること自体を目的とした出張の場合等であって、これらの労働者の行為が使用者から義務付けられ、又はこれを余儀なくされていたものであれば、労働時間として取り扱うことが妥当であり、労働時間に該当するか否かを、実態に応じて個別に適切に判断すること」としています。

　しかし、裁判所は、所定労働時間外に移動した場合で、上記に列挙された場合以外でも、以下のとおり移動行為そのものの心理物理的負担を認定し業務の過重性を判断しています。

●裁判例

　情報関連機器等の製造、販売、サービス等を主要な事業とする会社の生産技術部に所属していた社員のくも膜下出血による死亡につき、10か月余りの間に、中国、アメリカ、チリ、インドネシアに通算10回、出張期間として合計183日間になる海外出張をした事案について、東京高等裁判所は発症前1か月ないし6か月間にわたる1か月あたりの時間外労働時間は30時間未満であり、土日の休日も確保され、労働時間、業務内容、勤務体制、国内・海外出張先の労働環境、生活環境などの点をみればその社員の心身に特に大きな負担があったとはいえないが、前記のような海外出張の業務は、精神的、肉体的に疲労を蓄積させるものであり、その疲労を蓄積したまま従事せざるを

得なかった国内出張業務も精神的に相当な緊張を伴うものであった等として、業務外とした長野地方裁判所の判決を取り消して業務上の判断を示しました（東京高裁平成20年 5 月22日判決〔セイコーエプソン事件〕労働判例968号58頁）。

　海外出張により韓国の鉄道システム建設プロジェクトを受注して従事していた輸送システムグループのグループ長が自殺した件につき、「出張の際の移動時間については、使用者の指揮命令下に置かれたものとは認められない」としつつも、「移動時間中、当該交通機関に乗車する以外の行動を選択する余地はなく、その期間中不自由を強いられることからすれば、業務起因性の判断に際しては、これを労働時間としてとらえることが相当」と判示した判決もあります（神戸地裁平成22年 9 月 3 日判決〔国・神戸労基署長（川崎重工業）事件〕労働判例1021号70頁）。

　また、不動産関連会社の営業社員が急性心筋梗塞で死亡した事件につき出張時の自家用車での移動を労働時間と認め、発症前 6 か月の平均時間外労働は69時間、年末年始を含む 6 か月目を除く 5 か月の平均は78時間の残業があったとして業務上と判断した判例もあります（東京地裁平成20年 6 月25日判決〔東急リゾート事件〕労働判例968号143頁）。

　その他、うつ病で自殺した労働者について業務上外の有無が争われた事件で「一般論としては、たとえ慣れた行程であっても、公共交通機関による移動（特に大都市内ないしその近郊への移動）は単なる待ち時間とは異なり、移動に伴う心的物理的負担もあり、その所要時間は労働のために必要な時間でもあるのであって、特別に自由に過ごし得た時間が存在する等の事情がない限り、労働時間から控除すべきものとは認められない」と判示して、公共交通機関による移動時間の労働時間性を肯定したもの（大阪高裁平成25年 3 月14日判決〔国・天満労働基準監督署長事件〕労働判例1075号48頁））、出張業務は、「列車、航空機等による長時間の移動や待ち時間を余儀なくされ、それ自体苦痛を伴うものである上に、日常生活を不規則なものにし、疲労を蓄積させるものというべきであるから、移動中等の労働密度が高くないことを理由に業務の過重性を否定することは相当ではな」い（東京高裁平成14年 3 月26日判決〔中央労基署長（三井東圧化学）事件〕労働判例828号51頁）とした事案などもあります。

Q46　会社が自主的活動とみなしている QC サークル等の扱い

QC サークル、勉強会、委員会活動など、会社が「自主的活動」とみなしている業務（活動）は労働時間となりますか。

製造業では品質改善や作業効率を上げるために労働者に QC サークルを組織させ、業務終了後、業務改善活動を「自主的に」行わせている実態があります。また、病院が看護師に病棟の看護業務の改善を目的に「看護研究」や「勉強会」を行わせたり、「プリセプター業務」（新人教育）を時間外に行わせている実態があります。使用者が主張する形式的な制度としては一見「自主的な」活動で労働時間と認められないようにみえます。

しかし、少なくとも業務の過重性判断における労働時間と認められるかどうかは名称や使用者の主張する建前ではなく、業務、あるいは業務に関連する行為と評価できるかどうかによって決まります。

致死性不整脈を発症し死亡した事案について、裁判所は、「創意くふう提案及び QC サークルの活動は、本件事業主の事業活動に直接役立つ性質のものであり、また、交通安全活動もその運営上の利点があるものとして、いずれも本件事業主が育成・支援するものと推認され、これにかかわる作業は、労災認定の業務起因性を判断する際には、使用者の支配下における業務であると判断するのが相当である」として、活動の中身を具体的に検討したうえで、業務に該当し労働時間と評価しています（名古屋地裁平成19年11月30日判決〔トヨタ自動車過労死事件〕労働判例951号11頁）。

看護師（国家公務員）がくも膜下出血により死亡した事案について、裁判所は、「クリティカル勉強会」「チーム会」「研修会」「病棟相談会」「看護研究」「プリセプター業務」といった本来の看護業務以外の活動について、公務と認めてこれらに要した時間を労働時間と評価しました（大阪地裁平成20年1月16日判決〔国立循環器病センター事件〕労働判例958号21頁）。同事件の控訴審

判決（大阪高裁平成20年10月30日判決・労働判例977号4頁）においても、大阪地裁判決の判断が維持されています。

　また、病院に勤務する新人臨床検査技師の自殺についての損害賠償請求で、超音波検査等難易度の高い検査技法を習得するため院内に残って自習していた時間を、過重負荷の評価においては労働時間とみるのが相当とした判決（札幌高裁平成25年11月21日判決〔医療法人雄心会事件〕労働判例1086号22頁）があります。

　このように、労働時間に含まれるかどうかは使用者の主張や会社の定めた制度によってではなく実際の内容によって決まりますので、使用者の言い分を鵜呑みにせず、中身を調査する必要があります。

Q47　深夜交替制労働はどのように評価されるのか

　　梱包作業員をしていた私の父（54歳）は、狭心症の持病があっ
たのですが、父の職場は夜勤を含む2組2交替で実質拘束12時間
（実労働11時間）の変形労働時間制（週5日のうち夜勤2日で、2週
間に一度は昼勤と夜勤連続）であったうえ、残業が恒常化していま
した。先日、業務中に急性心筋梗塞を発症して死亡したのです
が、時間外労働時間は月に50時間台で、認定基準の月100時間や
80時間には達していません。このようなケースでも労災認定され
るのでしょうか。

●交代制勤務や深夜勤務の健康への悪影響

　「社会の24時間化」の中で、生産、海外取引、運輸・交通、医療・
福祉サービスなどの分野で、交替制勤務や深夜勤務が増えています。深夜勤
務は、人体の日内周期リズム（サーカディアンリズム）に反する、反生理的
な労働です。深夜勤務を行うと、血圧が低下する夜間に血圧が下がらず、昼
間に寝ても夜間ほどには血圧が下がらないために高血圧症が進行する等、睡
眠の質が悪化し、疲労が蓄積しやすいといわれています。

●認定基準

　改正前の旧認定基準（Q12参照）では、「交代制勤務・深夜勤務」を業務の
質的な過重性の負荷要因の一つとしてあげていましたが、運用上の通達では
「交替制勤務が日常業務としてスケジュールどおり実施されている場合や日
常業務が深夜時間帯である場合に受ける負荷は、日常生活で受ける負荷の範
囲内と評価されるものである」とされており、交替制勤務や深夜勤務自体が
強い身体的負荷を有するものとは考えられていませんでした。
　しかし、改正後の認定基準では、「交替制勤務・深夜勤務」の過重性の評
価方法について、「予定された業務スケジュールの変更の頻度・程度・事前

の通知状況、予定された業務スケジュールの変更の予測の度合、交替制勤務における予定された始業・終業時刻のばらつきの程度、勤務のため夜間に十分な睡眠が取れない程度（勤務の時間帯や深夜時間帯の勤務の頻度・連続性）、一勤務の長さ（引き続いて実施される連続勤務の長さ）、一勤務中の休憩の時間数及び回数、休憩や仮眠施設の状況（広さ、空調、騒音等）、業務内容及びその変更の程度等の観点から検討し、評価すること」と明記されていますので、交代制勤務や深夜勤務によって脳・心臓疾患のリスクが高まることを認めています。

●裁判所の判断

　裁判では、交替制勤務や深夜勤務のケースで、それ自体の過重性を認めて業務起因性を認めるものが、今回の認定基準の改正前から多くあります。

　大阪高裁平成18年4月28日判決（判例時報1932号150頁）は、ご質問に近いケースで、業務起因性を認めました。

　また、国立循環器病センターの看護師（当時25歳）が、深夜を含む5つのシフトを不規則に繰り返し、引継ぎによる残業もあってシフト間の間隔が短い中でくも膜下出血を発症し、死亡したケースで、大阪高裁平成20年10月30日判決〔国立循環器病センター事件〕（労働判例977号42頁）は、シフト間隔が短い勤務が生じる深夜・交替制勤務は、睡眠の質を悪化させ、また24時間の平均血圧値を上昇させ得ることを指摘して、公務起因性を認めました。

　そのほか、労働災害を認めた裁判例として、広島高裁岡山支部平成16年12月9日判決〔岡山労基署長（東和タクシー）事件〕（労働判例889号62頁）、東京高裁平成18年11月22日判決〔成田労基署長（日本航空）事件〕（労働判例929号18頁）、大阪高裁平成21年8月25日判決〔国・北大阪労基署長（マルシェ）事件〕（労働判例990号30頁）等があります。

Q48　重い筋肉労働による急性心不全は過労死になるか

　　私の夫は建築現場の現場監督でしたが、猛暑日に自ら重いブロック積み作業を行っているうちに急性心不全で現場で倒れて亡くなりました。このような場合、過労死と認定されるのでしょうか。

●重筋労働は過重労働

　　建築現場での労働のような重い筋肉労働は、典型的な過重労働といえます。重筋労働に伴って末梢筋レベルでの酸素消費が高まるため、より多くの血液を送ろうとして血圧が高まり心臓の負担は大きくなります。また高温多湿下の作業は、発汗等で水分が失われ、血液が濃縮され、心臓の負担が重くなります。認定基準は、発症前に急激で著しい作業環境の変化等「異常な出来事」が認められるときは業務上としています（Q18参照）。

　　このように重筋労働による狭心症や心筋梗塞などの発症は医学的に説明できやすいものですから、過労死と認定される可能性は十分にあります（なお、急性心不全の病名の取扱いについては、Q38も参照）。

　　ご質問と似た事例では、医師の協力を得て、被験者を使っての労働負荷のテストや、亡くなった被災者の衣服に付着していた塩分から発汗量を推定し、高温多湿の環境の下で、極めて過酷な労働が行われたことを科学的に立証し、労災保険審査官によって業務上であるとの逆転判断がなされています（平成5年2月10日大阪労災保険審査官決定）。

●身体的負荷を伴う業務

　　身体的負荷を伴う業務について、旧認定基準では負荷要因として掲げられていませんでしたが、改正された認定基準では、負荷要因の一つとして付け加えられました。過重性の検討の視点としては、「身体的負荷を伴う業務については、業務内容のうち重量物の運搬作業、人力での掘削作業などの身体

的負荷が大きい作業の種類、作業強度、作業量、作業時間、歩行や立位を伴う状況等のほか、当該業務が日常業務と質的に著しく異なる場合にはその程度（事務職の労働者が激しい肉体労働を行うなど）の観点から検討し、評価すること」とされています。

●裁判例

　裁判例では、運送業等を営む会社の玉掛け作業員が、夏季に海上のはしけ上で積荷の荷下ろし業務に従事中に急性心不全を発症して死亡した事案について、業務起因性を認めています（大阪高裁平成18年9月28日判決・労働判例925号25頁）。同裁判例では、玉掛け作業について、「重量の重い荷物を扱うものであって、不十分な玉掛けにより荷物が落下した場合などには作業員が死傷する重大事故につながるおそれがあり、また、丸いコイルの上での作業など足場が不安定な場合もあるため、本件作業は相応の精神的緊張を伴うものであったというべきである」と判断したうえで、「被災者の本件発症当時の本件作業は、精神的にも肉体的にも相当の負担を伴うものであるところ、その直前の1週間の業務内容は、ほとんど残業がなく、半日勤務も2日間、通常週1日しかない休業が2日間あるなど、たまたま比較的軽い業務内容になっていたものであり、その比較的軽い作業内容等に被災者の身体が順応していたものと推測されるのであるが、被災者は、本件発症当日、2日間の休業明けの出勤であり、雨のため実際の作業の始まりが遅れていたとはいえ、通常どおり出勤して通常どおりの作業をし、その後に久しぶりの残業をしたことで、前の週の業務に比較すると、相当厳しい作業となったものというべきであるから、被災者の本件発症当時の業務の負担は相当高かったと見るのが相当である」として、業務外とした地裁判決を変更して業務上と認定しました。

Q49　医師の過労死・過労自殺

　　勤務医や研修医など、医師の過労死や過労自殺が報道されていますが、医師の労働と過労死・過労自殺の関係について教えてください。

●医師の置かれた現状と長時間・過重労働の常態化

　　医師の労働は、①もともと患者の生死に直結する業務であるうえ、②近年は高度な医療の普及、③高齢者の増加をはじめとする患者増、④患者の権利の尊重や安全性の要求の高まりといった事情に加えて、⑤2004年の新臨床研修制度の開始によって特に地域の医師不足が顕在化するなど、医師を取り巻く状況は極めて危機的なものとなっています。

　独立行政法人労働政策研究・研修機構の調査（勤務医の就労実態と意識に関する調査・平成24年9月）によれば、常勤の勤務医の1週間あたりの勤務時間は平均で週46.6時間とされていますが、外科や救急科では、40％を超える医師が週60時間以上の勤務時間を行っているとされています。これに院外（関連病院等）での勤務時間があわさった場合、さらに労働時間が増えることになります。

　このような勤務をしている医師が脳・心臓疾患で亡くなった場合、労働時間のみをとっても、過労死として認定される可能性が高いといえます。

　また、極めて長時間の宿直勤務やオンコール（急患対応のための待機）など、労働時間以外にも長時間の拘束があり、勤務が不規則となります。常に患者の生命・身体の危険と隣り合わせであり精神的緊張を余儀なくされます。少数の医師による閉鎖的な職場では、上司によるパワハラが日常化している場合もあります。

　そのため、医師が精神障害を発病したり自殺するケースも後を絶ちません。

　勤務医のみならず研修医、さらには大学院生の医師についても医師としての「臨床」に従事しているときは労災（公災）請求や損害賠償請求ができます。

●宿直勤務や仮眠時間の扱い

勤務医の業務の過重性を考えるとき、宿直勤務が労働時間であるかどうかが重要です。宿直勤務は、労働基準法41条の監視・断続労働だから勤務時間としてカウントしないと取り扱われていることが少なくありません。

厚生労働省は通達で、医師、看護師等の宿直の許可基準として、次のように定めています。

①　通常の勤務時間の拘束から完全に解放された後のものであること

②　夜間に従事する業務は、一般の宿直業務以外に、病院の定時巡回、異常事態の報告、少数の要注意患者の定時検脈、検温等、特殊の措置を必要としない軽度の、または短時間の業務に限ること（応急患者の診療または入院、患者の死亡、出産等があり、昼間と同態様の労働に従事することが常態であるようなものは許可しない）

③　夜間に十分睡眠がとりうること

④　許可を得て宿直を行う場合に、②のカッコ内のような労働が稀にあっても許可を取り消さないが、その時間については労働基準法33条・36条による時間外労働の手続を行い、同法37条の割増賃金を支払うこと

また、最高裁判所はビル管理会社の警備員につき、仮眠時間中警報や電話等に直ちに対応が求められるものであれば、労働時間として賃金を支払わなければならないとしています（最高裁平成14年2月28日判決〔大星ビル管理事件〕労働判例822号5頁）。

急患や入院患者の容態急変への対応が継続的に求められる宿直勤務の実態からすれば、宿直勤務は、少なくとも業務の過重性判断にあたっては勤務時間として評価されるべきです。宅直オンコールの時間についても、その拘束性の程度に応じて評価されるべきです。

なお、県立病院の産婦人科医が時間外手当を請求した訴訟で、宿直については労働基準法上の労働時間と認めたものの、宅直時間についてはこれを否定した判例があります（大阪高裁平成22年11月16日判決〔奈良県（医師・割増賃金）事件〕労働判例1026号144頁）。

●医師の研鑽に係る労働時間について

　医師は、その職業倫理に基づき、一人ひとりの患者について常に最善を尽くすため、新しい診断・治療法の追求やその活用といった研鑽を重ねる必要があり、こうした医師の研鑽は、医療水準の維持・向上のためには欠かせないものといわざるを得ません。

　しかし、国が発出している通達（基発0701第9号令和元年7月1日厚生労働省労働基準局長通達）では、所定労働時間内において、医師が使用者に指示された勤務場所（院内等）において研鑽を行う場合については、当然に労働時間となることを認めていますが、所定労働時間外に行う医師の研鑽については、在院して行う場合であっても労働時間として認めない可能性があるとされています。

　裁判例においても、大阪府立病院に勤務していた麻酔科医が長時間労働等を原因とする急性心不全により死亡した事例において、院内に残って行っていた研究活動について労働時間としては認めませんでした（大阪高裁平成20年3月27日判決〔大阪府立病院（医師・急性心不全死）事件〕労働判例972号63頁）。

●勤務医の労働時間についての法改正

　働き方改革関連法の施行により、大企業には2019年4月から、中小企業にも2020年4月から、36協定で延長できる時間外労働時間の上限を年720時間・月100時間・複数月で平均80時間（休日労働を含む）とすることが定められましたが、医療法の改正により、勤務医についてはその適用が2024年まで猶予されました。

　そして、現在厚生労働省の設置した検討会において、猶予期間の終了する2024年以降の勤務医の労働時間と健康確保措置の制度的枠組みについて検討が行われています。

　2020年12月に公表された医師の働き方改革の推進に関する検討会の「中間とりまとめ」では、勤務医の時間外労働の上限規制に関して、次の三つの「水準」を設定することとしています。

　「Ａ水準」……脳・心臓疾患の労災認定基準を考慮した標準的な診療従事

勤務医の上限水準。年960時間・月100時間（いずれも休日労働を含む）
＋追加的健康確保措置（連続勤務時間28時間・勤務間インターバル 9 時間・
代償休息、ただし努力義務）

「Ｂ水準」（地域医療確保暫定特例水準）……地域医療提供体制の確保のため
に、特定の医療機関についてＡ水準を超えることを認める。年1860時
間・月100時間＋追加的健康確保措置（連続勤務時間28時間・勤務間イ
ンターバル 9 時間・代償休息、ただし義務）

「Ｃ水準」（集中的技能向上水準）……臨床医や専門研修医の養成、特定の
分野での高度な技能を有する医師の育成のために、特定の医療機関に
ついてＡ水準を超えることを認める。上限時間と追加的健康確保措置
はＢ水準と同じ

しかし、勤務医にだけ特別の長時間労働を許容するような制度改革につい
ては、憲法14条（法の下の平等）、労働基準法 3 条（労働条件についての差別的
取扱の禁止）、憲法25条（健康で文化的な最低限度の生活を営む権利）などに違
反するものであるとの厳しい批判があります。

また、仮に勤務医について例外を認めるとしても、客観的な労働時間の管
理、残業代の不払いの根絶、健康確保措置の厳守などが不可欠であり、長時
間労働の許容だけが一人歩きすることは厳しく戒めなければなりません。

●勤務医等の過労死・過労自殺等についての裁判例

裁判例として、次のようなものがあります。

① 土浦協同病院事件・水戸地裁平成17年 2 月22日判決（判例時報1901号
127頁）　　宿直やオンコール制、土日出勤などにより時間外労働が月
170時間から200時間に及んだ結果、29歳外科医が自殺した事案について
労働災害と認めた。

② 関西医大事件・大阪高裁平成16年 7 月15日判決（労働判例879号22頁）
　　研修医の過労死につき病院の安全配慮義務違反を認め損害賠償（寄
与度減殺15%、過失相殺20%）を命じた。

③ 立正佼成会病院事件・東京地裁平成19年 3 月14日判決（労働判例942号
25頁）　　44歳の小児科医が多数回の宿直勤務等の長時間労働等により

うつ病を発症し自殺した事案について労働災害と認めた。

④　大阪府立病院事件・大阪高裁平成20年３月27日判決（判例時報2020号74頁）　33歳の麻酔科医が死亡前３か月平均で約103時間、６か月平均で約116時間の時間外労働（宿直時の労働時間を含む）の末、急性心機能不全死した事案につき、損害賠償（過失相殺35％）を命じた。

⑤　積善会（十全総合病院）事件・大阪地裁平成19年５月28日判決（労働判例942号25頁）　28歳の女性麻酔科医がうつ病を発症し、心身の健康状態が悪化し、自殺前には自殺をほのめかすメモを残し一時行方不明になるなどの事実があったのに、業務軽減等の措置をとらなかった病院の安全配慮義務違反を認め損害賠償（３割過失相殺）を命じた。

⑥　鳥取大学附属病院事件・鳥取地裁平成21年10月26日判決（労働判例997号79頁）　33歳の大学院生の医師が恒常的な長時間労による過労・睡眠不足に加え、事故当日から当日朝にかけて一昼夜の勤務を続けたのち関連病院に出勤途中の国道で、睡眠不足から居眠り運転した結果大型トラックと正面衝突し死亡した事案につき、過労・睡眠不足は病院の労働時間管理等についての安全配慮義務違反によるものとして損害賠償（６割過失相殺）を命じた。

⑦　公立八鹿病院事件・広島高裁松江支部平成27年３月18日判決（労働判例1118号25頁）　34歳の整形外科医が公立病院に赴任後、月176時間、159時間の長時間労働に加え、直属上司の医師から暴行を含む激しいパワハラを受ける中でうつ病に罹患し、約70日後に自殺した事案で、労働環境の整備やパワハラの是正等をしなかった安全配慮義務違反を認め損害賠償（過失相殺ゼロ）を命じた。

⑧　萩労基署長事件・広島地裁令和元年５月29日判決（労働経済判例速報2390号３頁）　53歳の産婦人科医が長時間労働、連続勤務、部下との対立等によりうつ病を発症し自殺した事案について労働災害を認めた。

Q50　運転業務の負担の過重性は明らかにされている

Q 　夫はタクシーの運転手でしたが、不況で水揚げ（運賃収入）があがらないため、入庫時間を遅らせたり休日勤務する中で、くも膜下出血で死亡しました。夫は生前「運転の仕事はきつい」と口癖のように言っていました。運転の仕事の負担はどのような点にあるのでしょうか。

A ●**運転労働自体の負担**

　タクシー、バス、トラックなどの自動車運転手の過労死は、他の業種と比べて申請件数が比較的多く、多くの労災認定がされています。

　自動車運転労働については、産業医学上、次のような労働負担があることが指摘されています。

　まず、運転労働自体の負担として、次の点があげられます。

① 　運転操作は自動車の移動に伴いさまざまな条件が移り変わっており、天候、渋滞、明暗の条件が刻一刻と変化する中で、一瞬も目を離せない連続的制御を要する作業をしており、持続的な精神的緊張という負担を強いられる。

② 　運転席などの狭い物理的空間に強く拘束されており、固定した座位姿勢を保持しなければならないうえ、操作制御パターンは同じ状況の繰り返し的要素も持っている。生理的・心理的拘束と、単調労働に起こりやすい飽和感と、それによる眠気との葛藤など、強いストレスと長時間の姿勢維持のための筋疲労を来しやすい。

③ 　日照、振動、騒音、暑熱、寒冷など、周辺環境の変化の影響を受けやすいうえ、不測の事故の危険性、すなわち生命の危険性を意識しながら走行しており、肉体的・精神的ストレスによる疲労は極めて大きい。

141

●運転手の労働条件からくる負担

さらに自動車運転手の労働条件の面からの負担として、次の点があげられます。

① 不規則、深夜の乗務が多く、深夜交替制労働において述べた負担が加わり、家庭での休息も家族の生活パターンと合わず、劣化したものになる。

② 長時間乗務が多く、休憩も短縮あるいは欠如することが多い。

③ 乗客や積荷を定刻どおりに安全・適切に輸送することについての責任が、運転手個人にかかることでの心理的重圧がある。

④ タクシー、トラックでは歩合給制度が多く導入されており、ノルマに追われて、無理な長時間、長距離運転に従事する。

●綿密な調査の必要性

以上のように、運転労働自体の過重性の特性は、科学的・社会的に明らかにされているので、認定にあたっては、できる限り具体的な事実を明らかにすることが重要です。運転日報、タコグラフなどは必ず入手し、走行距離、走行場所、走行時間、道路状況など、できる限り運転の状況を詳しく再現するように努力しましょう。

「自動車運転者の労働時間等の改善のための基準」（平成元年 2 月 9 日労働省告示第 7 号、その後数次にわたって改正）はタクシー・バス・トラック等の運転手の運転労働について、最大拘束時間、最大運転時間、休息時間等についての基準を定めています。多くの判例は、この基準を逸脱した運転業務が日常的に行われていれば業務上と判断しています（釧路地裁平成 8 年12月10日判決〔帯広労基署長（梅田運輸）事件〕労働判例709号20頁、福岡高裁平成 7 年 1 月26日判決〔佐賀労基署長（蓮池タクシー）事件〕労働判例679号81頁、広島高裁岡山支部平成16年12月 9 日判決〔岡山労基署長（東和タクシー）事件〕労働判例889号62頁など）。

●認定基準の活用

認定基準は、「不規則な勤務」「交代制勤務」「深夜勤務」「拘束時間の長い勤務」「休日のない連続勤務」「心理的負荷を伴う業務」等について、業務の過重性の具体的評価にあたっては十分検討することとしています。

これらの負荷要因は、運転労働にも共通しています。これらの質的過重性も強調しましょう。

Q51　短期間の過重業務による過労死とは

　　私の弟（23歳）は、仕事は大変でしたが時間外労働は１日２時間程度でした。ところが、10日以内にやりあげなければならない仕事が急に入り、10日間の間、連日深夜までの残業や土・日出勤を余儀なくされ、最終日の朝、布団の中で亡くなっていました。病名は急性心筋梗塞だったとのことです。これは、労災として認められないのでしょうか。

●短期間の過重業務

　「短期間の過重業務」とはQ17で説明をしたとおりで、過労死の認定基準の３つの認定要件（①長期間の過重業務、②短期間の過重業務、③異常な出来事。Q13参照）のうち②の短期間の過重業務に該当し（Q17参照）、「発症に近接した時期において、特に過重な業務に就労」した場合をいいます。

　「発症に近接した時期」というのは、「発症前おおむね１週間」をいいます。発症前おおむね１週間より前の業務については、原則として長期間の負荷として評価することになりますが、発症前１か月間より短い期間のみに過重な業務が集中し、それより前の業務の過重性が低いために、長期間の過重業務とは認められないような場合には、発症前１週間を含めた当該期間に就労した業務の過重性を評価し、それが特に過重な業務と認められるときは、「短期間の過重業務」に就労したものと判断されます。

　したがって、ご質問のケースでは、発症前10日間の業務の過重性が問題となっていますので、「短期間の過重業務」に就労したものとして、過重性を検討することになります。

●過重性の判断方法

　過重性の判断材料（負荷要因）としては、ⓐ労働時間、ⓑ勤務時間の不規則性（拘束時間の長い勤務、休日のない連続勤務、勤務間インターバルが短い勤

務、不規則な勤務・交代制勤務・深夜勤務）、ⓒ事業場外における移動を伴う業務（出張の多い業務等）、ⓓ心理的負荷を伴う業務、ⓔ身体的負荷を伴う業務、ⓕ作業環境（温度環境、騒音）があげられており、これらを総合的に判断することとされています。

●ご質問のケース

　ご質問のケースでは、発症前10日間における質的、量的な負荷要因を詳細に検討する必要があります。具体的には、①労働時間はどうだったか（1日毎の始業・終業時刻と労働時間、休憩時間、休日出勤など）、②心理的負荷を伴う業務として、納期の厳格性、達成の困難性、ペナルティの有無、それに伴う顧客等とのトラブル、職場での支援の有無、などを検討する必要があるでしょう。連日深夜まで休日もなく勤務していたとのことですので、認定される余地は十分あると思います。

Q52　過労状態におけるアクシデントも過労死の原因となる

　　夫は、タクシー運転手をしているのですが、乗客を乗せて運転中に突然脳梗塞を発症して倒れ、重い後遺障害が残りました。発症する前 1 週間は長時間の勤務が続いていて、乗客の話では、発症する直前に、駐車中の車の間から突然歩行者が飛び出してきて、びっくりして急ブレーキをかけた後、意識を失ったとのことです。このような場合でも労災になるのでしょうか。

●「過重負荷」の内容

　　脳・心臓疾患に関する認定基準は、これまでも述べてきたとおり、業務によって自然状態と異なる過重な負荷があることが必要です。

　　ここにいう過重負荷の内容として認定基準があげているのは、「長期間の過重業務」「短期間の過重業務」「異常な出来事」の 3 つの場合です。これらの具体的な内容については Q14 〜 Q18 を参照してください。

　　ご質問の場合は、特に過重な業務に就いていて、かつ突発的な異常な出来事があったといえる場合ですから、「短期間の過重業務」と「異常な出来事」についての事実を丁寧に調べておく必要があります。

　　「異常な出来事」という要件は、血圧を急激に上昇させるようなケースを指していますので、基礎疾病があるような場合でも、こうした出来事が脳出血の発症の引きがねとなったといえるのであれば、業務に起因した発症という判断は医学的にも認めやすいはずです。

　　しかし、行政の判断には、運転中の歩行者の飛び出しは、予測できる出来事であるから、ベテラン運転手の場合、異常な出来事にあたらないという判断がみられます。飛び出しによるある程度の精神的動揺は否定できないとしても、事故に至らなかったのだから、過重な肉体的・精神的負荷ではないというのです。しかし、ベテラン運転手でも、急な飛び出しは血圧を急激に上昇させる出来事であり、運転していればよくあるから異常な出来事とは言い

難いというのはおかしな理屈です。

●総合的にみて過重な負荷

　認定基準では、その事実単独では異常な出来事と評価するのは難しい事例であっても、それまでの長時間労働によって過労状態にあったことなど、過重性を裏づける複数の要因の重複によって、総合的に業務上特に過重な負荷があったどうかが検討されることになります。そのため、発症直前の突発的な出来事のみならず、日常業務の過重性も十分に調査する必要があります（Q13の専門検討会報告書の図を参照）。

●通勤途上における過労運転による損害賠償請求に関する裁判例

　なお、過労状態が原因となって通勤途上で居眠りや注意力低下により事故が発生した場合、勤務先である会社等に対する損害賠償請求が認められる可能性があります。

　国立大学の大学院生医師が自動車を運転し、関連病院に向かう途中に出勤途中で交通事故を起こして死亡したケースにおいて、その原因が過労による居眠り運転であると認められたことにより、勤務先である大学病院に対する損害賠償が認められた事例（6割過失相殺）があります（鳥取地裁平成21年10月16日判決〔鳥取大学附属病院事件〕労働判例997号79頁）。

　また、勤務先会社からの帰宅途中に単独バイク事故を起こして死亡したケースにおいて、その原因が過労による居眠り運転であると認められたことにより、裁判所が勤務先会社の損害賠償義務を認めて遺族に対する謝罪等を約束させるという内容の和解勧告をするとの決定がされた事例もあります（横浜地方裁判所川崎支部平成30年2月8日決定〔グリーンディスプレイ（和解決定）事件〕労働判例1180号6頁）。

Q53　救命・治療の機会が奪われた場合でも労災認定される

トラック運転手である私の夫は、貨物を納品先に運ぶ途中で頭痛や吐き気が生じました。付近に病院もなく無線も通じず納品時刻も迫っていたので、無理をして運転を続けたところ、くも膜下出血で死亡しました。労災として認定されるでしょうか。

●最高裁判決の事案と内容

乗務中に直ちに休養や治療をすれば救命しうる体調の不調が生じたにもかかわらず、業務上の理由で、その機会を得ることができなかったため、症状が増悪して死亡に至った場合は、業務上と認められる場合も少なくありません。

この点につき、最高裁判所は、公立高校の体育教師が労作型の不安定狭心症を発症した後、入院治療等をせずに公務を続け、心筋梗塞により死亡した事案で、「労作型の不安定狭心症の発作を起こしたにもかかわらず、直ちに安静を保つことが困難で、引き続き公務に従事せざるを得なかったという、公務に内在する危険が現実化したことによるものとみることが相当である」として、公務災害を認めた原判決を維持しました（最高裁判決平成8年1月23日〔町田高校事件〕判例時報1577号58頁）。

このように、発症そのものについては、必ずしも業務上の過重負荷によるかどうかが不明であったとしても、発症後、業務の性質や環境や当日の状況などから、救命や治療の機会が奪われたり、業務を継続せざるを得なかった結果、急速に症状が悪化し、死亡、あるいは重篤な状態となった場合についても、業務上と判断されるケースがあります。

●裁判所の判断

肺炎を罹患していた工場調理師が体調不良にもかかわらず、夜勤勤務中に急性肺炎で死亡した事件についての判決があります。判決は、同年齢、同等

の経験を有する健康な同種業務に従事する労働者を基準とすると、業務自体は過重勤務にあたるとまではいえないが、被災者の肺炎の症状は重篤なものであり、その治療には、入院・自宅療養を含めて相当の日数を要するものであったにもかかわらず、死亡直前の五日間の夜勤の交代を申し出ることは客観的に困難な状況にあったとして、その業務によって自然的経過を越えて増悪した疾病による死亡であるとして労災と認めました（大阪高裁平成12年11月21日判決・労働判例800号15頁）。本人が申し出れば休むことができたはず、という抽象的な認定ではなく、過去の当番交代のシステムが有名無実化していたとした本判決の事実認定手法に沿えば、より救済の枠は広がるものと思います。

　また、残業時間は30時間未満であるが、海外出張が続き帰国後数日で国内の業務についている間にくも膜下出血の前駆症状があったと認められる事案について、「被災者がくも膜下出血を発症した当時、同人の解離性動脈瘤の基礎的な血管病態が、その抱える個人的なリスクファクターのもとで自然の経過により、一過性の血圧上昇等でいつくも膜下出血が発症してもおかしくない状態まで増悪していたとみるのは困難であり、むしろ、被災者はフィリピンやインドネシアでのほぼ連続した出張業務に従事し疲労が蓄積した状態であったところ、インドネシアから帰国後ほとんど日を置かず東京△△でのリワーク作業に従事せざるを得ず、かつ、その業務に従事中、解離性動脈瘤の前駆症状の増悪があったにもかかわらず、業務を継続せざるを得ない状況にあったものであり、それらのことが上記基礎的疾患を有する被災者に過重な精神的、身体的な負荷を与え、上記基礎的疾患をその自然の経過を超えて増悪させ、その結果、解離性脳動脈瘤の破裂によるくも膜下出血が発症するに至ったとみるのが相当である」として、被災者のくも膜下出血の発症とその死亡に業務起因性を認めた裁判例があります（東京高裁平成20年5月22日判決〔セイコーエプソン事件〕判例時報2021号116頁）。

Q54　酒・タバコ等の有害因子があっても労災認定される

　　私の夫（当時45歳）は、町工場で働いていましたが、連日の長時間労働の中で脳梗塞を発症して亡くなりました。労災申請をしたいのですが、夫は1日2箱くらいタバコを吸い、またお酒も結構飲んでいました。周囲の人たちは、「あれだけタバコも酒もやっていたんだから自業自得で、自己責任ではないか」といいます。このような場合は、労災にはならないのでしょうか。

●脳・心臓疾患における危険因子（リスクファクター）とは

　脳・心臓疾患は、主に加齢、食生活等の日常生活による諸要因等の負荷により、長い年月の生活の営みの中で徐々に血管病変等が形成、進行および増悪するといった自然経過をたどり発症するもので、その発症には、高血圧、飲酒、喫煙、高脂血症、肥満、糖尿病等のリスクファクターの関与が指摘されており、特に多数のリスクファクターを有する者は、発症のリスクが高いとされています。

　このため、認定基準では、業務起因性の判断に当たっては、脳・心臓疾患を発症した労働者の健康状態を把握して、基礎疾患等の程度を十分検討する必要があるとされています（令和3年9月14日基補発0914第1号、巻末資料〔資料2〕。以下、「留意点通達」といいます）。

●各危険因子における有害性の程度

　上記の危険因子の有害性の程度は、脳疾患と心臓疾患でも異なり、また強弱に違いがありますので、注意が必要です。

　「脳・心臓疾患の認定基準に関する専門検討会報告書」（平成13年11月）では、リスクファクターについて以下のように整理されています。

〈図表18〉　脳疾患のリスクファクター

	年齢	高血圧	飲酒	喫煙	高脂血症	肥満	糖尿病
脳出血	＋	＋＋＋	＋＋	＋	－	＋	＋
脳梗塞	＋＋	＋＋	＋	＋＋	＋	＋	＋＋

(注)　＋＋＋＝特に強い関係、＋＋＝強い関係
　　　＋＝関係がある、－＝負の要因がある。

〈図表19〉　虚血性心疾患のリスクファクター

	年齢	高血圧	飲酒	喫煙	高脂血症	肥満	糖尿病
虚血性心疾患	＋＋	＋＋	－～＋	＋＋	＋＋＋	＋	＋～＋＋

(注)　＋＋＋＝特に強い関係、＋＋＝強い関係
　　　＋＝関係がある、－＝負の要因がある。

●重要なのは「業務の過重性」

　もっとも、留意点通達では、「認定基準の要件に該当する事案については、明らかに業務以外の原因により発症したと認められる場合等の特段の事情がない限り、業務起因性が認められるものである」とされていることから、業務の過重性が認められれば、原則として上記のリスクファクターがあっても業務起因性が認められることになっています。

●ご質問のケース

　上記の表のとおり、喫煙と飲酒は脳梗塞のリスクファクターとされており、また高血圧や糖尿病の有無についても検討する必要がありますが、上記のように、認定基準の要件に該当する業務の過重性が認められる場合は、原則として業務起因性が認められることになっていますので、決してあきらめるべきではありません。私たちが担当した事案でも、認定基準に該当する長時間労働が認められるにもかかわらず高血圧や喫煙等を理由に業務外とされたものは、皆無です。

●裁判例

　裁判所は、くも膜下出血で死亡する前に休日労働時間を含め 1 か月100時間を超える時間外労働を行っていたケースにおいて、晩酌として缶ビール350ml を 1 本と日本酒コップ 7 分目または缶ビール 2 本を毎日飲んでおり、 1 日20本以上の喫煙をしていたという危険因子等があったとしても、業務起因性を肯定して労働災害を認めました（宇都宮地裁平成15年 8 月28日判決〔栃木労基署（レンゴー）事件〕労働判例861号27頁）。

　なお、民事裁判では、過失相殺（素因減額）が問題になりますが、くも膜下出血で死亡する前の 6 か月間に長時間労働に従事していたというケースにおいて、 1 日当たり 5 、 6 本程度の喫煙および 1 週間に 5 日・ 1 日当たり 1 合未満の飲酒をしていたとしても、勤務先会社の損害賠償責任を認め、過失相殺の適用を否定しています（和歌山地裁平成27年 8 月19日判決〔社会福祉法人和歌山ひまわり会ほか事件〕労働判例1136号109頁）。また、自宅で就寝中に心室細動を発症し低酸素脳症となった事例では、発症直前に月100時間をゆうに超える時間外労働に従事していたものの、 1 日約20本程度の喫煙をしていたこと等の理由から、健康管理に対する姿勢が必ずしも熱心ではなかったとして、勤務先会社の損害賠償責任は認められましたが、 2 割の過失相殺が肯定されています（鹿児島地裁平成22年 2 月16日判決〔康正産業事件〕労働判例1004号77頁）。

Q55　二つの会社で兼業している場合

　　私の夫（43歳）は、Ａ社（印刷会社）で正社員として勤務（月額20万円）していましたが、Ｂ社（ガソリンスタンド）でもアルバイトとして働いており（時給1000円）、Ｂ社での業務中にくも膜下出血で倒れて亡くなりました。Ａ社での月の時間外労働は毎月60時間程度ですが、Ａ社での仕事を終えたあとに、Ｂ社で週３日夜間に４時間程度の仕事をしていました。Ｂ社では時間外労働がありませんので、労働災害が認められることはないのでしょうか。

●令和２年９月１日から改正労災保険法が施行

　　Q19で説明したとおり、改正された労災保険法が施行されたことにより、二つの会社で兼業している方（複数事業労働者といいます）については、改正された労災保険制度が適用されることとなりました。

　これにより、一つの事業場だけでは労災と認められない場合であっても、事業主が同一でない複数の事業場の業務上の負荷（労働時間や心理的負荷等）を総合的に評価して労災認定がされることになりました（あくまでも、令和２年９月１日以降に発生したけがや病気等についてのみ対象とされており、令和２年９月１日以前に発生したけがや病気等については、改正された労災保険法の適用はありません）。

　そのため、一つの事業場での時間外労働だけでは認定基準を満たさないようなケースであっても、二つの事業場の労働時間を合算して認定基準を満たす場合は、労働災害と認められる可能性があります。

●ご質問のケース

　Ａ社での仕事を終えたあとに、Ｂ社で週３日夜間に４時間程度の仕事をしていたとのことですから、Ａ社での時間外労働とは別に少なくとも毎月48時間程度（４時間×３日×４週）の労働を行っていたことになります。この場合、

二つの会社の労働時間を合算して考えると、月の時間外労働時間が約108時間に達していますので、認定基準を満たしていることとなり、労働災害として認められることになります。

●保険給付額

　これまでは、労働災害が発生した事業場のみの賃金額を基礎として保険給付が支給されていましたが、改正された労災保険制度の適用により、複数事業労働者について労働災害が認められた場合は、すべての事業場の賃金額を合算した額を基礎として保険給付が支給されることになりました。

　今回のケースでは、A社での月額20万円と残業代、B社での月額4万8000円（時給1000円×月48時間程度）を合わせた合計金額を基礎として保険給付額を算定することになります。

Q56　うつ病にり患したあとに心臓疾患を発病した場合

　　私の父は、自動車部品販売会社で作業員として勤務していまし
たが、長時間労働（死亡１か月前の時間外労働時間は86時間）が原
因で虚血性心疾患により死亡しました。父は、数年前からうつ症
状を抱えており、亡くなる直前にもうつ病による影響のために１
日５時間程度の睡眠しか確保できていませんでした。このような
場合でも、労災として認められる可能性はあるでしょうか。

●長時間労働と睡眠不足

　　平成13年11月の「脳・心臓疾患の認定基準に関する専門検討会
報告書」によれば、長時間労働による疲労の蓄積に睡眠不足が深くかかわっ
ており、長期間にわたる１日４〜６時間以下の睡眠不足状態は脳・心臓疾患
の有病率・死亡率を高める報告があるとされており、１日６時間程度の睡眠
が確保できない状態が１か月継続した場合としては、おおむね80時間を超え
る時間外労働が想定され、１日５時間程度の睡眠が確保できない状態が１か
月継続した場合としては、おおむね100時間を超える時間外労働が想定され
ます。このような考え方は、令和３年７月の専門検討会報告書（Q12参照）
にも踏襲されており、長時間労働によって睡眠不足が生じた場合、脳・心臓
疾患を発症するリスクが高まると考えられています。

●裁判例

　裁判例では、今回のケースと類似の事案について、発症前１か月間の時間
外労働が約86時間であること等について業務による過重性を認めたうえで、
被災者の労働負荷の程度に関して「発症前１か月間において、うつ病にり患
していない労働者が100時間を超える時間外労働をしたのに匹敵する過重な
労働負荷を受けたものと認められる」、「被災者は、過重な時間外労働を余儀
なくされ、それにうつ病による早期覚醒の症状が加わって更に睡眠時間が１

日5時間に達しない程度にまで減少したことにより、血管病変等その自然経過を超えて著しく増悪し、その結果心停止に至ったものと認められるところ、上記のとおりその時間外労働の時間数のみを捉えても脳・心臓疾患に対する影響が発現する程度の過重な労働負荷であったことからすれば、被災者が心停止に至ったことについては、過重な時間外労働が主要な要因であったものというべきであり、上記の時間外労働と心停止との間に相当因果関係を認めることができる」と判示し、被災者の心臓疾患が労災に該当することを認めました（名古屋高裁平成29年2月23日判決〔国・半田労基署長（テー・エス・シー）事件〕労働判例1160号45頁）。

　したがって、被災者自身が私病であるうつ病に罹患しており、それが原因で睡眠不足に陥っていたという事情があったとしても、労働災害として認められる可能性は十分にあるといえます。

Q57　脳内出血を発症したのちに自殺をした場合

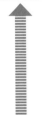

　　私の夫は、電子機器の保守点検サービスを行う会社でサービスマンとして働いていましたが、長時間労働（1か月平均140時間）が原因で脳内出血を発症し、その後の休業中に精神疾患を発病して自殺しました。夫は、脳内出血を発症したことで半身不随の状態となり、会社に復職することができなかったために自殺を図ったのです。長時間労働が直接の原因となって自殺したわけではありませんが、労災として認められるでしょうか。

●後遺障害の程度等によっては、労働災害として認められる

　被災者は自殺する前に脳内出血を発症していますが、脳内出血そのものが業務上の疾病と認められるのであれば、脳内出血による後遺症（半身不随）が残存したという出来事自体を、具体的出来事としてとり上げることになります。

　すなわち、ご質問の事例では、出来事の類型として「事故や災害の体験」、具体的出来事として「（重度の）病気やケガをした」に該当するため、後遺障害の程度や社会復帰の困難性を考慮し、心理的負荷の程度について「強」と認められる可能性が高いといえます。

　また、後遺障害の程度によっては、「永久労働不能となる後遺障害を残す業務上の病気をした」に該当するとして、心理的負荷が極度のものである「特別な出来事」に該当する可能性もあります。

　したがって、ご質問の事例では、被災者の受けた業務による心理的負荷の強度について「強」と判断される可能性が高いと認められますので、労災として認められると考えられます。

●会社に対する損害賠償

　今回のケースでは、被災者には、精神障害を発病させるおそれのある程度の業務上の心理的負荷があったと考えられますので、被災者が死亡したことについて、会社に対して、安全配慮義務違反を理由とする損害賠償請求をすることも可能です。

　ご質問の事例と類似する裁判例（横浜地裁平成26年9月25日判決・判例集未掲載）では、会社に対する損害賠償請求が認められただけでなく、会社の役員らに対する損害賠償請求も認められています。会社の役員らは、会社が適宜適切に安全配慮義務を履行することができるように業務執行するべき義務（善管注意義務）を負っています。そのため、会社の役員らが、そのような善管注意義務を懈怠したことによって労働者が死亡するに至った場合は、役員としての個人責任を負うこととなり、損害賠償が認められることになります（会社法429条1項）。

コラム 6　過労死・過労自殺の多い職種

　過労死等（脳・心臓疾患および精神障害）の職種別労災補償状況は、毎年厚生労働省のホームページで公開されています。令和元年度、令和２年度の過労死等の請求件数・支給決定件数で多い職種は以下のとおりです（下記〔表〕）。

　脳・心臓疾患については、自動車運転従事者の請求件数・支給決定件数が多く、長年にわたりこの傾向が続いています。私たちのもとには、このような職種の他、営業職、SE、教師、医療従事者、公務員等、さまざまな職業の方からの相談が寄せられています。

　また、2021年7月に改定された過労死等防止対策大綱では、過労死・過労自殺が多く発生している職種・業種として、①自動車運転従事者、②教職員、③IT産業、④外食産業、⑤医療、⑥建設業、⑦メディア業界を挙げて、所定外労働の発生や人員不足の現状、業務関連ストレスの状況など、職種・業種等に特有の課題を明らかにしています。また、これらに限らず、音楽や映画、演劇等の芸術・芸能分野のように、長時間労働の実態があるとの指摘がある業態等については、社会情勢の変化に応じて調査研究の対象に追加していく必要がある、としています。

　過労死・過労自殺はあらゆる業種・職種で発生していますが、特にこれらの重点業種・職種については、業界全体の構造的な問題や、業務の性質からくるストレスの特性を解明し、過労死・過労自殺の予防と救済に役立てていく必要があります。

〔表〕　脳・心臓疾患の請求・支給決定数の多い職種

令和２年度

	請求件数（784件）		支給決定件数（277件）	
1	自動車運転従事者	137	自動車運転従事者	58
2	その他の保安職業従事者	46	商品販売従事者	19
3	運搬従事者	46	建設・土木・測量技術者	14

令和元年度

	請求件数（936件）		支給決定件数（684件）	
1	自動車運転従事者	177	自動車運転従事者	67
2	商品販売従事者	51	法人・団体管理職員	15
3	一般事務従事者	47	飲食物調理従事者	14

精神障害の請求・支給決定件数の多い職種

令和2年度

	請求件数（2051件）		支給決定件数（608件）	
1	一般事務従事者	323	一般事務従事者	57
2	介護サービス職業従事者	136	保健師、助産師、看護師	45
3	保健師、助産師、看護師	127	介護サービス職業従事者	37

令和元年度

	請求件数（2060件）		支給決定件数（509件）	
1	一般事務従事者	339	一般事務従事者	49
2	介護サービス職業従事者	141	自動車運転従事者	36
3	商品販売従事者	123	商品販売従事者	33

第5章

企業責任の追及

Q58　企業責任を追及する意義

　　過労死・過労自殺で労災認定を受けるのとは別に、企業責任を
追及する意義について説明してください。

●遺族の救済

　　労災保険制度に基づく補償（過労死・過労自殺の労災認定に基づ
く給付）においては、規定による金額が一時金や年金の形で支払われますが、
被災者の被った全損害が補償されるわけではなく、また、慰謝料も含まれま
せん。したがって労災保険でカバーされない部分は、直接会社に請求するこ
とになるわけです。

　　このように企業責任追及の重要な意義として、遺族の救済があげられます。

●企業責任の明確化

　　それと並んで重要な意義は、企業としての責任の明確化にあるといえま
す。Ｑ５で述べたとおり、労働基準監督署の労災認定は、当該労働者の死亡
と業務（働きすぎ）との間に因果関係があったことを認めるだけで、企業の
責任（過失）を前提としていません。過労死を発生させた企業の責任を認定
したものではないわけです。また、労災補償は国の労災保険財政からなさ
れ、過労死を出した企業は懐が痛みません。

　　そのため、企業によっては、「会社は知らない」、「本人が勝手に働いただ
け」などと言い出す場合もあります。そのような場合に、なぜ過労死が発生
したのか、その責任の所在はどこにあるのかを明確化させるための重要な手
段が、企業責任追及という方法です。

●再発防止・労働条件向上等

　　企業責任の追及によって、企業の責任を明らかにし、損害賠償という痛み

を与えることによって、その企業に再び過労死を出させないという動機づけをさせることになります。

　また、会社との示談交渉や民事訴訟での和解交渉では、金銭賠償に加えて、倒れた労働者や遺族への謝罪、再発防止の約束をさせる例も多くあります。

●社会全体や労働行政への影響

　過労死を出すと企業自身が責任を問われるということが一般的になれば、当該企業にとどまらず、同じ業界、さらには社会全体に対して、過労死・過労自殺が起きるような働かせ方をしてはいけない、労働行政はきちんと監督しないといけないといったコンセンサス（社会的合意）ができていくことにもつながります。

　このように、企業責任追及の意義は極めて大きいものといえます。

●社長・取締役・上司の責任追及も

　全社的に労働時間管理体制が不備であったため、長時間労働が生じたり、それを是正する措置がとられていない会社も少なくありません。会社のトップは社員の心身の健康を守るべき職責を有するのに、これを著しく怠ったため社員が過労死したときには、会社法429条に基づき、社長はじめ取締役個人に対し損害賠償責任を追及することもできます（Q60参照）。

　また、上司個人に対して不法行為責任を追及することも可能です。

Q59　損害賠償を請求するための法律上の要件

　　労働者が過労死や過労自殺した場合、相続人である遺族が会社などに対して損害賠償を行うには、どのような法律上の根拠に基づいて行うことができるのでしょうか。

●損害賠償の種類

　　過労死や過労自殺の遺族が会社などに対して損害賠償を請求する場合、法律的な構成として、不法行為責任に基づく損害賠償請求（民法709条・715条）、債務不履行責任に基づく損害賠償請求（民法415条）などがあります。

●不法行為責任に基づく損害賠償請求

　不法行為責任に基づく損害賠償請求の場合、①故意・過失（注意義務違反）、②損害の発生、③①と②との間に相当因果関係が認められることなどが要件となります。

　不法行為責任に基づく損害賠償請求において、最も重要な判決といえるのが、電通過労自殺最高裁判決（最高裁平成12年3月24日判決〔電通事件〕判例タイムズ1028号80頁）です。

　電通過労自殺最高裁判決では、「労働者が長時間にわたり業務に従事する状況が継続するなどして、疲労や心理的負荷等が過度に蓄積すると、労働者の心身の健康を損なう危険性があることは、周知のところである」ことを前提にして、「使用者は、その雇用する労働者に従事させる業務を定めてこれを管理するに際し、業務の遂行に伴う疲労や心理的負荷等が過度に蓄積して労働者の心身の健康を損なうことがないよう注意する義務を負うと解するのが相当であり、使用者に代わって労働者に対し業務上の指揮監督を行う権限を有する者は、使用者の右注意義務の内容に従って、その権限を行使すべきである」と判示しています。

●債務不履行責任に基づく損害賠償請求

　債務不履行責任に基づく損害賠償請求の場合、法律上の要件として、①会社やその履行補助者（上司や労務管理者など）の安全配慮義務違反、②発症による死亡等の損害の発生、③安全配慮義務違反と発症による死亡との間に相当因果関係が認められることなどが必要となります。

　安全配慮義務は、平成20年3月1日に施行された労働契約法5条において、「使用者は、労働契約に伴い、労働者がその生命、身体等の安全を確保しつつ労働することができるよう、必要な配慮をするものとする」と規定され、法律上明文化されました。

　もっとも、労働契約法が施行される前から、判例上、安全配慮義務は、「ある法律関係に基づいて特別な社会的接触の関係に入つた当事者間において、当該法律関係の付随義務として当事者の一方又は双方が相手方に対して信義則上負う義務」（最高裁昭和50年2月25日判決〔陸上自衛隊八戸車両整備工場事件〕判例時報767号11頁）として認められていました。

　また、電通過労自殺最高裁判決は不法行為責任に基づく損害賠償請求について判示したものですが、安全配慮義務における注意義務でも同じ内容が判例では認められています。

●不法行為責任に基づく損害賠償請求と安全配慮義務に基づ　く損害賠償請求との関係

　不法行為責任に基づく損害賠償請求と安全配慮義務に基づく損害賠償請求は、いずれか一方のみ主張することも、両方主張することができます。

　なお、時効となる期間は、令和2年4月1日の改正民法の施行後は不法行為責任では損害および加害者を知った時から5年、損害発生から20年、安全配慮義務では債権者が権利を行使することができることを知った時から5年、損害発生から20年となります（Q64参照）。

Q60　損害賠償の相手方(1)──一般の場合

労働者が過労死や過労自殺をした場合、誰に対して損害賠償を請求できるのでしょうか。

●労働者と直接雇用関係にある会社や個人事業主

労働者と直接雇用関係にある会社や個人事業主は、安全配慮義務（注意義務）違反が認められる場合、損害賠償の支払義務を負います。

したがって、労働者が過労死や過労自殺に追い込まれた場合、相続人である遺族は、労働者と直接雇用関係にある会社や事業主を損害賠償請求の相手方とすることができます。

●元請企業

建設業界などでよくみられる事例ですが、元請企業が複数の下請企業に対して仕事を下請けする場合があります。

このような場合、下請企業の労働者と元請企業との間には直接の雇用関係が存在しないため、下請企業の労働者は元請企業に対して損害賠償を請求できないようにも思えます。

しかし、最高裁判所は、「下請企業の労働者が元請企業の作業場で労務の提供をするに当たり、元請企業の管理する設備、工具等を用い、事実上元請企業の指揮、監督を受けて稼働し、その作業内容も元請企業の従業員とほとんど同じであったなど原判示の事実関係の下においては、元請企業は、信義則上、右労働者に対し安全配慮義務を負う」（最高裁平成 3 年 4 月11日判決・判例タイムズ759号95頁）と判示しています。

したがって、下請企業の労働者が過労死や過労自殺に追い込まれた場合、相続人である遺族は、指揮、監督をしていた元請企業に対して、損害賠償を請求することができます。

●会社の取締役個人

　会社の取締役は、労働者の心身の健康が損なわれないよう、小規模会社であれば労働者の労働時間等を自ら管理する義務を、自ら管理できない大会社であればそのために適正な労働時間管理体制を構築する義務を取締役の任務として有しています。悪意または重過失でこの任務を怠ったため長時間労働が生じ、過労死・過労自殺が発生したときは、取締役は個人として、会社と連帯して損害賠償義務を負います（会社法429条）。

　判例は、小規模会社の労働者が過労死した事件において、勤務会社のみならず、その代表取締役個人に対しても、会社法429条の前身である旧商法266条の３に基づき、会社と連帯して損害賠償責任を認めています（大阪高裁平成19年１月18日判決〔おかざき事件〕判例時報1980号74頁）。また、一部上場会社の社長を含む取締役につき、適正な労働時間管理体制を構築することを著しく怠り、その結果生じた長時間労働を是正しなかった責任を認め、会社法429条に基づく損害賠償請求を認めた判決も下されています（大阪高裁平成23年５月25日判決〔大庄ほか事件〕労働判例1033号24頁）。

　したがって、労働者が過労死や過労自殺した場合、遺族は会社のみならず、その発生について重大な任務懈怠が認められる取締役も損害賠償の相手方とすることができます。

●上司個人

　上司や同僚が労働者に対してパワーハラスメントやセクシュアルハラスメントを加えるなど、過労死または過労自殺に関与したといえる場合は、上司個人も民法上の不法行為責任を負います。

　したがって、労働者が過労死や過労自殺した場合、不法行為責任を負う上司個人を損害賠償請求の相手方にすることができます。

Q61　損害賠償の相手方(2)——派遣・請負の場合

　　派遣労働者が過労死や過労自殺に追い込まれた場合、どのような相手方に対して損害賠償を請求することができるのでしょうか。
　　また、いわゆる偽装請負がなされている場合は、どのような相手方に対して損害賠償が請求できるのでしょうか。

　　派遣労働者は、労働者派遣法に禁止された違法派遣であると否とにかかわらず、派遣元に雇用されたうえで派遣先へ派遣され、直接の雇用関係のない派遣先の指揮監督命令の下に業務に従事させられることになります。そのため、派遣労働者は不安定な地位に置かれやすく、かつ、派遣先は労働者を直接雇用する場合と比較して、労働者の就労状況等に配慮せず、過重な労働を行わせがちになります。

　判例は、派遣労働者が、違法派遣の状態のまま、深夜交替制勤務、クリーンルームでの作業、長時間・休日労働に従事させられた事案について、派遣先のみならず、派遣元についても、「労働者派遣業を行う者は、派遣労働者を派遣した場合、当該派遣労働者の就業の状況を常に把握し、過重な業務等が行われるおそれがあるときにはその差し止めあるいは是正を受役務者に求め、また、必要に応じて当該派遣労働者についての労働者派遣を停止するなどして、派遣労働者が過重な業務に従事する事などにより心身の健康を損なうことを防止する義務を負う」と判示し、派遣先・派遣元の両方に安全配慮義務違反を認定しました（東京高裁平成21年7月28日判決〔ニコン・アテスト事件〕労働判例894号21頁）。

　　したがって、派遣労働者が過労死や過労自殺した場合、派遣先と派遣元の両方に損害賠償を請求することができ、この結論は、違法派遣の場合であっても同じです。

Q62　損害賠償の内容

会社などに損害賠償を請求する場合、損害賠償の具体的な内訳について教えてください。

損害賠償の具体的内容としては、逸失利益、慰謝料、弁護士費用、遅延損害金などがあげられます。

●逸失利益

逸失利益とは、過労死や過労自殺がなければ得られたであろう将来の収入等の利益を意味し、原則として、基礎収入から中間利息と生活費を控除した金額となります。中間利息控除（将来発生するはずであった給与収入を、損害賠償として前払いしてもらうことになるために、法定利率による運用利益分を控

〈図表20〉　死亡した場合の逸失利益額計算例
注：令和2年4月1日以降。それより以前はライプニッツ係数が異なる。

〔例1〕　男性40歳、年収650万円、3人家族の労働者の場合
　　　650万円（基礎収入）
　　　　　×18.327（67歳までの27年間のライプニッツ係数）
　　　　　×70％（生活費控除率30％）
　　　＝6662万5650円
〔例2〕　男性25歳、年収300万円（ただし、賃金センサスの男性全年齢の平均給与額は480万円）、独身の労働者の場合
　　　480万円（基礎収入）
　　　　　×23.701（67歳までの42年間のライプニッツ係数）
　　　　　×50％（生活費控除率50％）
　　　＝4181万5200円
　　　　※判例の多くは、30歳未満の若年者について、実年収より賃金センサスの前記額のほうが高いときは、それを基礎収入として算定しています。

除すること）は、令和2年4月1日の民法改正後に死亡した事案では当面年3％、それ以前の事案では年5％の割合で中間利息を控除し、その方式は一般的にライプニッツ方式によります。生活費控除は、労働者が一家の支柱であれば30％、その他であれば50％くらいが目安とされています。

また逸失利益の具体的な計算例は〈図表20〉のようになります（なお事案に応じて実際の損害額とは異なる場合もあります）。

●慰謝料

次に、慰謝料は、死亡に対する労働者自身の精神的苦痛と遺族固有の精神的苦痛を両方請求することができます。

慰謝料の金額は、一家の支柱の場合は2800万円程度、その他の場合は2000万円〜2500万円程度が目安となっています。

●弁護士費用等

弁護士に訴訟を依頼した場合、弁護士費用の一部が損害額として認められる場合があります。

おおまかな目安としては、損害賠償額の10％程度が弁護士費用として認められる場合が多いようです。

●遅延損害金

不法行為責任に基づいて損害賠償を請求している場合であれば死亡の日から、安全配慮義務違反に基づいて損害賠償を請求している場合であれば請求の日の翌日から、民法所定の法定利率による遅延損害金が発生します。法定利率は、民法改正により、上記の起算点が2020年3月31日以前であれば旧来の年5％、同年4月1日以降であれば年3％（ただし3年毎に変動する可能性あり）です。

●その他

葬祭料、治療費や死亡まで至らなかったものの重い後遺障害が残った場合の将来の介護費用、家の改装費なども損害賠償の内容になることがあります。

Q63 損害賠償請求の内容と労災保険給付との調整

労災保険給付を受けた後、企業等の事業主から損害賠償を受け取った場合、相互の調整はどのように行われるのですか。

また、逆に、企業等の事業主から損害賠償を受け取った後、労災保険給付を受けた場合、相互の調整はどのように行われるのですか。

●労災保険給付を受け取った後に損害賠償を受け取った場合

同一の事由について、労災保険給付を受けた後、企業等の事業主から損害賠償請求を行う場合、労災の受給権者の逸失利益についてはすでに労災保険給付を受けた価額分が控除されますが、労災保険給付のうち将来の年金給付分についてはたとえその支給が確定されていても、逸失利益から控除されることはありません（最高裁昭和52年10月25日判決〔三共自動車事件〕判例タイムズ357号218頁）。

また、企業等の事業主に対する損害賠償のうち、労災保険給付によって控除されるのは逸失利益のみであり、入院費、付添看護費、慰謝料は控除の対象になりません（最高裁昭和62年7月10日判決〔青木鉛鉄事件〕判例タイムズ658号81頁）。

加えて、逸失利益について控除されるのは遺族補償年金分に限られ、労働福祉事業に基づく遺族特別年金や特別支給金は控除の対象になりません（最高裁平成8年2月23日判決〔コック食品事件〕判例タイムズ904号57頁）。

したがって、労災保険給付を受け取った後に損害賠償を受け取った場合、損害賠償のうち調整の対象となるのは、受給権者の逸失利益分のみとなり、逸失利益以外の慰謝料や、受給権者以外の人が受け取った損害賠償については、調整の対象とはなりません。

●損害賠償を受け取った後に労災保険給付を受け取った場合

　一方、同一の事由について、企業等の事業主から損害賠償を受け取った後、労災保険給付を受けた場合、遺族補償給付、療養補償給付、葬祭料等について、一定の限度で保険給付をしないことができます(労災保険法64条 2 項)。

Q64　損害賠償請求の消滅時効

　　　　過労死または過労自殺が発生した後、損害賠償請求はいつまでできるのでしょうか。

　　　　労働者と直接雇用関係にあった会社などに対し、債務不履行責任を根拠として損害賠償を請求する場合、損害賠償請求の時効は、債権者が権利を行使することができることを知った時から5年、損害発生から20年となります。

　労働者と直接雇用関係にあった会社やパワーハラスメントなどを加えた上司個人に対して不法行為責任を根拠として損害賠償を請求する場合、損害及び加害者を知った時から5年、損害発生から20年となります。

　また、会社法429条に基づいて取締役個人に対して損害賠償を請求する場合、損害賠償請求の時効は、債権者が権利を行使することができることを知った時から5年、損害発生から20年となります。

　過労死は人身損害であるため、以上を整理すると次頁の〈図表21〉のとおりとなります。

　なお、「損害発生」とは、過労死の場合、労働者が死亡した時を指します。

　令和2年4月1日の民法改正の施行後に死亡した事案では時効の取扱いはほぼ同様です。

　なお、時効を完成させないためには、訴訟を提起するなど裁判上の請求などが必要となります。

　また、裁判上の請求を行う時間的な余裕がない場合、損害賠償の請求を内容とする内容証明郵便などによって催告を行えば、その時から6カ月間は時効を完成させないことができます（民法150条）。

　もっとも、上記の時効の完成猶予は、6か月以内に訴訟の提起などの裁判上の請求を行わなければ、その効力を有しませんので注意してください。

〈図表21〉　民法改正による時効関係の改正

	請求の相手方	改正民法施行前	改正民法施行後
債務不履行責任（民法415条）	雇用されていた会社	損害発生から10年（旧民法167条1項）	債権者が権利を行使することができることを知った時から5年、損害発生から20年（民法167条）
不法行為責任（民法709条）	雇用されていた会社 上司個人	損害および加害者を知った時から3年、損害発生から20年(旧民法724条)	加害者および損害を知った時から5年、損害発生から20年(民法724条の2、724条)
取締役の個人責任（会社法429条1項）	取締役個人	損害発生から10年（旧民法167条1項）	債権者が権利を行使することができることを知った時から5年、損害発生から20年（民法167条）

Q65　労災申請と企業責任追及の順序

　　労災認定がされた場合、どのような手順で会社に責任追及をすればよいですか。

　　また、労災申請より先に、会社に対して損害賠償請求をすることはできますか。

●労災申請と企業責任追及の順序

　　労災申請と企業責任追及は、別個の手続ですので、先に損害賠償請求をしたり、これらを並行して行うことも可能ですが、一般には、先に労災申請をして認定を受け、その後に企業責任を追及するというのが通例です。なぜなら、労災認定がなされると企業責任追及がしやすくなるからです。

　　もっとも、過労死・過労自殺の労災認定基準に当てはまりにくい場合（認定基準にない疾患名のケースや、特に重い基礎疾患があったために、所定業務自体の遂行が困難であった場合など）には、先に損害賠償請求訴訟を起こすこともあり、判決で相当因果関係を認めさせてから労災申請をするような場合もあります。また、民事訴訟で和解する場合に、これから行う労災申請に協力するといった内容を盛り込むこともあります。

●上積み補償・労災総合保険・生命保険

　　労災認定がなされた場合、会社によっては、労使協定等で、業務上の死亡等の場合に特別弔慰金や死亡退職金の増額などの形で「上積み補償」を行うことになっているところもあります。その場合は、まずそれを請求することになります。上積み補償協定で、業務上外の判断は労基署長の判断に従うと記載されていれば問題ありませんが、そのような記載のないときは、労基署長が認めても会社は認めないとして、支払いを拒否することもあります。

　　また、企業によっては労災によって従業員が死傷し、企業が被災者等に損害賠償義務を負担する場合に備えて、一定額の損害保険金を支払う、いわゆ

る労災総合保険に加入している場合もありますので、この点も確認してみてください。

　また「上積み補償」に備えた労災総合保険についても同様です。この場合「上積み補償」協定が会社にない場合もありますが、会社が受領するこの保険金は遺族に支払われるのが当然です。

　また契約者・保険金受取人を会社とし、従業員を被保険者とする生命保険や事業保険も、従業員の福利厚生が本来の目的であり、遺族に保険金相当額が支払われるべきですので、調査が必要です。

●示談・調停・訴訟

　以上の確認を経た後、いよいよ会社と具体的に交渉するということになります。具体的には遺族や被災者に生じた損害についての金銭賠償請求、会社責任者の謝罪要求が中心になると思います。

　任意の交渉で解決できそうにないときは、裁判所での話し合い（調停）も可能ですが、調停には強制力はないため、話し合いが決裂すれば調停は不成立となって終了することになり、会社が最終的にこちらの要求に応じない場合は訴訟しか方法はありません。

　なお、会社の責任追及には時間的制約（時効）があります。雇用契約の当事者である会社に対する安全配慮義務に基づく損害賠償請求や、会社法429条に基づく代表取締役・取締役個人に対する請求の時効期間はいずれも債権者が権利を行使することができることを知った時から5年、損害発生から20年で、不法行為に基づいて請求する場合も、時効期間は損害および加害者を知った時から5年、損害発生から20年です（Q64参照）。

　もっとも、時効は完成していなくても、あまり長期間が経過すると労働実態の把握が資料散逸等により困難となりますので、できるだけ早い時期に手続を開始することが重要です。

Q66　損害額が減額になる場合の裁判での評価

　　　私の職場の友人が激務の末、最近急性心筋梗塞で亡くなりました。友人には相当な高血圧の持病があったのですが、会社を休んで迷惑をかけることはできないと言って、病院にも行っていませんでした。ただ、タバコを多く吸っており、食生活でも脂っこいものが好きであったことも事実です。これらの事情は、会社に対する損害賠償の裁判では、どのように評価されるのでしょうか。

●過失相殺・寄与度減額

　　　過労死や過労自殺についての損害賠償請求の訴訟では、しばしば「過失相殺」や「寄与度減額」が問題とされます。

　寄与度は、結果発生に対する当該労働者の有する危険因子（過労死の場合は基礎疾患や加齢等、過労自殺の場合は本人の性格等）の影響の程度、過失相殺は、損害発生の助長・拡大に対する当該労働者の落ち度のことで、いずれも信義則ないし公平の理念に基づくものであるとされます。これまでの判例の中には、この二つのうち一つだけを問題にするもの、寄与度減額をしたうえでさらに過失相殺をするもの、特にこの二つを区別せず一括して評価するものなどがあります。

●第１次的責任は使用者にある

　しかし、寄与度減額や過失相殺は、極めて限定的になされるべきです。

　まず、寄与度といっても、①主として本人に責任がある場合（肥満、飲酒、喫煙等）、②主として会社に責任がある場合（蓄積疲労による高血圧、動脈硬化等）、③本人・会社とも責任がない場合（加齢、先天的な脳動脈瘤の存在等）があります。

　また、過失相殺についても、厳密にいえば、①危険因子の発生・成長につき本人に落ち度があるもの（生活上の不摂生、健康診断不受診、基礎疾患の不

治療等）、②結果発生の直接的契機につき本人に落ち度があるもの（使用者に対する基礎疾患の秘匿、当日無理をして出かけた等）に分けて検討する必要があります。

　ここで重要なことは、雇用契約の当事者間において、労働者の健康状態を悪化させない義務は、第1次的には使用者にあると解すべきことです。

　すなわち、使用者の負う安全配慮義務は、労働者の申出により初めて生じる義務ではなく、労働者の使用という事実により当然発生するものであって、労働者が健康状態を悪化させない等の配慮を行う第1次的な義務は使用者にあります（大阪高裁平成8年11月28日判決・判例タイムズ958号197頁、大阪高裁平成19年1月18日判決・判例時報1980号74頁）。

　なぜなら、労働者が人間である以上基礎疾患や加齢による弱い部分を有しているのが普通であり、使用者はそのような弱点を抱える労働者を雇用している以上、そのことを前提とした労働環境を配慮する義務があるからです。また労働関係は本質的に指揮従属関係であり、使用者が必要な健康配慮を尽くすことが、労働者が自らの健康維持を図る動機的（健康状態についての情報提供や労働衛生教育など）、時間的（医師受診のための時間や休日の確保など）、経済的（給与の保障や健康診断・医師受診の費用など）な前提条件をなすからです。

●電通過労自殺事件最高裁判決

　このことは、電通過労自殺事件についての最高裁判決（最高裁平成12年3月24日判決〔電通事件〕判例タイムズ1028号80頁）の考え方にも合致します。

　同最高裁判決は、「企業等に雇用される労働者の性格が多様のものであることはいうまでもないところ、ある業務に従事する特定の労働者の性格が同種の業務に従事する労働者の個性の多様さとして通常想定される範囲を外れるものでない限り、その性格及びこれに基づく業務遂行の態様等が業務の過重負担に起因して当該労働者に生じた損害の発生又は拡大に寄与したとしても、そのような事態は使用者として予想すべきものということができる。しかも、使用者又はこれに代わって労働者に対し業務上の指揮監督を行う者は、各労働者がその従事すべき業務に適するか否かを判断して、その配置

先、遂行すべき業務の内容等を定めるのであり、その際に、各労働者の性格をも考慮することができるのである。したがって、労働者の性格が前記の範囲を外れるものでない場合には、裁判所は、業務の負担が過重であることを原因とする損害賠償請求において使用者の賠償すべき額を決定するに当たり、その性格及びこれに基づく業務遂行の態様等を、心因的要因としてしんしゃくすることはできないというべきである」としました。

この判示の趣旨は、いわゆる過労死事案にも妥当するはずです。

すなわち、労働者の健康状態や仕事に対する姿勢（たとえば、少々無理をしてでも仕事を優先するなど）は多様ですので、ある労働者の健康状態や仕事に対する姿勢が同種の業務に従事する労働者の個性の多様さとして通常想定される範囲内にある限り、使用者はその配置先、遂行すべき業務の内容等を定める際に、各労働者の健康状態や仕事に対する姿勢をも考慮して行うことができるのですから、裁判所は、使用者の賠償すべき額を決定するにあたり、健康状態や仕事を優先する姿勢等を理由として過失相殺ないし寄与度減額することは許されないというべきです。

●東芝うつ病事件最高裁判決

神経科に受診していることや、病名を会社に申告しなかったことは、会社の責任を軽減する理由になるのでしょうか。

東芝うつ病事件の最高裁判決（最高裁平成26年3月24日判決・労働判例1094号22頁）は体調が不良であることを会社に伝え、欠勤を繰り返し、業務の軽減を申し出ていた労働者につき、神経科の通院・病名等の個人プライバシーについての情報を申告しなかったことで、過失相殺することはできないとしています。

●総合的な判断

このような観点から、前記の寄与度減額・過失相殺の問題については、次のように考えるべきです。

寄与度減額については、①客観的に当該危険因子が結果発生に寄与したことを前提に、②使用者が第1次的な安全（健康）配慮義務を尽くしたかどう

か、③それを踏まえてもなお、労働者に帰責性が認められるか、どの程度認められるかを、医学的レベルの寄与の程度とは別の問題として斟酌しつつ、公平の観点から、法的に評価・判断すべきです。

　過失相殺についても、①客観的に当該労働者が適切な行動をとれば、損害の発生・拡大を防止し得たことを前提に、②使用者が第1次的な健康配慮を尽くしたかどうか、③それを踏まえてもなお、労働者の落ち度として評価すべきか、どの程度評価すべきか、を総合して、具体的な過失割合が決められるべきでしょう。判例も加害者側の不法行為の態様や違法性の軽重も考慮要素にしています（最高裁平成20年3月27日判決〔NTT東日本北海道支店事件〕労働判例958号5頁）。

●ご質問の場合

　ご質問のケースでは、高血圧の持病について、会社として適切な労働条件を確保していたか、その労働者の健康状態に応じて、どのような具体的な配慮をしていたのかが厳格に問われるべきです。

　また、タバコや食生活についても、労働者の生活習慣として逸脱しているかどうかを踏まえたうえ、それらが具体的にどの程度、急性心筋梗塞の発症に寄与したのかが厳格に問われるべきでしょう。

Q67　過労自殺における企業賠償責任

　　　　　過労自殺について会社の賠償責任を追及するにあたって法的に
問題になるのはどのような点ですか。

●責任追及の根拠

　過労自殺についての使用者の責任を追及する場合の法的根拠
は、過労死についてと同様、雇用契約に付随した使用者の債務である安全配
慮義務と不法行為上の注意義務があります。不法行為の責任を追及したほう
が遅延損害金を死亡時から請求できる点で有利です。

　なお、時効期間の点では、改正民法が施行された令和2年4月1日以降に
死亡した事案では、不法行為責任、安全配慮義務違反のいずれも5年で、違
いはありません（Q64参照）。

●自殺における使用者の不法行為責任

　電通過労自殺最高裁判決（最高裁平成12年3月24日判決〔電通事件〕判例タ
イムズ1028号80頁）は、「労働者が労働日に長時間にわたり業務に従事する状
況が継続するなどして、疲労や心理的負荷等が過度に蓄積すると、労働者の
心身の健康を損なう危険のあることは、周知のところである。労働基準法
は、労働時間に関する制限を定め、労働安全衛生法65条の3は、作業の内容
等を特に限定することなく、同法所定の事業者は労働者の健康に配慮して労
働者の従事する作業を適切に管理するように努めるべき旨を定めているが、
それは、右のような危険が発生するのを防止することをも目的とするものと
解される。これらのことからすれば、使用者は、その雇用する労働者に従事
させる業務を定めてこれを管理するに際し、業務の遂行に伴う疲労や心理的
負荷等が過度に蓄積して労働者の心身の健康を損なうことがないよう注意す
る義務を負うと解するのが相当であり、使用者に代わって労働者に対し業務

上の指揮監督を行う権限を有する者は、使用者の右注意義務の内容に従って、その権限を行使すべきである」と述べています。

　これは上司等使用者に代わって労働時間管理を行う者（代理監督者といいます）の注意義務違反についての使用者の責任に関して判断したものですが、安全配慮義務における注意義務についても同様の責任が使用者にはあります。

　したがって、心身の健康を損ねることが明らかな長時間労働や過重な業務に従事させていることが認められれば、使用者の責任が原則として認められることになります。

●自殺は予見できなかったとの反論

　これに対し、使用者のほうから長時間労働があったかも知れないが、心身の健康状況には異常がみられなかったので、自殺は予見できなかった、だから責任はないとの主張がされることが少なくありません。

　この点につき判例の多くは、使用者が心身の健康状態が悪化していることを認識していなかったとしても、「就労環境等に照らし、労働者の健康状態が悪化することを容易に認識し得たというような場合には、結果の予見可能性が認められる」（福岡高裁平成19年10月25日判決〔山田製作所事件〕労働判例955号59頁等）としています。したがって、心身の健康を損ねるような長時間労働等の過重な業務に従事していることについての認識があれば使用者には責任が生じます。

●本人の性格によるものだとの反論

　また、被災者の真面目、几帳面などの性格が、業務が過重になった一因になっているとして、過失相殺の主張がされることもあります。

　これについて前記電通過労自殺最高裁判決は賠償額を決定するにあたり、「労働者の性格が同種の業務に従事する労働者の個性の多様さとして通常想定される範囲を逸脱しない限り」、その性格およびこれに基づく業務遂行の態様等を心因的要因として斟酌することはできないとしています。

　長時間労働を要因に、業務上と認められるものの多くは使用者の責任を追

及できる事件ですから、ぜひ専門の弁護士に相談してください。大切な方の命を奪った責任を追及してこそ、亡くなった本当の理由を解明できるのです。

●発病していたのに業務軽減をしなかったことの責任

なお、心身の健康状態の悪化そのものは業務が原因でないにしても、使用者がそれを認識しながら業務軽減措置等をとらずに従前どおりの業務に従事させたため、うつ病が悪化し、自殺に至った場合にも責任を追及することができます。

この場合は、心身の健康が悪化した労働者に対する使用者の注意義務が問題となります。ですから、悪化後の業務が健康を損ねている労働者を基準にして過重なものであれば、使用者は責任を負うことになります（大阪地裁平成19年5月28日判決〔積善会事件〕労働判例942号25頁参照）。

コラム 7　過労死等が複数の事業場で認められた企業名が一定の条件の下に公表

　私たちは、国に対して、過労死を発生させた企業名の公表を求める裁判を過去に行い、大阪地方裁判所は平成23年11月に公表を認める判決を出しましたが、大阪高等裁判所は平成24年11月に「企業名を公表すると個人情報が特定される恐れがあり、企業の社会的価値が下がる」などの理由で逆転敗訴の判断を示し、最高裁判所も上告受理申立てを認めなかったため、裁判所を通じて、過労死を発生させた企業名を公表させる取組は実現しませんでした。

　そうしたところ、厚生労働省は平成29年 1 月20日、「違法な長時間労働や過労死等が複数の事業場で認められた企業の経営トップに対する都道府県労働局長等による指導の実施及び企業名の公表について」（基発0120第 1 号）という通達を出して、以下の取組みを行うことを定めました。

（1）　署長による企業の経営幹部に対する指導

　　　違法な長時間労働や過労死等が複数の事業場で認められた企業の経営幹部に対して、本社を管轄する署長から、早期に全社的な是正・改善を図るよう指導を行うとともに、指導に対する是正・改善状況を全社的な監督指導により確認すること。

（2）　局長による企業の経営トップに対する指導および企業名の公表

　　　上記(1)の監督指導において再度違法な長時間労働等が認められた企業、または、違法な長時間労働を原因とした過労死を複数の事業場で発生させた等の企業の経営トップに対して、本社を管轄する局長から、早期に全社的な是正を図るよう指導を行うとともに、指導を行った事実を企業名とともに公表すること。

　実際の企業名公表には一定の要件が定められていますが、過労死ゼロの実現に向けて過労死を出した企業への指導・企業名公表というこれまでにない取組の成果が期待されるところです。

資料編

〔資料1〕 血管病変等を著しく増悪させる業務による脳血管疾患及び虚血性心疾患等の認定基準

基発0914第1号
令和3年9月14日

都道府県労働局長　殿

厚生労働省労働基準局長

血管病変等を著しく増悪させる業務による
脳血管疾患及び虚血性心疾患等の認定基準について

　標記については、平成13年12月12日付け基発第1063号（以下「1063号通達」という。）により示してきたところであるが、今般、「脳・心臓疾患の労災認定の基準に関する専門検討会」の検討結果を踏まえ、別添の認定基準を新たに定め、令和3年9月15日から施行するので、今後の取扱いに遺漏なきを期されたい。

　なお、本通達の施行に伴い、1063号通達及び昭和62年10月26日付け基発第620号は廃止する。

（別添）

血管病変等を著しく増悪させる業務による
脳血管疾患及び虚血性心疾患等の認定基準

第1　基本的な考え方

　脳血管疾患及び虚血性心疾患等（負傷に起因するものを除く。以下「脳・心臓疾患」という。）は、その発症の基礎となる動脈硬化等による血管病変又は動脈瘤、心筋変性等の基礎的病態（以下「血管病変等」という。）が、長い年月の生活の営みの中で徐々に形成、進行及び増悪するといった自然経過をたどり発症するものである。

　しかしながら、業務による明らかな過重負荷が加わることによって、血管病変等がその自然経過を超えて著しく増悪し、脳・心臓疾患が発症する場合があり、そのような経過をたどり発症した脳・心臓疾患は、その発症に当たって業務が相対的に有力な原因であると判断し、業務に起因する疾病として取り扱う。

　このような脳・心臓疾患の発症に影響を及ぼす業務による明らかな過重負荷として、発症に近接した時期における負荷及び長期間にわたる疲労の蓄積を考慮する。

　これらの業務による過重負荷の判断に当たっては、労働時間の長さ等で表される業務量や、業務内容、作業環境等を具体的かつ客観的に把握し、総合的に判断する必要がある。

第2　対象疾病

　本認定基準は、次に掲げる脳・心臓疾患を対象疾病として取り扱う。

1　脳血管疾患
(1)　脳内出血（脳出血）
(2)　くも膜下出血
(3)　脳梗塞

(4)　高血圧性脳症

2　虚血性心疾患等

(1)　心筋梗塞

(2)　狭心症

(3)　心停止（心臓性突然死を含む。）

(4)　重篤な心不全

(5)　大動脈解離

第３　認定要件

次の(1)、(2)又は(3)の業務による明らかな過重負荷を受けたことにより発症した脳・心臓疾患は、業務に起因する疾病として取り扱う。

(1)　発症前の長期間にわたって、著しい疲労の蓄積をもたらす特に過重な業務（以下「長期間の過重業務」という。）に就労したこと。

(2)　発症に近接した時期において、特に過重な業務（以下「短期間の過重業務」という。）に就労したこと。

(3)　発症直前から前日までの間において、発生状態を時間的及び場所的に明確にし得る異常な出来事（以下「異常な出来事」という。）に遭遇したこと。

第４　認定要件の具体的判断

1　疾患名及び発症時期の特定

認定要件の判断に当たっては、まず疾患名を特定し、対象疾病に該当することを確認すること。

また、脳・心臓疾患の発症時期は、業務と発症との関連性を検討する際の起点となるものである。通常、脳・心臓疾患は、発症の直後に症状が出現（自覚症状又は他覚所見が明らかに認められることをいう。）するとされているので、臨床所見、症状の経過等から症状が出現した日を特定し、その日をもって発症日とすること。

なお、前駆症状（脳・心臓疾患発症の警告の症状をいう。）が認められる場合であって、当該前駆症状と発症した脳・心臓疾患との関連性が医学的に明らかとされたときは、当該前駆症状が確認された日をもって発症日とすること。

2　長期間の過重業務

(1)　疲労の蓄積の考え方

恒常的な長時間労働等の負荷が長期間にわたって作用した場合には、「疲労の蓄積」が生じ、これが血管病変等をその自然経過を超えて著しく増悪させ、その結果、脳・心臓疾患を発症させることがある。

このことから、発症との関連性において、業務の過重性を評価するに当たっては、発症前の一定期間の就労実態等を考察し、発症時における疲労の蓄積がどの程度であったかという観点から判断することとする。

(2)　特に過重な業務

特に過重な業務とは、日常業務に比較して特に過重な身体的、精神的負荷を生じさせたと客観的に認められる業務をいうものであり、日常業務に就労する上で受ける負荷の影響は、血管病変等の自然経過の範囲にとどまるもの

である。

　　　ここでいう日常業務とは、通常の所定労働時間内の所定業務内容をいう。

(3)　評価期間

　　　発症前の長期間とは、発症前おおむね 6 か月間をいう。

　　　なお、発症前おおむね 6 か月より前の業務については、疲労の蓄積に係る業務の過重性を評価するに当たり、付加的要因として考慮すること。

(4)　過重負荷の有無の判断

　ア　著しい疲労の蓄積をもたらす特に過重な業務に就労したと認められるか否かについては、業務量、業務内容、作業環境等を考慮し、同種労働者にとっても、特に過重な身体的、精神的負荷と認められる業務であるか否かという観点から、客観的かつ総合的に判断すること。

　　　ここでいう同種労働者とは、当該労働者と職種、職場における立場や職責、年齢、経験等が類似する者をいい、基礎疾患を有していたとしても日常業務を支障なく遂行できるものを含む。

　イ　長期間の過重業務と発症との関係について、疲労の蓄積に加え、発症に近接した時期の業務による急性の負荷とあいまって発症する場合があることから、発症に近接した時期に一定の負荷要因（心理的負荷となる出来事等）が認められる場合には、それらの負荷要因についても十分に検討する必要があること。

　　　すなわち、長期間の過重業務の判断に当たって、短期間の過重業務（発症に近接した時期の負荷）についても総合的に評価すべき事案があることに留意すること。

　ウ　業務の過重性の具体的な評価に当たっては、疲労の蓄積の観点から、以下に掲げる負荷要因について十分検討すること。

　　(ア)　労働時間

　　　a　労働時間の評価

　　　　　疲労の蓄積をもたらす最も重要な要因と考えられる労働時間に着目すると、その時間が長いほど、業務の過重性が増すところであり、具体的には、発症日を起点とした 1 か月単位の連続した期間をみて、

　　　　①　発症前 1 か月間ないし 6 か月間にわたって、1 か月当たりおおむね45時間を超える時間外労働が認められない場合は、業務と発症との関連性が弱いが、おおむね45時間を超えて時間外労働時間が長くなるほど、業務と発症との関連性が徐々に強まると評価できること

　　　　②　発症前 1 か月間におおむね100時間又は発症前 2 か月間ないし 6 か月間にわたって、1 か月当たりおおむね80時間を超える時間外労働が認められる場合は、業務と発症との関連性が強いと評価できることを踏まえて判断すること。

　　　　　ここでいう時間外労働時間数は、1 週間当たり40時間を超えて労働した時間数である。

　　　b　労働時間と労働時間以外の負荷要因の総合的な評価

労働時間以外の負荷要因（後記(イ)から(カ)までに示した負荷要因をいう。以下同じ。）において一定の負荷が認められる場合には、労働時間の状況をも総合的に考慮し、業務と発症との関連性が強いといえるかどうかを適切に判断すること。

その際、前記ａ②の水準には至らないがこれに近い時間外労働が認められる場合には、特に他の負荷要因の状況を十分に考慮し、そのような時間外労働に加えて一定の労働時間以外の負荷が認められるときには、業務と発症との関連性が強いと評価できることを踏まえて判断すること。

ここで、労働時間と労働時間以外の負荷要因を総合的に考慮するに当たっては、労働時間がより長ければ労働時間以外の負荷要因による負荷がより小さくとも業務と発症との関連性が強い場合があり、また、労働時間以外の負荷要因による負荷がより大きければ又は多ければ労働時間がより短くとも業務と発症との関連性が強い場合があることに留意すること。

(イ)　勤務時間の不規則性

ａ　拘束時間の長い勤務

拘束時間とは、労働時間、休憩時間その他の使用者に拘束されている時間（始業から終業までの時間）をいう。

拘束時間の長い勤務については、拘束時間数、実労働時間数、労働密度（実作業時間と手待時間との割合等）、休憩・仮眠時間数及び回数、休憩・仮眠施設の状況（広さ、空調、騒音等）、業務内容等の観点から検討し、評価すること。

なお、１日の休憩時間がおおむね１時間以内の場合には、労働時間の項目における評価との重複を避けるため、この項目では評価しない。

ｂ　休日のない連続勤務

休日のない（少ない）連続勤務については、連続労働日数、連続労働日と発症との近接性、休日の数、実労働時間数、労働密度（実作業時間と手待時間との割合等）、業務内容等の観点から検討し、評価すること。その際、休日のない連続勤務が長く続くほど業務と発症との関連性をより強めるものであり、逆に、休日が十分確保されている場合は、疲労は回復ないし回復傾向を示すものであることを踏まえて適切に評価すること。

ｃ　勤務間インターバルが短い勤務

勤務間インターバルとは、終業から始業までの時間をいう。

勤務間インターバルが短い勤務については、その程度（時間数、頻度、連続性等）や業務内容等の観点から検討し、評価すること。

なお、長期間の過重業務の判断に当たっては、睡眠時間の確保の観点から、勤務間インターバルがおおむね11時間未満の勤務の有無、時間数、頻度、連続性等について検討し、評価すること。

d　不規則な勤務・交替制勤務・深夜勤務

　　「不規則な勤務・交替制勤務・深夜勤務」とは、予定された始業・終業時刻が変更される勤務、予定された始業・終業時刻が日や週等によって異なる交替制勤務（月ごとに各日の始業時刻が設定される勤務や、週ごとに規則的な日勤・夜勤の交替がある勤務等）、予定された始業又は終業時刻が相当程度深夜時間帯に及び夜間に十分な睡眠を取ることが困難な深夜勤務をいう。

　　不規則な勤務・交替制勤務・深夜勤務については、予定された業務スケジュールの変更の頻度・程度・事前の通知状況、予定された業務スケジュールの変更の予測の度合、交替制勤務における予定された始業・終業時刻のばらつきの程度、勤務のため夜間に十分な睡眠が取れない程度（勤務の時間帯や深夜時間帯の勤務の頻度・連続性）、一勤務の長さ（引き続いて実施される連続勤務の長さ）、一勤務中の休憩の時間数及び回数、休憩や仮眠施設の状況（広さ、空調、騒音等）、業務内容及びその変更の程度等の観点から検討し、評価すること。

(ウ)　事業場外における移動を伴う業務

a　出張の多い業務

　　出張とは、一般的に事業主の指揮命令により、特定の用務を果たすために通常の勤務地を離れて用務地へ赴き、用務を果たして戻るまでの一連の過程をいう。

　　出張の多い業務については、出張（特に時差のある海外出張）の頻度、出張が連続する程度、出張期間、交通手段、移動時間及び移動時間中の状況、移動距離、出張先の多様性、宿泊の有無、宿泊施設の状況、出張中における睡眠を含む休憩・休息の状況、出張中の業務内容等の観点から検討し、併せて出張による疲労の回復状況等も踏まえて評価すること。

　　ここで、飛行による時差については、時差の程度（特に4時間以上の時差の程度）、時差を伴う移動の頻度、移動の方向等の観点から検討し、評価すること。

　　また、出張に伴う勤務時間の不規則性についても、前記(イ)により適切に評価すること。

b　その他事業場外における移動を伴う業務

　　その他事業場外における移動を伴う業務については、移動（特に時差のある海外への移動）の頻度、交通手段、移動時間及び移動時間中の状況、移動距離、移動先の多様性、宿泊の有無、宿泊施設の状況、宿泊を伴う場合の睡眠を含む休憩・休息の状況、業務内容等の観点から検討し、併せて移動による疲労の回復状況等も踏まえて評価すること。

　　なお、時差及び移動に伴う勤務時間の不規則性の評価については前記aと同様であること。

(エ)　心理的負荷を伴う業務

心理的負荷を伴う業務については、別表１及び別表２に掲げられている日常的に心理的負荷を伴う業務又は心理的負荷を伴う具体的出来事等について、負荷の程度を評価する視点により検討し、評価すること。

(オ)　身体的負荷を伴う業務

身体的負荷を伴う業務については、業務内容のうち重量物の運搬作業、人力での掘削作業などの身体的負荷が大きい作業の種類、作業強度、作業量、作業時間、歩行や立位を伴う状況等のほか、当該業務が日常業務と質的に著しく異なる場合にはその程度（事務職の労働者が激しい肉体労働を行うなど）の観点から検討し、評価すること。

(カ)　作業環境

長期間の過重業務の判断に当たっては、付加的に評価すること。

a　温度環境

温度環境については、寒冷・暑熱の程度、防寒・防暑衣類の着用の状況、一連続作業時間中の採暖・冷却の状況、寒冷と暑熱との交互のばく露の状況、激しい温度差がある場所への出入りの頻度、水分補給の状況等の観点から検討し、評価すること。

b　騒音

騒音については、おおむね80dBを超える騒音の程度、そのばく露時間・期間、防音保護具の着用の状況等の観点から検討し、評価すること。

3　短期間の過重業務

(1)　特に過重な業務

特に過重な業務の考え方は、前記２(2)と同様である。

(2)　評価期間

発症に近接した時期とは、発症前おおむね１週間をいう。

ここで、発症前おおむね１週間より前の業務については、原則として長期間の負荷として評価するが、発症前１か月間より短い期間のみに過重な業務が集中し、それより前の業務の過重性が低いために、長期間の過重業務とは認められないような場合には、発症前１週間を含めた当該期間に就労した業務の過重性を評価し、それが特に過重な業務と認められるときは、短期間の過重業務に就労したものと判断する。

(3)　過重負荷の有無の判断

ア　特に過重な業務に就労したと認められるか否かについては、業務量、業務内容、作業環境等を考慮し、同種労働者にとっても、特に過重な身体的、精神的負荷と認められる業務であるか否かという観点から、客観的かつ総合的に判断すること。

イ　短期間の過重業務と発症との関連性を時間的にみた場合、業務による過重な負荷は、発症に近ければ近いほど影響が強いと考えられることから、次に示す業務と発症との時間的関連を考慮して、特に過重な業務と認めら

れるか否かを判断すること。

① 発症に最も密接な関連性を有する業務は、発症直前から前日までの間の業務であるので、まず、この間の業務が特に過重であるか否かを判断すること。

② 発症直前から前日までの間の業務が特に過重であると認められない場合であっても、発症前おおむね1週間以内に過重な業務が継続している場合には、業務と発症との関連性があると考えられるので、この間の業務が特に過重であるか否かを判断すること。

なお、発症前おおむね1週間以内に過重な業務が継続している場合の継続とは、この期間中に過重な業務に就労した日が連続しているという趣旨であり、必ずしもこの期間を通じて過重な業務に就労した日が間断なく続いている場合のみをいうものではない。したがって、発症前おおむね1週間以内に就労しなかった日があったとしても、このことをもって、直ちに業務起因性を否定するものではない。

ウ 業務の過重性の具体的な評価に当たっては、以下に掲げる負荷要因について十分検討すること。

(ア) 労働時間

労働時間の長さは、業務量の大きさを示す指標であり、また、過重性の評価の最も重要な要因であるので、評価期間における労働時間については十分に考慮し、発症直前から前日までの間の労働時間数、発症前1週間の労働時間数、休日の確保の状況等の観点から検討し、評価すること。

その際、①発症直前から前日までの間に特に過度の長時間労働が認められる場合、②発症前おおむね1週間継続して深夜時間帯に及ぶ時間外労働を行うなど過度の長時間労働が認められる場合等（手待時間が長いなど特に労働密度が低い場合を除く。）には、業務と発症との関係性が強いと評価できることを踏まえて判断すること。

なお、労働時間の長さのみで過重負荷の有無を判断できない場合には、労働時間と労働時間以外の負荷要因を総合的に考慮して判断する必要がある。

(イ) 労働時間以外の負荷要因

労働時間以外の負荷要因についても、前記2(4)ウ(イ)ないし(カ)において各負荷要因ごとに示した観点から検討し、評価すること。ただし、長期間の過重業務における検討に当たっての観点として明示されている部分を除く。

なお、短期間の過重業務の判断においては、前記2(4)ウ(カ)の作業環境について、付加的に考慮するのではなく、他の負荷要因と同様に十分検討すること。

4 異常な出来事

(1) 異常な出来事

　　　異常な出来事とは、当該出来事によって急激な血圧変動や血管収縮等を引き起こすことが医学的にみて妥当と認められる出来事であり、具体的には次に掲げる出来事である。

　ア　極度の緊張、興奮、恐怖、驚がく等の強度の精神的負荷を引き起こす事態
　イ　急激で著しい身体的負荷を強いられる事態
　ウ　急激で著しい作業環境の変化

(2)　評価期間

　　　異常な出来事と発症との関連性については、通常、負荷を受けてから24時間以内に症状が出現するとされているので、発症直前から前日までの間を評価期間とする。

(3)　過重負荷の有無の判断

　　　異常な出来事と認められるか否かについては、出来事の異常性・突発性の程度、予測の困難性、事故や災害の場合にはその大きさ、被害・加害の程度、緊張、興奮、恐怖、驚がく等の精神的負荷の程度、作業強度等の身体的負荷の程度、気温の上昇又は低下等の作業環境の変化の程度等について検討し、これらの出来事による身体的、精神的負荷が著しいと認められるか否かという観点から、客観的かつ総合的に判断すること。

　　　その際、①業務に関連した重大な人身事故や重大事故に直接関与した場合、②事故の発生に伴って著しい身体的、精神的負荷のかかる救助活動や事故処理に携わった場合、③生命の危険を感じさせるような事故や対人トラブルを体験した場合、④著しい身体的負荷を伴う消火作業、人力での除雪作業、身体訓練、走行等を行った場合、⑤著しく暑熱な作業環境下で水分補給が阻害される状態や著しく寒冷な作業環境下での作業、温度差のある場所への頻回な出入りを行った場合等には、業務と発症との関連性が強いと評価できることを踏まえて判断すること。

第5　その他

1　基礎疾患を有する者についての考え方

　　器質的心疾患（先天性心疾患、弁膜症、高血圧性心疾患、心筋症、心筋炎等）を有する場合についても、その病態が安定しており、直ちに重篤な状態に至るとは考えられない場合であって、業務による明らかな過重負荷によって自然経過を超えて著しく重篤な状態に至ったと認められる場合には、業務と発症との関連が認められるものであること。

　　ここで、「著しく重篤な状態に至った」とは、対象疾病を発症したことをいう。

2　対象疾病以外の疾病の取扱い

(1)　動脈の閉塞又は解離

　　　対象疾病以外の体循環系の各動脈の閉塞又は解離については、発生原因が様々であるが、前記第１の基本的考え方により業務起因性の判断ができる場合もあることから、これらの疾病については、基礎疾患の状況や業務の過重性等を個別に検討し、対象疾病と同様の経過で発症し、業務が相対的に有力

な原因であると判断できる場合には、労働基準法施行規則別表第1の2第11号の「その他業務に起因することの明らかな疾病」として取り扱うこと。

(2) 肺塞栓症

肺塞栓症やその原因となる深部静脈血栓症については、動脈硬化等を基礎とする対象疾病とは発症機序が異なることから、本認定基準の対象疾病としていない。

肺塞栓症等については、業務による座位等の状態及びその継続の程度等が、深部静脈における血栓形成の有力な要因であったといえる場合に、労働基準法施行規則別表第1の2第3号5の「その他身体に過度の負担のかかる作業態様の業務に起因することの明らかな疾病」として取り扱うこと。

第6 複数業務要因災害

労働者災害補償保険法第7条第1項第2号に定める複数業務要因災害による脳・心臓疾患に関しては、本認定基準における過重性の評価に係る「業務」を「二以上の事業の業務」と、また、「業務起因性」を「二以上の事業の業務起因性」と解した上で、本認定基準に基づき、認定要件を満たすか否かを判断する。

その上で、前記第4の2ないし4に関し以下に規定した部分については、これにより判断すること。

1 二以上の事業の業務による「長期間の過重業務」及び「短期間の過重業務」の判断

前記第4の2の「長期間の過重業務」及び同3の「短期間の過重業務」に関し、業務の過重性の検討に当たっては、異なる事業における労働時間を通算して評価する。また、労働時間以外の負荷要因については、異なる事業における負荷を合わせて評価する。

2 二以上の事業の業務による「異常な出来事」の判断

前記第4の4の「異常な出来事」に関し、これが認められる場合には、一の事業における業務災害に該当すると考えられることから、一般的には、異なる事業における負荷を合わせて評価することはないものと考えられる。

別表1　日常的に心理的負荷を伴う業務

	具体的業務	負荷の程度を評価する視点	
1	常に自分あるいは他人の生命、財産が脅かされる危険性を有する業務	危険性の度合、業務量（労働時間、労働密度）、就労期間、経験、適応能力、会社の支援、予想される被害の程度等	
2	危険回避責任がある業務		
3	人命や人の一生を左右しかねない重大な判断や処置が求められる業務		
4	極めて危険な物質を取り扱う業務		
5	決められた時間（納期等）どおりに遂行しなければならないような困難な業務	阻害要因の大きさ、達成の困難性、ペナルティの有無、納期等の変更の可能性等	業務量（労働時間、労働密度）、就労期間、経験、適応能力、会社の支援等
6	周囲の理解や支援のない状況下での困難な業務	業務の困難度、社内での立場等	

別表2　心理的負荷を伴う具体的出来事

	出来事の類型	具体的出来事	負荷の程度を評価する視点
1	①事故や災害の体験	（重度の）病気やケガをした	・病気やケガの程度・後遺障害の程度、社会復帰の困難性等
2		悲惨な事故や災害の体験、目撃をした	・本人が体験した場合、予感させる被害の程度 ・他人の事故を目撃した場合、被害の程度や被害者との関係等
3	②仕事の失敗、過重な責任の発生等	業務に関連し、重大な人身事故、重大事故を起こした	・事故の大きさ、内容及び加害の程度 ・ペナルティ・責任追及の有無及び程度、事後対応の困難性等
4		会社の経営に影響するなどの重大な仕事上のミスをした	・失敗の大きさ・重大性、社会的反響の大きさ、損害等の程度 ・ペナルティ・責任追及の有無及び程度、事後対応の困難性等
5		会社で起きた事故、事件について、責任を問われた	・事故、事件の内容、関与・責任の程度、社会的反響の大きさ等 ・ペナルティの有無及び程度、責任追及の程度、事後対応の困難性等 （注）この項目は、部下が起こした事故等、本人が直接引き起こしたものではない事故、事件について、監督責任等を問われた場合の心理的負荷を

			評価する。本人が直接引き起こした事故等については、項目4で評価する。
6		自分の関係する仕事で多額の損失等が生じた	・損失等の程度、社会的反響の大きさ等・事後対応の困難性等 （注）この項目は、取引先の倒産など、多額の損失等が生じた原因に本人が関与していないものの、それに伴う対応等による心理的負荷を評価する。本人のミスによる多額の損失等については、項目4で評価する。
7		業務に関連し、違法行為を強要された	・違法性の程度、強要の程度（頻度、方法）等 ・事後のペナルティの程度、事後対応の困難性等
8		達成困難なノルマが課された	・ノルマの内容、困難性、強制の程度、達成できなかった場合の影響、ペナルティの有無等 ・その後の業務内容・業務量の程度、職場の人間関係等
9		ノルマが達成できなかった	・達成できなかったことによる経営上の影響度、ペナルティの程度等・事後対応の困難性等 （注）期限に至っていない場合でも、達成できない状況が明らかになった場合にはこの項目で評価する。
10		新規事業の担当になった、会社の建て直しの担当になった	・新規業務の内容、本人の職責、困難性の程度、能力と業務内容のギャップの程度等 ・その後の業務内容、業務量の程度、職場の人間関係等
11		顧客や取引先から無理な注文を受けた	・顧客・取引先の重要性、要求の内容等 ・事後対応の困難性等
12		顧客や取引先からクレームを受けた	・顧客・取引先の重要性、会社に与えた損害の内容、程度等・事後対応の困難性等 （注）この項目は、本人に過失のないクレームについて評価する。本人のミスによるものは、項目4で評価する。
13	③仕事の質	仕事内容の（大きな）変化を生じさせる出来事があった	・業務の困難性、能力・経験と業務内容のギャップ等 ・時間外労働、休日労働、業務の密度の変化の程度、仕事内容、責任の変化の程度等
14	④役割・地位の変化等	退職を強要された	・解雇又は退職強要の経過、強要の程度、職場の人間関係等

			（注）ここでいう「解雇又は退職強要」には、労働契約の形式上期間を定めて雇用されている者であっても、当該契約が期間の定めのない契約と実質的に異ならない状態となっている場合の雇止めの通知を含む。
15		配置転換があった	・職種、職務の変化の程度、配置転換の理由・経過等 ・業務の困難性、能力・経験と業務内容のギャップ等 ・その後の業務内容、業務量の程度、職場の人間関係等 （注）出向を含む。
16		転勤をした	・職種、職務の変化の程度、転勤の理由・経過、単身赴任の有無、海外の治安の状況等 ・業務の困難性、能力・経験と業務内容のギャップ等 ・その後の業務内容、業務量の程度、職場の人間関係等
17		複数名で担当していた業務を1人で担当するようになった	・業務の変化の程度等 ・その後の業務内容、業務量の程度、職場の人間関係等
18		非正規社員であるとの理由等により、仕事上の差別、不利益取扱いを受けた	・差別・不利益取扱いの理由・経過、内容、程度、職場の人間関係等 ・その継続する状況
19	⑤パワーハラスメント	上司等から、身体的攻撃、精神的攻撃等のパワーハラスメントを受けた	・指導・叱責等の言動に至る経緯や状況 ・身体的攻撃、精神的攻撃等の内容、程度等 ・反復・継続など執拗性の状況 ・就業環境を害する程度 ・会社の対応の有無及び内容、改善の状況 （注）当該出来事の評価対象とならない対人関係のトラブルは、出来事の類型「対人関係」の各出来事で評価する。 （注）「上司等」には、職務上の地位が上位の者のほか、同僚又は部下であっても、業務上必要な知識や豊富な経験を有しており、その者の協力が得られなければ業務の円滑な遂行を行うことが困難な場合、同僚又は部下からの集団による行為でこれに抵抗又は拒絶することが困難である場合も含む。
20	⑥対人関係	同僚等から、暴行又は（ひどい）いじめ・嫌が	・暴行又はいじめ・嫌がらせの内容、程度等・反復・継続など執拗性の状況・会社の対応の

197

		らせを受けた	有無及び内容、改善の状況
21		上司とのトラブルがあった	・トラブルの内容、程度等 ・その後の業務への支障等
22		同僚とのトラブルがあった	・トラブルの内容、程度、同僚との職務上の関係等 ・その後の業務への支障等
23		部下とのトラブルがあった	・トラブルの内容、程度等 ・その後の業務への支障等
24	⑦セクシュアルハラスメント	セクシュアルハラスメントを受けた	・セクシュアルハラスメントの内容、程度等 ・その継続する状況 ・会社の対応の有無及び内容、改善の状況、職場の人間関係等

〔資料２〕 血管病変等を著しく増悪させる業務による脳血管疾患 及び虚血性心疾患等の認定基準に係る運用上の留意点

基補発0914第１号

令和３年９月14日

都道府県労働局労働基準部長　殿

厚生労働省労働基準局補償課長

血管病変等を著しく増悪させる業務による脳血管疾患及び

虚血性心疾患等の認定基準に係る運用上の留意点について

　血管病変等を著しく増悪させる業務による脳血管疾患及び虚血性心疾患等（以下「脳・心臓疾患」という。）の認定基準については、令和３年９月14日付け基発0914第１号「血管病変等を著しく増悪させる業務による脳血管疾患及び虚血性心疾患等の認定基準について」（以下「認定基準」という。）をもって指示されたところであるが、その具体的運用に当たっては、下記の事項に留意の上、適切に対応されたい。

　なお、本通達の施行に伴い、平成13年12月12日付け基労補発第31号「脳血管疾患及び虚血性心疾患等（負傷に起因するものを除く。）の認定基準の運用上の留意点等について」（以下「旧通達」という。）は廃止する。

　また、「脳・心臓疾患の労災認定の基準に関する専門検討会報告書（令和３年７月）」（以下「報告書」という。）には、認定基準の考え方等が示されているので、認定基準の理解を深めるため、適宜参照されたい。

記

第１　検討の経緯及び改正の趣旨

　脳・心臓疾患については、平成13年12月12日付け基発第1063号「脳血管疾患及び虚血性心疾患等（負傷に起因するものを除く。）の認定基準について」（以下「旧認定基準」という。）に基づき労災認定を行ってきたところであるが、旧認定基準の発出から約20年が経過する中で、働き方の多様化や職場環境の変化が生じていることから、脳・心臓疾患の労災認定の基準に関する専門検討会において、最新の医学的知見を踏まえた検証が行われたところである。

　今般、その検討結果を踏まえ、基準の具体化、明確化により業務の過重性の客観的かつ総合的な評価を一層適切に行う等の観点から、認定基準の改正が行われたものである。

　また、昭和62年10月26日付け基発第620号については、疾病名等について現行の医学的知見との齟齬が生じていることから、今般、併せて廃止されたものである。

第２　主な改正点

1　標題

　認定基準の標題は、平成22年５月に改正された労働基準法施行規則別表第１の２（以下「別表第１の２」という。）第８号の規定を踏まえ改められたものであること。

2　基本的な考え方

199

過重負荷に関する旧認定基準の基本的な考え方は報告書において現時点でも妥当と判断されており、過重負荷の考え方に実質的な変更はないこと。

3 対象疾病

(1) 「重篤な心不全」の追加

旧認定基準においては不整脈が一義的な原因となった心不全症状等について、「心停止（心臓性突然死を含む。）」に含めて取り扱うこととされていた。しかし、心停止とは異なる病態である心不全を「心停止（心臓性突然死を含む。）」に含めて取り扱うことは適切でなく、また、不整脈によらず、心筋症等の基礎疾患を有する場合にも、業務による明らかな過重負荷によって当該基礎疾患が自然経過を超えて著しく増悪し、重篤な心不全が生じることが考えられる。

このため、不整脈によるものも含め「重篤な心不全」が対象疾病に追加されたこと。

(2) 「大動脈解離」への表記の修正

旧認定基準においては「解離性大動脈瘤」が対象疾病とされていたが、大動脈瘤を形成しない大動脈解離も対象疾病であることを明確にする必要があること、臨床的にも現在は解離性大動脈瘤の場合を含めて大動脈解離の診断名が付されることが多いこと等から、「大動脈解離」に表記が改められたこと。

旧認定基準にいう「解離性大動脈瘤」は、すべて「大動脈解離」に含まれることとなる。

4 認定要件

認定基準第3の認定要件の記載内容に変更はないが、別表第1の2第8号の規定等を踏まえ、記載順が変更されたものであること。

5 認定要件の具体的判断

(1) 長期間の過重業務

評価期間について変更はないが、発症に近接した時期の負荷についても総合的に評価すべき事案があることが明示されたこと。

また、過重負荷の有無の判断に当たって評価の基準となる労働者について、明確化等の観点から、「同種労働者」と表記を改めるとともにその定義が一部修正されたこと。

さらに、労働時間と労働時間以外の負荷要因の総合的な評価として業務と発症との関連性が強いと評価できる場合があることが明示されたこと。

あわせて、短期間の過重業務とも共通して、労働時間以外の負荷要因について、勤務時間の不規則性（拘束時間の長い勤務、休日のない連続勤務、勤務間インターバルが短い勤務、不規則な勤務・交替制勤務・深夜勤務）、事業場外における移動を伴う業務（出張の多い業務、その他事業場外における移動を伴う業務）、心理的負荷を伴う業務、身体的負荷を伴う業務及び作業環境（温度環境、騒音）に整理され、その検討の視点についても明確化されたこと。

(2) 短期間の過重業務

評価期間について、発症前1か月間より短い期間のみに過重な業務が集中し、それより前の業務の過重性が低い場合の取扱いが明示されたこと。なお、本取扱いは、旧通達において示していたものと同様である。

また、労働時間の負荷要因の検討の視点についてより明確化されるとともに、業務と発症との関連性が強いと評価できる場合の例示がなされたこと。

(3) 異常な出来事

異常な出来事の考え方が認定基準において示されるとともに、具体的な3つの出来事について、医学的知見や裁判例等を踏まえ、その表記が一部修正されたこと。

あわせて、検討の視点がより明確化されるとともに、業務と発症との関連性が強いと評価できる場合の例示がなされたこと。

6 その他

「基礎疾患を有する者についての考え方」及び「対象疾病以外の疾病の取扱い」について明確化されたこと。

なお、「基礎疾患を有する者についての考え方」については、平成7年2月1日付け基発第38号「脳血管疾患及び虚血性心疾患等（負傷に起因するものを除く。）の認定基準について」において示された考え方と同一である。

第3 運用上の留意点

1 対象疾病等

(1) 疾患名及び発症時期の特定

脳・心臓疾患の発症と業務との関連性を判断する上で、発症した疾患名は重要であることから、主治医意見書等から疾患名を特定し、対象疾病に該当することを確認すること。

なお、脳・心臓疾患の発症とは、血管病変等が破綻（出血）若しくは閉塞した状態又は循環異常を急性に来した状態をいう。

(2) 別表第1の2との関係

認定基準における対象疾病は、前記第2の3のとおり、別表第1の2第8号に規定する疾病に「重篤な心不全」が追加されたものである。このため、現時点では「重篤な心不全」は同号に規定する疾病に該当しないことから、当該疾病について支給決定する際には、別表第1の2第11号に規定する疾病として取り扱うこと。

「大動脈解離」は別表第1の2第8号に規定する「解離性大動脈瘤」と同旨であるので、引き続き同号に規定する疾病として取り扱うこと。

(3) 心不全の取扱い

心不全とは、何らかの心臓機能障害が生じて心ポンプ機能の代償機転（心臓から十分な血液を送り出す機能）が破綻した結果、呼吸困難・倦怠感や浮腫が出現し、運動耐容能が低下した状態を指す。その基礎となる疾患は様々であり、また、心不全は身体活動に制限がない状態から、急性心不全と呼ばれる急速に心原性ショックや心肺停止に移行する可能性のあるひっ迫した状態までを含む幅広い状態名であるものである。

　　労災補償の対象疾病としては、基礎疾患の自然経過によるものではなく、業務による明らかな過重負荷によって基礎疾患がその自然経過を超えて著しく増悪したものと判断できる必要があることから、入院による治療を必要とする急性心不全を念頭に、対象疾病が「重篤な心不全」と限定されたものである。

　　このため、疾患名が心不全である場合には、その基礎となる疾患及び心不全の程度についても併せて確認し、治療内容や予後等も含め病状の全体像をみて、業務による負荷及び基礎疾患の状況と心不全の発症との関係を判断する必要があり、基礎疾患がその自然経過を超えて著しく増悪したものと認められる場合に労災保険給付の対象となるものであること。

　　また、心不全は幅広い状態名であることから、その発症時期の特定が困難な事案については、当課職業病認定対策室に相談すること。

(4)　不整脈による突然死等の取扱い

　　平成8年1月22日付け基発第30号で対象疾病とされていた「不整脈による突然死等」は、旧認定基準においては「心停止（心臓性突然死を含む。）」に含めて取り扱うこととされていたところである。

　　当該疾病は、具体的には、心室細動や心室静止等の致死的不整脈による心停止、又は心室頻拍、心房頻拍、心房粗・細動等による心不全症状あるいは脳虚血症状などにより死亡又は療養が必要な状態になったものをいうことから、その症状に応じて、心停止、重篤な心不全、脳梗塞など対象疾病のいずれに当たるかを確認し、該当する疾病として取り扱うこと。

(5)　脳卒中の取扱い

　　脳内出血、くも膜下出血及び脳梗塞については、一過性脳虚血発作（脳梗塞の症状が短時間で消失するもの）も含めて脳卒中と総称される。

　　脳卒中として請求された事案については、疾患名を確認し、対象疾病以外の疾病であることが確認された場合を除き、認定基準によって判断して差し支えない。

(6)　対象疾病以外の疾病に係る請求の取扱い

　　認定基準においては、医学的に過重負荷に関連して発症すると考えられる脳・心臓疾患が対象疾病に掲げられ、取り扱う疾病の範囲が明確にされたものであるが、認定基準の第5の2(1)を踏まえ、対象疾病以外の疾病が過重負荷により発症したとして請求された事案については、当課職業病認定対策室に相談すること。

2　過重負荷

　　認定基準第1の基本的な考え方に基づき、過重負荷とは、医学経験則に照らして、脳・心臓疾患の発症の基礎となる血管病変等をその自然経過を超えて著しく増悪させ得ることが客観的に認められる負荷をいうものである。

　　また、ここでいう自然経過とは、加齢、一般生活等において生体が受ける通常の要因による血管病変等の形成、進行及び増悪の経過をいう。

　　なお、前記第2の4の認定要件の記載順の変更に関わらず、過重業務と発症

との関連性を時間的にみた場合、医学的には業務による過重な負荷は発症に近
ければ近いほど影響が強いと考えられるとする考え方については、旧認定基準
から変更はないこと。

3　長期間の過重業務

(1)　過重負荷の評価の基準となる「同種労働者」

　　　過重負荷の評価の基準となる「同種労働者」については、旧認定基準で示
　　されていた年齢及び経験のほか、職種、職場における立場や職責などについ
　　ても類似する者であることが明示されたことを踏まえ、心理的負荷・身体的
　　負荷等の評価を適切に行うこと。

　　　また、「基礎疾患を有していたとしても日常業務を支障なく遂行できる者」
　　を同種労働者に含むことは旧認定基準と同様であり、このことから、基礎疾
　　患の状況などの健康状態についても、年齢等と同様に考慮対象となることに
　　留意すること。

(2)　評価期間

　　　評価期間について変更はなく、疲労の蓄積を評価する期間として発症前お
　　おむね６か月間を評価することとされた。なお、当該評価に当たっては、引
　　き続き１か月間を30日として計算すること。

　　　また、長期間の過重業務の判断に当たり、疲労の蓄積に加えて発症に近接
　　した時期に一定の負荷要因が認められる場合には、それらの負荷も含め総合
　　的に長期間の過重業務の評価を行うべきことは当然であるが、あらためて当
　　該取扱いが明示されたものであり、適切な評価を行うこと。

(3)　業務の過重性の具体的な評価

　ア　発症前１か月間におおむね100時間又は発症前２か月間ないし６か月間
　　　にわたって、１か月当たりおおむね80時間を超える時間外労働が認められ
　　　る場合は、業務と発症との関連性が強いと評価できるとする考え方につい
　　　ては、旧認定基準から変更はないこと。したがって、そのような時間外労
　　　働に就労した場合には、原則として特に過重な業務に就労したものと認め
　　　られること。

　　　　ただし、そのような時間外労働に就労していても、例えば、労働基準法
　　　第41条第３号の監視又は断続的労働に相当する業務、すなわち、原則とし
　　　て一定部署にあって監視を行うことを本来の業務とし、常態として身体又
　　　は精神的緊張の少ない業務や作業自体が本来間欠的に行われるもので、休
　　　憩時間は少ないが手待時間が多い業務等、労働密度が特に低いと認められ
　　　るものについては、直ちに業務と発症との関連性が強いと評価することは
　　　適切ではない場合があることに留意する必要があること。

　　　　なお、発症前２か月間ないし６か月間とは、発症前２か月間、発症前３
　　　か月間、発症前４か月間、発症前５か月間、発症前６か月間のいずれかの
　　　期間をいい、過重性の評価は、次の手順によること。

　　①　発症前６か月間のうち、まず、発症前１か月間の時間外労働時間数を
　　　算出し、次に発症前２か月間の１か月当たりの時間外労働時間数、さら

に発症前3か月間の1か月当たりの時間外労働時間数と順次期間を拡げ、発症前6か月間までの6通りの1か月当たりの時間外労働時間数を算出する。

② ①で算出した時間外労働時間数の1か月当たりの時間数が最大となる期間を総合評価の対象とし、当該期間の1か月当たりの時間数を認定基準の第4の2(4)ウ(ア)に当てはめて検討した上で、当該期間における労働時間以外の負荷要因の評価と併せて業務の過重性を判断する。

ただし、より短い期間をもって特に過重な業務に就労したと評価できる場合は、その期間だけで判断して差し支えない。

イ 発症前1か月間ないし6か月間にわたって、1か月当たりおおむね45時間を超える時間外労働が認められない場合は、疲労の蓄積が生じないとされていることから、業務と発症との関連性が弱いと評価できるとされたことについても、旧認定基準から変更はないこと。したがって、一般的にこの時間外労働のみから、特に過重な業務に就労したとみることは困難であること。

なお、発症前1か月間ないし6か月間とは、発症前1か月間、発症前2か月間、発症前3か月間、発症前4か月間、発症前5か月間、発症前6か月間のすべての期間をいうものである。

ウ 労働時間と労働時間以外の負荷要因の総合的な評価として、労働時間のみで業務と発症との関連性が強いと認められる水準には至らないがこれに近い時間外労働に加えて一定の労働時間以外の負荷が認められる場合には、業務と発症との関連性が強いと評価できることが明示された。

ここでいう「これに近い時間外労働」については、労働時間がより長ければ労働時間以外の負荷要因による負荷がより小さくとも業務と発症との関連性が強い場合があり、また、労働時間以外の負荷要因による負荷がより大きければ又は多ければ労働時間がより短くとも業務と発症との関連性が強い場合があることから、労働時間以外の負荷要因の状況によって異なるものであり具体的な時間数について一律に示すことは困難である。

一方で、報告書においては、①長時間労働と脳・心臓疾患の発症等との間に有意性を認めた疫学調査では、長時間労働を「週55時間以上の労働時間」又は「1日11時間以上の労働時間」として調査・解析しており、これが1か月継続した状態としてはおおむね65時間を超える時間外労働の水準が想定されたこと、②支給決定事例において、労働時間に加えて一定の労働時間以外の負荷要因を考慮して認定した事例についてみると、1か月当たりの時間外労働は、おおむね65時間から70時間以上のものが多かったこと、そして、③このような時間外労働に加えて、労働時間以外の負荷要因で一定の強さのものが認められるときには、全体として、労働時間のみで業務と発症との関連性が強いと認められる水準と同等の過重負荷と評価し得る場合があることが掲記されている。

労働時間と労働時間以外の負荷要因を総合的に考慮するに当たっては、

　　　当該掲記を踏まえ、別紙１「労働時間以外の負荷要因の評価に当たっての
　　留意事項」にも留意して、適切な評価を行うこと。また、別紙２の事例も
　　参考とすること。
４　短期間の過重業務
　⑴　過重負荷の評価の基準となる「同種労働者」
　　　留意点は前記３⑴と同様であること。
　⑵　業務の過重性の具体的な評価
　　　　負荷要因のうち労働時間の評価については、認定基準に示された検討の視
　　点及び業務と発症との関連性が強いと評価できる場合の例示を踏まえ、過重
　　負荷の有無の判断を適切に行うこと。
　　　　また、労働時間以外の負荷要因の評価についての留意点は、別紙１のとお
　　りであり、労働時間及び労働時間以外の負荷要因を客観的かつ総合的に判断
　　する必要があることは従前と同様であること。
５　異常な出来事
　　　異常な出来事における「異常」とは、当該出来事によって急激な血圧変動や
　　血管収縮等を引き起こすことが医学的にみて妥当と認められる程度のものであ
　　ることを指しており、出来事の異常性・突発性や予測の困難性は、出来事によ
　　る身体的、精神的負荷が著しいと認められるか否かの検討の視点として重要な
　　ものであるが、異常な出来事に不可欠のものではない。
　　　認定基準においては、その趣旨で具体的な出来事から「突発的又は予測困難
　　な異常な」の表記が削除されているものであり、認定基準に示された検討の視
　　点及び業務と発症との関連性が強いと評価できる場合の例示を踏まえ、過重負
　　荷の有無の判断を適切に行うこと。
６　危険因子の評価
　　　脳・心臓疾患は、その発症の基礎となる血管病変等が、主に加齢、生活習慣
　　等の日常生活による諸要因等の負荷により、長い年月の生活の営みの中で徐々
　　に形成、進行及び増悪するといった自然経過をたどり発症するもので、血管病
　　変等の進行には、高血圧、糖尿病、脂質異常症、喫煙、飲酒等の危険因子の関
　　与が指摘されており、特に複数の危険因子を有する者は、発症のリスクが高い
　　とされている。
　　　このため、業務起因性の判断に当たっては、脳・心臓疾患を発症した労働者
　　の健康状態を把握して、基礎疾患等の程度を十分検討する必要があるが、認定
　　基準の要件に該当する事案については、明らかに業務以外の原因により発症し
　　たと認められる場合等の特段の事情がない限り、業務起因性が認められるもの
　　である。
第４　調査中の事案等の取扱い
　　　認定基準施行日において調査中の事案及び審査請求中の事案については、認
　　定基準に基づいて決定すること。
　　　また、認定基準施行日において係争中の訴訟事案のうち、認定基準に基づい
　　て判断した場合に訴訟追行上の問題が生じる可能性のある事件については、当

課労災保険審理室に協議すること。

第5　認定基準の周知等

1　認定基準の周知

脳・心臓疾患の労災認定に関し相談等があった場合には、おって示すリーフレット等を活用することにより、認定基準等について懇切・丁寧に説明を行うこと。

また、各種関係団体に対しても、機会をとらえて周知を図ること。

なお、旧認定基準のパンフレットについては、当面、当該リーフレットを挟み込んで使用すること。

2　職員研修等の実施

労働局において、職員研修等を計画的に実施し、認定基準に関する職員の理解を深めること。

また、地方労災医員等に対しても、同様に認定基準について情報提供し、その考え方等について説明すること。

別紙1
労働時間以外の負荷要因の評価に当たっての留意事項

労働時間以外の負荷要因の評価に当たっての留意事項及び旧認定基準からの改正の趣旨は、次のとおりである。

なお、負荷要因の評価に当たっては、労働時間も含め、各負荷要因について全体を総合的に評価することが適切であり、ある就労実態について評価を行う際には、各負荷要因において示された検討の視点についてそれぞれ検討し、評価することが必要であるが、これは同一の実態について二重に評価する趣旨ではないことはこれまでと同様である。

1　勤務時間の不規則性

(1)　拘束時間の長い勤務

旧認定基準から大きな変更はなく、検討の視点について一部改正が行われるとともに、定義が明らかにされ、また、労働時間の項目における評価との重複を避けるための記載が追加されたものであること。

(2)　休日のない連続勤務

新規に追加された項目であり、旧認定基準においては、労働時間の項目の中で評価されていた内容について、独立した負荷要因として明らかにされたものであること。

なお、休日がない場合だけでなく、休日が少ない場合もこの項目で評価するものであること。ここでいう「連続勤務」は労働日が連続することを指し、24時間連続勤務のような引き続いて実施される一勤務が長い状況については、本項目ではなく「不規則な勤務・交替制勤務・深夜勤務」の項目において評価すること。

(3)　勤務間インターバルが短い勤務

新規に追加された項目であり、旧認定基準においては、「交替制勤務・深夜

勤務」の項目で「勤務と次の勤務までの時間」として評価を行っていた内容であるが、交替制勤務等に限らず、時間外労働により終業時刻が遅くなり、次の始業時刻までの時間が短くなった場合も含めて本項目で評価すること。

　また、長期間の過重業務の判断に当たって、検討の対象とする時間数が示されているが、勤務間インターバルがおおむね11時間未満であるか否かだけでなく、勤務間インターバルの時間数、頻度、連続性等についても検討する必要があるものであること。

(4) 不規則な勤務・交替制勤務・深夜勤務

　旧認定基準における「不規則な勤務」と「交替制勤務・深夜勤務」について、負荷となる理由の共通性や、実際の事例における区分の困難性等の観点から統合されたものであること。

　本項目は、勤務時間帯やその変更が生体リズム（概日リズム）と生活リズムの位相のずれを生じさせ、疲労の蓄積に影響を及ぼすことを評価するものであることから、交替制勤務がスケジュールどおり実施されている場合や、日常的に深夜勤務を行っている場合であっても、負荷要因として検討し、労働時間の状況等と合わせて評価する必要があるものであること。

2　事業場外における移動を伴う業務

　旧認定基準における「出張の多い業務」について、出張を「特定の用務を果たすために通常の勤務地を離れて行うもの」と整理した上で、通常の勤務として事業場外における移動を伴う業務の負荷についても検討する必要があるとされたことから項目名が修正され、その細目として「出張の多い業務」と「その他事業場外における移動を伴う業務」が明示されたものであること。

(1) 出張の多い業務

　旧認定基準における負荷要因の検討の視点について一部改正が行われるとともに、定義が明らかにされたものであること。

　また、旧認定基準において作業環境の細目とされていた時差についても、出張に伴う負荷であることから本項目で評価することとされたものである。時差については、時間数を限定せず検討の対象とされたが、特に４時間以上の時差が負荷として重要であることに留意すること。

　なお、時差を検討するに当たっては、東への移動（１日の時間が短くなる方向の移動）は、西への移動よりも負荷が大きいとされており、検討の視点に示された「移動の方向」とはその趣旨であること。

　出張に伴う勤務時間の不規則性については、本項目ではなく、前記１の項目において併せて評価する必要があること。

(2) その他事業場外における移動を伴う業務

　長距離輸送の業務に従事する運転手や航空機の客室乗務員等、通常の勤務として事業場外における移動を伴う業務の負荷について検討する項目であり、検討の視点は、一部を除き「出張の多い業務」とおおむね同様であること。

3　心理的負荷を伴う業務

　旧認定基準における「精神的緊張を伴う業務」について、業務による心理的負

荷を広く評価対象とする趣旨で、項目名が修正されたものであること。

　認定基準別表１の「日常的に心理的負荷を伴う業務」は、旧認定基準の別紙のうち「日常的に精神的緊張を伴う業務」に対応したものであるところ、旧認定基準に記載があり、認定基準に記載がない業務については、認定基準別表２の「心理的負荷を伴う具体的出来事」として評価することが想定されているものである。

　また、認定基準別表２の「心理的負荷を伴う具体的出来事」は、旧認定基準の別紙のうち「発症に近接した時期における精神的緊張を伴う業務に関連する出来事」に対応したものであるが、心理的負荷による精神障害の認定基準（平成23年12月26日付け基発1226第１号）が定める「業務による心理的負荷評価表」（以下「評価表」という。）を参考に、具体的出来事の内容が拡充されたものである。具体的には、評価表に記載された具体的出来事のうち、労働時間（仕事の量）に関するものを除き、平均的な心理的負荷の強度がⅢ及びⅡ（強〜中程度）のものが掲記されている。したがって、別表２に記載された用語の解釈は評価表と同一である。

　さらに、認定基準別表１及び別表２に掲げられていない具体的出来事等に関して強い心理的負荷が認められる場合には、検討の視点でいう具体的出来事「等」として評価することとなる。

　なお、旧認定基準においては、精神的緊張の程度が特に著しいと認められるものについて評価することとされており、また、業務に関連する出来事について、発症に近接した時期におけるものが評価の対象とされていたが、認定基準においてはそれらの限定はなされていないことに留意すること。

4　身体的負荷を伴う業務

　新規に追加された項目である。旧通達において、日常業務と質的に著しく異なる業務として、事務職の労働者が激しい肉体労働を行うことにより、日々の業務を超える身体的、精神的負荷を受けたと認められる場合を例示していたが、そのような場合も含めて本項目で評価すること。

　また、日常的に強度の肉体労働を行っている場合にも負荷要因として検討し、労働時間の状況等と合わせて評価すること。

5　作業環境

　作業環境については、旧認定基準において、過重性の評価に当たっては付加的に考慮することとされていたところ、認定基準においても、長期間の過重業務の判断に当たっては付加的に考慮するものとされたこと。

　一方、短期間の過重業務の判断に当たっては、他の負荷要因と同じく十分に検討すること。

(1)　温度環境

　旧認定基準における負荷要因の検討の視点について、旧認定基準では寒冷を高温より重視していたが、寒冷と高温を同様に検討する趣旨の改正が行われたこと。

(2)　騒音

　旧認定基準から変更はないこと。

別紙2

労働時間と労働時間以外の負荷要因を総合的に考慮して
業務と発症との関連性が強いと評価される例

【事例1】

　Aさんは、トラックの運転手として、県内で製造された電気製品等を国内各地に
所在するホームセンターの物流センターに配送する業務に従事していた。Aさん
は、これらの業務に従事し、発症前2か月平均で月約71時間の時間外労働を行って
いた。

　夜間運行を基本とし、20時から23時に出勤し、翌朝8時から9時、遅い日では15
時頃まで勤務していた。発症前6か月の拘束時間は、発症前1か月から順に、216
時間、302時間、278時間、266時間、219時間、291時間となっていた。

　Aさんは、配送先の物流センターで製品の積み込み作業中に倒れた。物流セン
ターの作業員が倒れていたAさんを発見し、救急車を呼び病院に搬送したが、Aさ
んは、心筋梗塞により死亡した。

【事例2】

　Bさんは、関東に所在する水産加工工場に勤務し、水産物の仕入れや営業担当業
務に従事していた。Bさんは、これらの業務に従事し、発症前3か月平均で月約64
時間の時間外労働を行っていた。

　この3か月の全ての勤務は泊付きの出張であり、主に仕入業者との商談や営業の
ため、関西と九州方面の港に出張していた。

　発症前3か月の泊付きの出張日数は64日、工場から関西や九州方面へ移動を要し
た日数は24日に及んだ。

　Bさんは出張先で、痙攣、めまい、吐き気の症状を訴え、救急車を呼び病院に搬
送され、脳梗塞と診断された。

〔資料3〕　心理的負荷による精神障害の認定基準

基発1226第 1 号

平成23年12月26日

改　正　基発0529第 1 号

令和 2 年 5 月29日

改　正　基発0821第 4 号

令和 2 年 8 月21日

都道府県労働局長　殿

厚生労働省労働基準局長

心理的負荷による精神障害の認定基準について

　心理的負荷による精神障害の労災請求事案については、平成11年 9 月14日付け基発第544号「心理的負荷による精神障害の業務上外に係る判断指針」（以下「判断指針」という。）に基づき業務上外の判断を行ってきたところであるが、今般、「精神障害等の労災認定の基準に関する専門検討会報告書（平成23年11月）」の内容を踏まえ、別添の認定基準を新たに定めたので、今後は本認定基準に基づき適切に判断されたい。

　なお、本通達の施行に伴い、判断指針は廃止する。

別添

心理的負荷による精神障害の認定基準

第 1 　対象疾病

　　本認定基準で対象とする疾病（以下「対象疾病」という。）は、国際疾病分類第10回修正版（以下「ＩＣＤ－10」という。）第Ｖ章「精神および行動の障害」に分類される精神障害であって、器質性のもの及び有害物質に起因するものを除く。

　　対象疾病のうち業務に関連して発病する可能性のある精神障害は、主としてＩＣＤ－10のＦ 2 からＦ 4 に分類される精神障害である。

　　なお、器質性の精神障害及び有害物質に起因する精神障害（ＩＣＤ－10のＦ 0 及びＦ 1 に分類されるもの）については、頭部外傷、脳血管障害、中枢神経変性疾患等の器質性脳疾患に付随する疾病や化学物質による疾病等として認められるか否かを個別に判断する。

　　また、いわゆる心身症は、本認定基準における精神障害には含まれない。

第 2 　認定要件

　　次の 1 、 2 及び 3 のいずれの要件も満たす対象疾病は、労働基準法施行規則別表第 1 の 2 第 9 号に該当する業務上の疾病として取り扱う。

　 1 　対象疾病を発病していること。

　 2 　対象疾病の発病前おおむね 6 か月の間に、業務による強い心理的負荷が認められること。

　 3 　業務以外の心理的負荷及び個体側要因により対象疾病を発病したとは認められないこと。

　　また、要件を満たす対象疾病に併発した疾病については、対象疾病に付随する疾病として認められるか否かを個別に判断し、これが認められる場合には当該対象疾病と一体のものとして、労働基準法施行規則別表第1の2第9号に該当する業務上の疾病として取り扱う。

第3　認定要件に関する基本的な考え方

　　対象疾病の発病に至る原因の考え方は、環境由来の心理的負荷（ストレス）と、個体側の反応性、脆弱性との関係で精神的破綻が生じるかどうかが決まり、心理的負荷が非常に強ければ、個体側の脆弱性が小さくても精神的破綻が起こるし、逆に脆弱性が大きければ、心理的負荷が小さくても破綻が生ずるとする「ストレス－脆弱性理論」に依拠している。

　　このため、心理的負荷による精神障害の業務起因性を判断する要件としては、対象疾病の発病の有無、発病の時期及び疾患名について明確な医学的判断があることに加え、当該対象疾病の発病の前おおむね6か月の間に業務による強い心理的負荷が認められることを掲げている。

　　この場合の強い心理的負荷とは、精神障害を発病した労働者がその出来事及び出来事後の状況が持続する程度を主観的にどう受け止めたかではなく、同種の労働者が一般的にどう受け止めるかという観点から評価されるものであり、「同種の労働者」とは職種、職場における立場や職責、年齢、経験等が類似する者をいう。

　　さらに、これらの要件が認められた場合であっても、明らかに業務以外の心理的負荷や個体側要因によって発病したと認められる場合には、業務起因性が否定されるため、認定要件を上記第2のとおり定めた。

第4　認定要件の具体的判断

1　発病の有無等の判断

　　対象疾病の発病の有無、発病時期及び疾患名は、「ＩＣＤ－10　精神および行動の障害　臨床記述と診断ガイドライン」（以下「診断ガイドライン」という。）に基づき、主治医の意見書や診療録等の関係資料、請求人や関係者からの聴取内容、その他の情報から得られた認定事実により、医学的に判断される。特に発病時期については特定が難しい場合があるが、そのような場合にもできる限り時期の範囲を絞り込んだ医学意見を求め判断する。

　　なお、強い心理的負荷と認められる出来事の前と後の両方に発病の兆候と理解し得る言動があるものの、どの段階で診断基準を満たしたのかの特定が困難な場合には、出来事の後に発病したものと取り扱う。

　　精神障害の治療歴のない事案については、主治医意見や診療録等が得られず発病の有無の判断も困難となるが、この場合にはうつ病エピソードのように症状に周囲が気づきにくい精神障害もあることに留意しつつ関係者からの聴取内容等を医学的に慎重に検討し、診断ガイドラインに示されている診断基準を満たす事実が認められる場合又は種々の状況から診断基準を満たすと医学的に推定される場合には、当該疾患名の精神障害が発病したものとして取り扱う。

2　業務による心理的負荷の強度の判断

　上記第2の認定要件のうち、2の「対象疾病の発病前おおむね6か月の間に、業務による強い心理的負荷が認められること」とは、対象疾病の発病前おおむね6か月の間に業務による出来事があり、当該出来事及びその後の状況による心理的負荷が、客観的に対象疾病を発病させるおそれのある強い心理的負荷であると認められることをいう。

　このため、業務による心理的負荷の強度の判断に当たっては、精神障害発病前おおむね6か月の間に、対象疾病の発病に関与したと考えられる業務によるどのような出来事があり、また、その後の状況がどのようなものであったのかを具体的に把握し、それらによる心理的負荷の強度はどの程度であるかについて、別表1「業務による心理的負荷評価表」（以下「別表1」という。）を指標として「強」、「中」、「弱」の三段階に区分する。

　なお、別表1においては、業務による強い心理的負荷が認められるものを心理的負荷の総合評価が「強」と表記し、業務による強い心理的負荷が認められないものを「中」又は「弱」と表記している。「弱」は日常的に経験するものであって一般的に弱い心理的負荷しか認められないもの、「中」は経験の頻度は様々であって「弱」よりは心理的負荷があるものの強い心理的負荷とは認められないものをいう。

　具体的には次のとおり判断し、総合評価が「強」と判断される場合には、上記第2の2の認定要件を満たすものとする。

(1)　「特別な出来事」に該当する出来事がある場合

　　発病前おおむね6か月の間に、別表1の「特別な出来事」に該当する業務による出来事が認められた場合には、心理的負荷の総合評価を「強」と判断する。

(2)　「特別な出来事」に該当する出来事がない場合

　　「特別な出来事」に該当する出来事がない場合は、以下の手順により心理的負荷の総合評価を行い、「強」、「中」又は「弱」に評価する。

　ア　「具体的出来事」への当てはめ

　　発病前おおむね6か月の間に認められた業務による出来事が、別表1の「具体的出来事」のどれに該当するかを判断する。ただし、実際の出来事が別表1の「具体的出来事」に合致しない場合には、どの「具体的出来事」に近いかを類推して評価する。

　　なお、別表1では、「具体的出来事」ごとにその平均的な心理的負荷の強度を、強い方から「Ⅲ」、「Ⅱ」、「Ⅰ」として示している。

　イ　出来事ごとの心理的負荷の総合評価

　　(ｱ)　該当する「具体的出来事」に示された具体例の内容に、認定した「出来事」や「出来事後の状況」についての事実関係が合致する場合には、その強度で評価する。

　　(ｲ)　事実関係が具体例に合致しない場合には、「具体的出来事」ごとに示している「心理的負荷の総合評価の視点」及び「総合評価における共通事項」に基づき、具体例も参考としつつ個々の事案ごとに評価する。

　　なお、「心理的負荷の総合評価の視点」及び具体例は、次の考え方に基づいて示しており、この考え方は個々の事案の判断においても適用すべきものである。また、具体例はあくまでも例示であるので、具体例の「強」の欄で示したもの以外は「強」と判断しないというものではない。

　a　類型①「事故や災害の体験」は、出来事自体の心理的負荷の強弱を特に重視した評価としている。

　b　類型①以外の出来事については、「出来事」と「出来事後の状況」の両者を軽重の別なく評価しており、総合評価を「強」と判断するのは次のような場合である。

　(a)　出来事自体の心理的負荷が強く、その後に当該出来事に関する本人の対応を伴っている場合

　(b)　出来事自体の心理的負荷としては「中」程度であっても、その後に当該出来事に関する本人の特に困難な対応を伴っている場合

　c　上記ｂのほか、いじめやセクシュアルハラスメントのように出来事が繰り返されるものについては、繰り返される出来事を一体のものとして評価し、また、「その継続する状況」は、心理的負荷が強まるものとしている。

(3)　出来事が複数ある場合の全体評価

　　対象疾病の発病に関与する業務による出来事が複数ある場合の心理的負荷の程度は、次のように全体的に評価する。

　ア　上記(1)及び(2)によりそれぞれの出来事について総合評価を行い、いずれかの出来事が「強」の評価となる場合は、業務による心理的負荷を「強」と判断する。

　イ　いずれの出来事でも単独では「強」の評価とならない場合には、それらの複数の出来事について、関連して生じているのか、関連なく生じているのかを判断した上で、

　①　出来事が関連して生じている場合には、その全体を一つの出来事として評価することとし、原則として最初の出来事を「具体的出来事」として別表１に当てはめ、関連して生じた各出来事は出来事後の状況とみなす方法により、その全体評価を行う。

　　　具体的には、「中」である出来事があり、それに関連する別の出来事（それ単独では「中」の評価）が生じた場合には、後発の出来事は先発の出来事の出来事後の状況とみなし、当該後発の出来事の内容、程度により「強」又は「中」として全体を評価する。

　②　一つの出来事のほかに、それとは関連しない他の出来事が生じている場合には、主としてそれらの出来事の数、各出来事の内容（心理的負荷の強弱）、各出来事の時間的な近接の程度を元に、その全体的な心理的負荷を評価する。

　　　具体的には、単独の出来事の心理的負荷が「中」である出来事が複数生じている場合には、全体評価は「中」又は「強」となる。また、「中」

の出来事が一つあるほかには「弱」の出来事しかない場合には原則として全体評価も「中」であり、「弱」の出来事が複数生じている場合には原則として全体評価も「弱」となる。

(4) 時間外労働時間数の評価

別表１には、時間外労働時間数（週40時間を超える労働時間数をいう。以下同じ。）を指標とする基準を次のとおり示しているので、長時間労働が認められる場合にはこれにより判断する。

なお、業務による強い心理的負荷は、長時間労働だけでなく、仕事の失敗、役割・地位の変化や対人関係等、様々な出来事及びその後の状況によっても生じることから、この時間外労働時間数の基準に至らない場合にも、時間数のみにとらわれることなく、上記(1)から(3)により心理的負荷の強度を適切に判断する。

ア 極度の長時間労働による評価

極度の長時間労働は、心身の極度の疲弊、消耗を来し、うつ病等の原因となることから、発病日から起算した直前の１か月間におおむね160時間を超える時間外労働を行った場合等には、当該極度の長時間労働に従事したことのみで心理的負荷の総合評価を「強」とする。

イ 長時間労働の「出来事」としての評価

長時間労働以外に特段の出来事が存在しない場合には、長時間労働それ自体を「出来事」とし、新たに設けた「１か月に80時間以上の時間外労働を行った（項目16）」という「具体的出来事」に当てはめて心理的負荷を評価する。

項目16の平均的な心理的負荷の強度は「Ⅱ」であるが、発病日から起算した直前の２か月間に１月当たりおおむね120時間以上の時間外労働を行い、その業務内容が通常その程度の労働時間を要するものであった場合等には、心理的負荷の総合評価を「強」とする。項目16では、「仕事内容・仕事量の（大きな）変化を生じさせる出来事があった（項目15）」と異なり、労働時間数がそれ以前と比べて増加していることは必要な条件ではない。

なお、他の出来事がある場合には、時間外労働の状況は下記ウによる総合評価において評価されることから、原則として項目16では評価しない。ただし、項目16で「強」と判断できる場合には、他に出来事が存在しても、この項目でも評価し、全体評価を「強」とする。

ウ 恒常的長時間労働が認められる場合の総合評価

出来事に対処するために生じた長時間労働は、心身の疲労を増加させ、ストレス対応能力を低下させる要因となることや、長時間労働が続く中で発生した出来事の心理的負荷はより強くなることから、出来事自体の心理的負荷と恒常的な長時間労働（月100時間程度となる時間外労働）を関連させて総合評価を行う。

具体的には、「中」程度と判断される出来事の後に恒常的な長時間労働が認められる場合等には、心理的負荷の総合評価を「強」とする。

　　なお、出来事の前の恒常的な長時間労働の評価期間は、発病前おおむね６か月の間とする。

(5)　出来事の評価の留意事項

　　業務による心理的負荷の評価に当たっては、次の点に留意する。

①　業務上の傷病により６か月を超えて療養中の者が、その傷病によって生じた強い苦痛や社会復帰が困難な状況を原因として対象疾病を発病したと判断される場合には、当該苦痛等の原因となった傷病が生じた時期は発病の６か月よりも前であったとしても、発病前おおむね６か月の間に生じた苦痛等が、ときに強い心理的負荷となることにかんがみ、特に当該苦痛等を出来事（「(重度の)病気やケガをした（項目１）」）とみなすこと。

②　いじめやセクシュアルハラスメントのように、出来事が繰り返されるものについては、発病の６か月よりも前にそれが開始されている場合でも、発病前６か月以内の期間にも継続しているときは、開始時からのすべての行為を評価の対象とすること。

③　生死にかかわる業務上のケガをした、強姦に遭った等の特に強い心理的負荷となる出来事を体験した者は、その直後に無感覚等の心的まひや解離等の心理的反応が生じる場合があり、このため、医療機関への受診時期が当該出来事から６か月よりも後になることもある。その場合には、当該解離性の反応が生じた時期が発病時期となるため、当該発病時期の前おおむね６か月の間の出来事を評価すること。

④　本人が主張する出来事の発生時期は発病の６か月より前である場合であっても、発病前おおむね６か月の間における出来事の有無等についても調査し、例えば当該期間における業務内容の変化や新たな業務指示等が認められるときは、これを出来事として発病前おおむね６か月の間の心理的負荷を評価すること。

３　業務以外の心理的負荷及び個体側要因の判断

　　上記第２の認定要件のうち、３の「業務以外の心理的負荷及び個体側要因により対象疾病を発病したとは認められないこと」とは、次の①又は②の場合をいう。

①　業務以外の心理的負荷及び個体側要因が認められない場合

②　業務以外の心理的負荷又は個体側要因は認められるものの、業務以外の心理的負荷又は個体側要因によって発病したことが医学的に明らかであると判断できない場合

(1)　業務以外の心理的負荷の判断

ア　業務以外の心理的負荷の強度については、対象疾病の発病前おおむね６か月の間に、対象疾病の発病に関与したと考えられる業務以外の出来事の有無を確認し、出来事が一つ以上確認できた場合は、それらの出来事の心理的負荷の強度について、別表２「業務以外の心理的負荷評価表」を指標として、心理的負荷の強度を「Ⅲ」、「Ⅱ」又は「Ⅰ」に区分する。

イ　出来事が確認できなかった場合には、上記①に該当するものと取り扱う。

　　ウ　強度が「Ⅱ」又は「Ⅰ」の出来事しか認められない場合は、原則として
　　　上記②に該当するものと取り扱う。

　　エ　「Ⅲ」に該当する業務以外の出来事のうち心理的負荷が特に強いものが
　　　ある場合や、「Ⅲ」に該当する業務以外の出来事が複数ある場合等につい
　　　ては、それらの内容等を詳細に調査の上、それが発病の原因であると判断
　　　することの医学的な妥当性を慎重に検討して、上記②に該当するか否かを
　　　判断する。

(2)　個体側要因の評価

　　本人の個体側要因については、その有無とその内容について確認し、個体
　側要因の存在が確認できた場合には、それが発病の原因であると判断するこ
　との医学的な妥当性を慎重に検討して、上記②に該当するか否かを判断す
　る。業務による強い心理的負荷が認められる事案であって個体側要因によっ
　て発病したことが医学的に見て明らかな場合としては、例えば、就業年齢前
　の若年期から精神障害の発病と寛解を繰り返しており、請求に係る精神障害
　がその一連の病態である場合や、重度のアルコール依存状況がある場合等が
　ある。

第5　精神障害の悪化の業務起因性

　　業務以外の原因や業務による弱い（「強」と評価できない）心理的負荷によ
　り発病して治療が必要な状態にある精神障害が悪化した場合、悪化の前に強い
　心理的負荷となる業務による出来事が認められることをもって直ちにそれが当
　該悪化の原因であるとまで判断することはできず、原則としてその悪化につい
　て業務起因性は認められない。

　　ただし、別表1の「特別な出来事」に該当する出来事があり、その後おおむ
　ね6か月以内に対象疾病が自然経過を超えて著しく悪化したと医学的に認めら
　れる場合については、その「特別な出来事」による心理的負荷が悪化の原因で
　あると推認し、悪化した部分について、労働基準法施行規則別表第1の2第9
　号に該当する業務上の疾病として取り扱う。

　　上記の「治療が必要な状態」とは、実際に治療が行われているものに限らず、
　医学的にその状態にあると判断されるものを含む。

第6　専門家意見と認定要件の判断

　　認定要件を満たすか否かを判断するに当たっては、医師の意見と認定した事
　実に基づき次のとおり行う。

1　主治医意見による判断

　　すべての事案（対象疾病の治療歴がない自殺に係る事案を除く。）について、
　主治医から、疾患名、発病時期、主治医の考える発病原因及びそれらの判断の
　根拠についての意見を求める。

　　その結果、労働基準監督署長（以下「署長」という。）が認定した事実と主
　治医の診断の前提となっている事実が対象疾病の発病時期やその原因に関して
　矛盾なく合致し、その事実を別表1に当てはめた場合に「強」に該当すること
　が明らかで、下記2又は3に該当しない場合には、認定要件を満たすものと判

断する。

2 専門医意見による判断

次の事案については、主治医の意見に加え、地方労災医員等の専門医に対して意見を求め、その意見に基づき認定要件を満たすか否かを判断する。

① 主治医が発病時期やその原因を特定できない又はその根拠等があいまいな事案等、主治医の医学的判断の補足が必要な事案

② 疾患名が、ICD－10のF3（気分（感情）障害）及びF4（神経症性障害、ストレス関連障害および身体表現性障害）以外に該当する事案

③ 署長が認定した事実関係を別表1に当てはめた場合に、「強」に該当しない（「中」又は「弱」である）ことが明らかな事案

④ 署長が認定した事実関係を別表1に当てはめた場合に、明確に「強」に該当するが、業務以外の心理的負荷又は個体側要因が認められる事案（下記3③に該当する事案を除く。）

3 専門部会意見による判断

次の事案については、主治医の意見に加え、地方労災医員協議会精神障害等専門部会に協議して合議による意見を求め、その意見に基づき認定要件を満たすか否かを判断する。

① 自殺に係る事案

② 署長が認定した事実関係を別表1に当てはめた場合に、「強」に該当するかどうかも含め判断しがたい事案

③ 署長が認定した事実関係を別表1に当てはめた場合に、明確に「強」に該当するが、顕著な業務以外の心理的負荷又は個体側要因が認められる事案

④ その他、専門医又は署長が、発病の有無、疾患名、発病時期、心理的負荷の強度の判断について高度な医学的検討が必要と判断した事案

4 法律専門家の助言

関係者が相反する主張をする場合の事実認定の方法や関係する法律の内容等について、法律専門家の助言が必要な場合には、医学専門家の意見とは別に、法務専門員等の法律専門家の意見を求める。

第7 療養及び治ゆ

心理的負荷による精神障害は、その原因を取り除き、適切な療養を行えば全治し、再度の就労が可能となる場合が多いが、就労が可能な状態でなくとも治ゆ（症状固定）の状態にある場合もある。

例えば、医学的なリハビリテーション療法が実施された場合には、それが行われている間は療養期間となるが、それが終了した時点が通常は治ゆ（症状固定）となる。また、通常の就労が可能な状態で、精神障害の症状が現れなくなった又は安定した状態を示す「寛解」との診断がなされている場合には、投薬等を継続している場合であっても、通常は治ゆ（症状固定）の状態にあると考えられる。

療養期間の目安を一概に示すことは困難であるが、例えば薬物が奏功するうつ病について、9割近くが治療開始から6か月以内にリハビリ勤務を含めた職

場復帰が可能となり、また、8割近くが治療開始から1年以内、9割以上が治療開始から2年以内に治ゆ（症状固定）となるとする報告がある。

なお、対象疾病がいったん治ゆ（症状固定）した後において再びその治療が必要な状態が生じた場合は、新たな発病と取り扱い、改めて上記第2の認定要件に基づき業務上外を判断する。

治ゆ後、症状の動揺防止のため長期間にわたり投薬等が必要とされる場合にはアフターケア（平成19年4月23日付け基発第0423002号）を、一定の障害を残した場合には障害補償給付（労働者災害補償保険法第15条）を、それぞれ適切に実施する。

第8　その他

1　自殺について

業務によりICD-10のF0からF4に分類される精神障害を発病したと認められる者が自殺を図った場合には、精神障害によって正常の認識、行為選択能力が著しく阻害され、あるいは自殺行為を思いとどまる精神的抑制力が著しく阻害されている状態に陥ったものと推定し、業務起因性を認める。

その他、精神障害による自殺の取扱いについては、従前の例（平成11年9月14日付け基発第545号）による。

2　セクシュアルハラスメント事案の留意事項

セクシュアルハラスメントが原因で対象疾病を発病したとして労災請求がなされた事案の心理的負荷の評価に際しては、特に次の事項に留意する。

① セクシュアルハラスメントを受けた者（以下「被害者」という。）は、勤務を継続したいとか、セクシュアルハラスメントを行った者（以下「行為者」という。）からのセクシュアルハラスメントの被害をできるだけ軽くしたいとの心理などから、やむを得ず行為者に迎合するようなメール等を送ることや、行為者の誘いを受け入れることがあるが、これらの事実がセクシュアルハラスメントを受けたことを単純に否定する理由にはならないこと。

② 被害者は、被害を受けてからすぐに相談行動をとらないことがあるが、この事実が心理的負荷が弱いと単純に判断する理由にはならないこと。

③ 被害者は、医療機関でもセクシュアルハラスメントを受けたということをすぐに話せないこともあるが、初診時にセクシュアルハラスメントの事実を申し立てていないことが心理的負荷が弱いと単純に判断する理由にはならないこと。

④ 行為者が上司であり被害者が部下である場合、行為者が正規職員であり被害者が非正規労働者である場合等、行為者が雇用関係上被害者に対して優越的な立場にある事実は心理的負荷を強める要素となり得ること。

3　本省協議

ICD-10のF5からF9に分類される対象疾病に係る事案及び本認定基準により判断することが適当ではない事案については、本省に協議すること。

第9　複数業務要因災害

労働者災害補償保険法第7条第1項第2号に定める複数業務要因災害による

　精神障害に関しては、本認定基準を下記１のとおり読み替えるほか、本認定基準における心理的負荷の評価に係る「業務」を「二以上の事業の業務」と、また、「業務起因性」を「二以上の事業の業務起因性」と解した上で、本認定基準に基づき、認定要件を満たすか否かを判断する。

　その上で、上記第４の２及び第６に関し下記２及び３に規定した部分については、これにより判断すること。

１　認定基準の読み替え

　(1)　上記第２及び第５の「労働基準法施行規則別表第１の２第９号に該当する業務上の疾病」を「労働者災害補償保険法施行規則第18条の３の６に規定する労働基準法施行規則別表第１の２第９号に掲げる疾病」と読み替える。

　(2)　上記第７の「業務上外」を「複数業務要因災害と認められるか否か」と読み替える。

２　二以上の事業の業務による心理的負荷の強度の判断

　(1)　二以上の事業において業務による出来事が事業ごとにある場合には、上記第４の２(2)により異なる事業における出来事をそれぞれ別表１の具体的出来事に当てはめ心理的負荷を評価した上で、上記第４の２(3)により心理的負荷の強度を全体的に評価する。ただし、異なる事業における出来事が関連して生じることはまれであることから、上記第４の２(3)イについては、原則として、②により判断することとなる。

　(2)　心理的負荷を評価する際、異なる事業における労働時間、労働日数は、それぞれ通算する。

　(3)　上記(1)及び(2)に基づく判断に当たっては、それぞれの事業における職場の支援等の心理的負荷の緩和要因をはじめ、二以上の事業で労働することによる個別の状況を十分勘案して、心理的負荷の強度を全体的に評価する。

３　専門家意見と認定要件の判断

　複数業務要因災害に関しては、上記第６の１において主治医意見により判断する事案に該当するものについても、主治医の意見に加え、地方労災医員等の専門医に対して意見を求め、その意見に基づき認定要件を満たすか否かを判断する。

業務による心理的負荷評価表

特別な出来事	

特別な出来事の類型	心理的負荷の総合評価を「強」とするもの	
心理的負荷が極度のもの	・生死にかかわる、極度の苦痛を伴う、又は永久労働不能となる後遺障害を残す業務上の病気やケガをした （業務上の傷病により6か月を超えて療養中に症状が急変し極度の苦痛を伴った場合を含む）	…項目1関連
	・業務に関連し、他人を死亡させ、又は生死にかかわる重大なケガを負わせた（故意によるものを除く）	…項目3関連
	・強姦や、本人の意思を抑圧して行われたわいせつ行為などのセクシュアルハラスメントを受けた	…項目37関連
	・その他、上記に準ずる程度の心理的負荷が極度と認められるもの	
極度の長時間労働	・発病直前の1か月におおむね160時間を超えるような、又はこれに満たない期間にこれと同程度の（例えば3週間におおむね120時間以上の）時間外労働を行った（休憩時間は少ないが手待ち時間が多い場合等、労働密度が特に低い場合を除く）	…項目16関連

※「特別な出来事」に該当しない場合には、それぞれの関連項目により評価する。

特別な出来事以外	

（総合評価における共通事項）
1　出来事後の状況の評価に共通の視点
　出来事後の状況として、表に示す「心理的負荷の総合評価の視点」のほか、以下に該当する状況のうち、著しいものは総合評価を強める要素として考慮する。
　①　仕事の裁量性の欠如（他律性、強制性の存在）。具体的には、仕事が孤独で単調となった、自分で仕事の順番・やり方を決めることができなくなった、自分の技能や知識を仕事で使うことが要求されなくなった等。
　②　職場環境の悪化。具体的には、騒音、照明、温度（暑熱・寒冷）、湿度（多湿）、換気、臭気の悪化等。
　③　職場の支援・協力等（問題への対処等を含む）の欠如。具体的には、仕事のやり方の見直し改善、応援体制の確立、責任の分散等、支援・協力がなされていない等。
　④　上記以外の状況であって、出来事に伴って発生したと認められるもの（他の出来事と評価できるものを除く。）。
2　恒常的長時間労働が認められる場合の総合評価
　①　具体的出来事の心理的負荷の強度が労働時間を加味せずに「中」程度と評価される場合であって、出来事の後に恒常的な長時間労働（月100時間程度となる時間外労働）が認められる場合には、総合評価は「強」とする。
　②　具体的出来事の心理的負荷の強度が労働時間を加味せずに「中」程度と評価される場合であって、出来事の前に恒常的長時間労働（月100時間程度となる時間外労働）が認められ、出来事後すぐに（出来事後おおむね10日以内に）発病に至っている場合、又は、出来事後すぐに発病には至っていないが事後対応に多大な労力を費しその後発病した場合、総合評価は「強」とする。
　③　具体的出来事の心理的負荷の強度が、労働時間を加味せずに「弱」程度と評価される場合であって、出来事の前及び後にそれぞれ恒常的な長時間労働（月100時間程度となる時間外労働）が認められる場合には、総合評価は「強」とする。

（具体的出来事）

	出来事の類型	平均的な心理的負荷の強度				心理的負荷の総合評価の視点	
		具体的出来事	心理的負荷の強度				
			I	II	III		
1	①事故や災害の体験	（重度の）病気やケガをした			☆	・　病気やケガの程度 ・　後遺障害の程度、社会復帰の困難性等	

心理的負荷の強度を「弱」「中」「強」と判断する具体例		
弱	中	強
【解説】 右の程度に至らない病気やケガについて、その程度等から「弱」又は「中」と評価		○　重度の病気やケガをした。 【「強」である例】 ・　長期間（おおむね２か月以上）の入院を要する、又は労災の障害年金に該当する若しくは原職への復帰ができなくなる後遺障害を残すような業務上の病気やケガをした ・　業務上の傷病により６か月を超えて療養中の者について、当該傷病により社会復帰が困難な状況にあった、死の恐怖や強い苦痛が生じた

資料編

出来事の類型	具体的出来事	平均的な心理的負荷の強度			心理的負荷の総合評価の視点	
		心理的負荷の強度				
		I	II	III		
2 ①事故や災害の体験	悲惨な事故や災害の体験、目撃をした		☆		・ 本人が体験した場合、予感させる被害の程度 ・ 他人の事故を目撃した場合、被害の程度や被害者との関係等	
3 ②仕事の失敗、過重な責任の発生等	業務に関連し、重大な人身事故、重大事故を起こした			☆	・ 事故の大きさ、内容及び加害の程度 ・ ペナルティ・責任追及の有無及び程度、事後対応の困難性等	
4	会社の経営に影響するなどの重大な仕事上のミスをした			☆	・ 失敗の大きさ・重大性、社会的反響の大きさ、損害等の程度 ・ ペナルティ・責任追及の有無及び程度、事後対応の困難性等	
5	会社で起きた事故、事件について、責任を問われた		☆		・ 事故、事件の内容、関与・責任の程度、社会的反響の大きさ等 ・ ペナルティの有無及び程度、責任追及の程度、事後対応の困難性等 （注）この項目は、部下が起こした事故等、本人が直接引き起こしたものではない事故、事件について、監督責任等を問われた場合の心理的負荷を評価する。本人が直接引き起こした事故等については、項目4で評価する。	
6	自分の関係する仕事で多額の損失等が生じた		☆		・ 損失等の程度、社会的反響の大きさ等 ・ 事後対応の困難性等 （注）この項目は、取引先の倒産など、多額の損失等が生じた原因に本人が関与していないものの、それに伴う対応等による心理的負荷を評価する。本人のミスによる多額の損失等については、項目4で評価する。	

222

心理的負荷の強度を「弱」「中」「強」と判断する具体例		
弱	中	強
【「弱」になる例】 ・　業務に関連し、本人の負傷は軽症・無傷で、悲惨とまではいえない事故等の体験、目撃をした	○　悲惨な事故や災害の体験、目撃をした 【「中」である例】 ・　業務に関連し、本人の負傷は軽症・無傷で、右の程度に至らない悲惨な事故等の体験、目撃をした	【「強」になる例】 ・　業務に関連し、本人の負傷は軽度・無傷であったが、自らの死を予感させる程度の事故等を体験した ・　業務に関連し、被災者が死亡する事故、多量の出血を伴うような事故等特に悲惨な事故であって、本人が巻き込まれる可能性がある状況や、本人が被災者を救助することができたかもしれない状況を伴う事故を目撃した（傍観者的な立場での目撃は、「強」になることはまれ）
【解説】 負わせたケガの程度、事後対応の内容等から「弱」又は「中」と評価		○　業務に関連し、重大な人身事故、重大事故を起こした 【「強」である例】 ・　業務に関連し、他人に重度の病気やケガ（長期間（おおむね２か月以上）の入院を要する、又は労災の障害年金に該当する若しくは原職への復帰ができなくなる後遺障害を残すような病気やケガ）を負わせ、事後対応にも当たった ・　他人に負わせたケガの程度は重度ではないが、事後対応に多大な労力を費した（減給、降格等の重いペナルティを課された、職場の人間関係が著しく悪化した等を含む）
【解説】 ミスの程度、事後対応の内容等から「弱」又は「中」と評価		○　会社の経営に影響するなどの重大な仕事上のミスをし、事後対応にも当たった 【「強」である例】 ・　会社の経営に影響するなどの重大な仕事上のミス（倒産を招きかねないミス、大幅な業績悪化に繋がるミス、会社の信用を著しく傷つけるミス等）をし、事後対応にも当たった ・　「会社の経営に影響するなどの重大な仕事上のミス」とまでは言えないが、その事後対応に多大な労力を費した（懲戒処分、降格、月給額を超える賠償責任の追及等重いペナルティを課された、職場の人間関係が著しく悪化した等を含む）
【「弱」になる例】 ・　軽微な事故、事件（損害等の生じない事態、その後の業務で容易に損害等を回復できる事態、社内でたびたび生じる事態等）の責任（監督責任等）を一応問われたが、特段の事後対応はなかった	○会社で起きた事故、事件について、責任を問われた 【「中」である例】 ・立場や職責に応じて事故、事件の責任（監督責任等）を問われ、何らかの事後対応を行った	【「強」になる例】 ・　重大な事故、事件（倒産を招きかねない事態や大幅な業績悪化に繋がる事態、会社の信用を著しく傷つける事態、他人を死亡させ、又は生死に関わるケガを負わせる事態等）の責任（監督責任等）を問われ、事後対応に多大な労力を費した ・　重大とまではいえない事故、事件ではあるが、その責任（監督責任等）を問われ、立場や職責を大きく上回る事後対応を行った（減給、降格等の重いペナルティが課された等を含む）
【「弱」になる例】 ・　多額とはいえない損失（その後の業務で容易に回復できる損失、社内でたびたび生じる損失等）等が生じ、何らかの事後対応を行った	○　自分の関係する仕事で多額の損失等が生じた 【「中」である例】 ・　多額の損失等が生じ、何らかの事後対応を行った	【「強」になる例】 ・　会社の経営に影響するなどの特に多額の損失（倒産を招きかねない損失、大幅な業績悪化に繋がる損失等）が生じ、倒産を回避するための金融機関や取引先への対応等の事後対応に多大な労力を費した

資料編

	出来事の類型	平均的な心理的負荷の強度				心理的負荷の総合評価の視点	
		具体的出来事	心理的負荷の強度				
			I	II	III		
7	②仕事の失敗、過重な責任の発生等	業務に関連し、違法行為を強要された		☆		・ 違法性の程度、強要の程度（頻度、方法）等 ・ 事後のペナルティの程度、事後対応の困難性等	
8		達成困難なノルマが課された		☆		・ ノルマの内容、困難性、強制の程度、達成できなかった場合の影響、ペナルティの有無等 ・ その後の業務内容・業務量の程度、職場の人間関係等	
9		ノルマが達成できなかった		☆		・ 達成できなかったことによる経営上の影響度、ペナルティの程度等 ・ 事後対応の困難性等 （注）期限に至っていない場合でも、達成できない状況が明らかになった場合にはこの項目で評価する。	
10		新規事業の担当になった、会社の建て直しの担当になった		☆		・ 新規業務の内容、本人の職責、困難性の程度、能力と業務内容のギャップの程度等 ・ その後の業務内容、業務量の程度、職場の人間関係等	
11		顧客や取引先から無理な注文を受けた		☆		・ 顧客・取引先の重要性、要求の内容等 ・ 事後対応の困難性等	
12		顧客や取引先からクレームを受けた		☆		・ 顧客・取引先の重要性、会社に与えた損害の内容、程度等 ・ 事後対応の困難性等 （注）この項目は、本人に過失のないクレームについて評価する。本人のミスによるものは、項目4で評価する。	
13		大きな説明会や公式の場での発表を強いられた	☆			・ 説明会等の規模、業務内容と発表内容のギャップ、強要、責任、事前準備の程度等	
14		上司が不在になることにより、その代行を任された	☆			・ 代行した業務の内容、責任の程度、本来業務との関係、能力・経験とのギャップ、職場の人間関係等 ・ 代行期間等	

224

心理的負荷の強度を「弱」「中」「強」と判断する具体例		
弱	中	強
【「弱」になる例】 ・ 業務に関連し、商慣習としてはまれに行われるような違法行為を求められたが、拒むことにより終了した	○ 業務に関連し、違法行為を強要された 【「中」である例】 ・ 業務に関連し、商慣習としてはまれに行われるような違法行為を命じられ、これに従った	【「強」になる例】 ・ 業務に関連し、重大な違法行為（人の生命に関わる違法行為、発覚した場合に会社の信用を著しく傷つける違法行為）を命じられた ・ 業務に関連し、反対したにもかかわらず、違法行為を執拗に命じられ、やむなくそれに従った ・ 業務に関連し、重大な違法行為を命じられ、何度もそれに従った ・ 業務に関連し、強要された違法行為が発覚し、事後対応に多大な労力を費した（重いペナルティを課された等を含む）
【「弱」になる例】 ・ 同種の経験等を有する労働者であれば達成可能なノルマを課された ・ ノルマではない業績目標が示された（当該目標が、達成を強く求められるものではなかった）	○ 達成困難なノルマが課された 【「中」である例】 ・ 達成は容易ではないものの、客観的にみて、努力すれば達成も可能であるノルマが課され、この達成に向けた業務を行った	【「強」になる例】 ・ 客観的に、相当な努力があっても達成困難なノルマが課され、達成できない場合には重いペナルティがあると予告された
【「弱」になる例】 ・ ノルマが達成できなかったが、何ら事後対応は必要なく、会社から責任を問われること等もなかった ・ 業績目標が達成できなかったものの、当該目標の達成は、強く求められていたものではなかった	○ ノルマが達成できなかった 【「中」である例】 ・ ノルマが達成できなかったことによりペナルティ（昇進の遅れ等を含む）があった	【「強」になる例】 ・ 経営に影響するようなノルマ（達成できなかったことにより倒産を招きかねないもの、大幅な業績悪化につながるもの、会社の信用を著しく傷つけるもの等）が達成できず、そのため、事後対応に多大な労力を費した（懲戒処分、降格、左遷、賠償責任の追及等重いペナルティを課された等を含む）
【「弱」になる例】 ・ 軽微な新規事業等（新規事業であるが、責任が大きいとはいえないもの）の担当になった	○ 新規事業の担当になった、会社の建て直しの担当になった 【「中」である例】 ・ 新規事業等（新規プロジェクト、新規の研究開発、会社全体や不採算部門の建て直し等、成功に対する高い評価が期待されやりがいも大きいが責任も大きい業務）の担当になった	【「強」になる例】 ・ 経営に重大な影響のある新規事業等（失敗した場合に倒産を招きかねないもの、大幅な業績悪化につながるもの、会社の信用を著しく傷つけるもの、成功した場合に会社の新たな主要事業になるもの等）の担当であって、事業の成否に重大な責任のある立場に就き、当該業務に当たった
【「弱」になる例】 ・ 同種の経験等を有する労働者であれば達成可能な注文を出され、業務内容・業務量に一定の変化があった ・ 要望が示されたが、達成を強く求められるものではなく、業務内容・業務量に大きな変化もなかった	○ 顧客や取引先から無理な注文を受けた 【「中」である例】 ・ 業務に関連して、顧客や取引先から無理な注文（大幅な値下げや納期の繰上げ、度重なる設計変更等）を受け、何らかの事後対応を行った	【「強」になる例】 ・ 通常なら拒むことが明らかな注文（業績の著しい悪化が予想される注文、違法行為を内包する注文等）ではあるが、重要な顧客や取引先からのものであるためこれを受け、他部門や別の取引先と困難な調整に当たった
【「弱」になる例】 ・ 顧客等からクレームを受けたが、特に対応を求められるものではなく、取引関係や、業務内容・業務量に大きな変化もなかった	○ 顧客や取引先からクレームを受けた 【「中」である例】 ・ 業務に関連して、顧客等からクレーム（納品物の不適合の指摘等その内容が妥当なもの）を受けた	【「強」になる例】 ・ 顧客や取引先から重大なクレーム（大口の顧客等の喪失を招きかねないもの、会社の信用を著しく傷つけるもの等）を受け、その解消のために他部門や別の取引先と困難な調整に当たった
○ 大きな説明会や公式の場での発表を強いられた	【解説】 説明会等の内容や事前準備の程度、本人の経験等から評価するが、「強」になることはまれ	
○ 上司が不在になることにより、その代行を任された	【解説】 代行により課せられた責任の程度、その期間や代行した業務内容、本人の過去の経験等とのギャップ等から評価するが、「強」になることはまれ	

225

出来事の類型	具体的出来事	平均的な心理的負荷の強度			心理的負荷の総合評価の視点	
		心理的負荷の強度				
		I	II	III		
15 ③仕事の量・質	仕事内容・仕事量の（大きな）変化を生じさせる出来事があった		☆		・ 業務の困難性、能力・経験と業務内容のギャップ等 ・ 時間外労働、休日労働、業務の密度の変化の程度、仕事内容、責任の変化の程度等 （注）発病前おおむね6か月において、時間外労働時間数に変化がみられる場合には、他の項目で評価される場合でも、この項目でも評価する。	
16	1か月に80時間以上の時間外労働を行った		☆		・ 業務の困難性 ・ 長時間労働の継続期間 （注）この項目の「時間外労働」は、すべて休日労働時間を含む。	
17	2週間以上にわたって連続勤務を行った		☆		・ 業務の困難性、能力・経験と業務内容のギャップ等 ・ 時間外労働、休日労働、業務密度の変化の程度、業務の内容、責任の変化の程度等	
18	勤務形態に変化があった	☆			・ 交替制勤務、深夜勤務等変化の程度、変化後の状況等	
19	仕事のペース、活動の変化があった	☆			・ 変化の程度、強制性、変化後の状況等	
20 ④役割・地位の変化等	退職を強要された			☆	・ 解雇又は退職強要の経過、強要の程度、職場の人間関係 （注）ここでいう「解雇又は退職強要」には、労働契約の形式上期間を定めて雇用されている者であっても、当該契約が期間の定めのない契約と実質的に異ならない状態となっている場合の雇止めの通知を含む。	
21	配置転換があった		☆		・ 職種、職務の変化の程度、配置転換の理由・経過等 ・ 業務の困難性、能力・経験と業務内容のギャップ等 ・ その後の業務内容、業務量の程度、職場の人間関係等 （注）出向を含む。	

226

心理的負荷の強度を「弱」「中」「強」と判断する具体例

弱	中	強
【「弱」になる例】 ・ 仕事内容の変化が容易に対応できるもの（※）であり、変化後の業務の負荷が大きくなかった ※ 会議・研修等の参加の強制、職場のOA化の進展、部下の増加、同一事業場内の所属部署の統廃合、担当外業務としての非正規職員の教育等 ・ 仕事量（時間外労働時間数等）に、「中」に至らない程度の変化があった	○ 仕事内容・仕事量の大きな変化を生じさせる出来事があった 【「中」である例】 ・ 担当業務内容の変更、取引量の急増等により、仕事内容、仕事量の大きな変化（時間外労働時間数としてはおおむね20時間以上増加し1月当たりおおむね45時間以上となるなど）が生じた	【「強」になる例】 ・ 仕事量が著しく増加して時間外労働も大幅に増える（倍以上に増加し、1月当たりおおむね100時間以上となる）などの状況になり、その後の業務に多大な労力を費した（休憩・休日を確保するのが困難なほどの状態となった等を含む） ・ 過去に経験したことがない仕事内容に変更となり、常時緊張を強いられる状態となった
【「弱」になる例】 ・ 1か月に80時間未満の時間外労働を行った （注）他の項目で評価されない場合のみ評価する。	○ 1か月に80時間以上の時間外労働を行った （注）他の項目で評価されない場合のみ評価する。	【「強」になる例】 ・ 発病直前の連続した2か月間に、1月当たりおおむね120時間以上の時間外労働を行い、その業務内容が通常その程度の労働時間を要するものであった ・ 発病直前の連続した3か月間に、1月当たりおおむね100時間以上の時間外労働を行い、その業務内容が通常その程度の労働時間を要するものであった
【「弱」になる例】 ・ 休日労働を行った	○ 2週間（12日）以上にわたって連続勤務を行った 【「中」である例】 ・ 平日の時間外労働だけではこなせない業務量がある、休日に対応しなければならない業務が生じた等の事情により、2週間（12日）以上にわたって連続勤務を行った（1日あたりの労働時間が特に短い場合、手待ち時間が多い等の労働密度が特に低い場合を除く）	【「強」になる例】 ・ 1か月以上にわたって連続勤務を行った ・ 2週間（12日）以上にわたって連続勤務を行い、その間、連日、深夜時間帯に及ぶ時間外労働を行った（いずれも、1日あたりの労働時間が特に短い場合、手待ち時間が多い等の労働密度が特に低い場合を除く）
○ 勤務形態に変化があった	【解説】 変更後の勤務形態の内容、一般的な日常生活とのギャップ等から評価するが、「強」になることはまれ	
○ 仕事のペース、活動の変化があった	【解説】 仕事のペースの変化の程度、労働者の過去の経験等とのギャップ等から評価するが、「強」になることはまれ	
【解説】 退職勧奨が行われたが、その方法、頻度等からして強要とはいえない場合には、その方法等から「弱」又は「中」と評価		○ 退職を強要された 【「強」である例】 ・ 退職の意思のないことを表明しているにもかかわらず、執拗に退職を求められた ・ 恐怖感を抱かせる方法を用いて退職勧奨された ・ 突然解雇の通告を受け、何ら理由が説明されることなく、説明を求めても応じられず、撤回されることもなかった
【「弱」になる例】 ・ 以前に経験した業務等、配置転換後の業務が容易に対応できるものであり、変化後の業務の負荷が軽微であった	○ 配置転換があった （注） ここでの「配置転換」は、所属部署（担当係等）、勤務場所の変更を指し、転居を伴うものを除く。	【「強」になる例】 ・ 過去に経験した業務と全く異なる質の業務に従事することとなったため、配置転換後の業務に対応するのに多大な労力を費した ・ 配置転換後の地位が、過去の経験からみて異例なほど重い責任が課されるものであった ・ 左遷された（明らかな降格であって配置転換としては異例なものであり、職場内で孤立した状況になった）

12

	出来事の類型	平均的な心理的負荷の強度				心理的負荷の総合評価の視点	
		具体的出来事	心理的負荷の強度				
			I	II	III		
22	④役割・地位の変化等	転勤をした		☆		・職種、職務の変化の程度、転勤の理由・経過、単身赴任の有無、海外の治安の状況等 ・業務の困難性、能力・経験と業務内容のギャップ等 ・その後の業務内容、業務量の程度、職場の人間関係等	
23		複数名で担当していた業務を1人で担当するようになった	☆			・業務の変化の程度等 ・その後の業務内容、業務量の程度、職場の人間関係等	
24		非正規社員であるとの理由等により、仕事上の差別、不利益取扱いを受けた		☆		・差別・不利益取扱いの理由・経過、内容、程度、職場の人間関係等 ・その継続する状況	
25		自分の昇格・昇進があった	☆			・職務・責任の変化の程度等 ・その後の業務内容、職場の人間関係等	
26		部下が減った	☆			・職場における役割・位置付けの変化、業務の変化の内容・程度等 ・その後の業務内容、職場の人間関係等	
27		早期退職制度の対象となった	☆			・対象者選定の合理性、代償措置の内容、制度の事前周知の状況、その後の状況、職場の人間関係等	
28		非正規社員である自分の契約満了が迫った	☆			・契約締結時、期間満了前の説明の有無、その内容、その後の状況、職場の人間関係等	
29	⑤パワーハラスメント	上司等から、身体的攻撃、精神的攻撃等のパワーハラスメントを受けた			☆	・指導・叱責等の言動に至る経緯や状況 ・身体的攻撃、精神的攻撃等の内容、程度等 ・反復・継続など執拗性の状況 ・就業環境を害する程度 ・会社の対応の有無及び内容、改善の状況 (注)当該出来事の評価対象とならない対人関係のトラブルは、出来事の類型「対人関係」の各出来事で評価する。 (注)「上司等」には、職務上の地位が上位の者のほか、同僚又は部下であっても、業務上必要な知識や豊富な経験を有しており、その者の協力が得られなければ業務の円滑な遂行を行うことが困難な場合、同僚又は部下からの集団による行為でこれに抵抗又は拒絶することが困難である場合も含む。	

心理的負荷の強度を「弱」「中」「強」と判断する具体例		
弱	中	強
【「弱」になる例】 ・ 以前に経験した場所である等、転勤後の業務が容易に対応できるものであり、変化後の業務の負荷が軽微であった	○ 転勤をした （注） ここでの「転勤」は、勤務場所の変更であって転居を伴うものを指す。なお、業務内容の変化についての評価は、項目21に準じて判断する。	【「強」になる例】 ・ 転勤先は初めて赴任する外国であって現地の職員との会話が不能、治安状況が不安といったような事情から、転勤後の業務遂行に著しい困難を伴った
【「弱」になる例】 ・ 複数名で担当していた業務を一人で担当するようになったが、業務内容・業務量はほとんど変化がなかった	○ 複数名で担当していた業務を一人で担当するようになった 【「中」である例】 ・ 複数名で担当していた業務を一人で担当するようになり、業務内容・業務量に何らかの変化があった	【「強」になる例】 ・ 業務を一人で担当するようになったため、業務量が著しく増加し時間外労働が大幅に増えるなどの状況になり、かつ、必要な休憩・休日も取れない等常時緊張を強いられるような状態となった
【「弱」になる例】 ・ 社員間に処遇の差異があるが、その差は小さいものであった	○ 非正規社員であるとの理由等により、仕事上の差別、不利益取扱いを受けた 【「中」である例】 ・ 非正規社員であるとの理由、又はその他の理由により、仕事上の差別、不利益取扱いを受けた ・ 業務の遂行から疎外・排除される取扱いを受けた	【「強」になる例】 ・ 仕事上の差別、不利益取扱いの程度が著しく大きく、人格を否定するようなものであって、かつこれが継続した
○ 自分の昇格・昇進があった	【解説】 本人の経験等と著しく乖離した責任が課せられる等の場合に、昇進後の職責、業務内容等から評価するが、「強」になることはまれ	
○ 部下が減った	【解説】 部下の減少がペナルティの意味を持つものである等の場合に、減少の程度（人数等）等から評価するが、「強」になることはまれ	
○ 早期退職制度の対象となった	【解説】 制度の創設が突然であり退職までの期間が短い等の場合に、対象者選定の基準等から評価するが、「強」になることはまれ	
○ 非正規社員である自分の契約満了が迫った	【解説】 事前の説明に反した突然の契約終了（雇止め）通告であり契約終了までの期間が短かった等の場合に、その経過等から評価するが、「強」になることはまれ	
【解説】上司等による身体的攻撃、精神的攻撃等が「強」の程度に至らない場合、心理的負荷の総合評価の視点を踏まえて「弱」又は「中」と評価 【「弱」になる例】 ・ 上司等による「中」に至らない程度の身体的攻撃、精神的攻撃等が行われた場合	【「中」になる例】 ・ 上司等による次のような身体的攻撃・精神的攻撃が行われ、行為が反復・継続していない場合 ▶ 治療を要さない程度の暴行による身体的攻撃 ▶ 人格や人間性を否定するような、業務上明らかに必要性がない又は業務の目的を逸脱した精神的攻撃 ▶ 必要以上に長時間にわたる叱責、他の労働者の面前における威圧的な叱責など、態様や手段が社会通念に照らして許容される範囲を超える精神的攻撃	○ 上司等から、身体的攻撃、精神的攻撃等のパワーハラスメントを受けた 【「強」である例】 ・ 上司等から、治療を要する程度の暴行等の身体的攻撃を受けた場合 ・ 上司等から、暴行等の身体的攻撃を執拗に受けた場合 ・ 上司等による次のような精神的攻撃が執拗に行われた場合 ▶ 人格や人間性を否定するような、業務上明らかに必要性がない又は業務の目的を大きく逸脱した精神的攻撃 ▶ 必要以上に長時間にわたる厳しい叱責、他の労働者の面前における大声での威圧的な叱責など、態様や手段が社会通念に照らして許容される範囲を超える精神的攻撃 ・ 心理的負荷としては「中」程度の身体的攻撃、精神的攻撃等を受けた場合であって、会社に相談しても適切な対応がなく、改善されなかった場合

229

出来事の類型	具体的出来事	平均的な心理的負荷の強度			心理的負荷の総合評価の視点	
		心理的負荷の強度				
		I	II	III		
30 ⑥対人関係	同僚等から、暴行又は（ひどい）いじめ・嫌がらせを受けた			☆	・ 暴行又はいじめ・嫌がらせの内容、程度等 ・ 反復・継続など執拗性の状況 ・ 会社の対応の有無及び内容、改善の状況	
31	上司とのトラブルがあった		☆		・ トラブルの内容、程度等 ・ その後の業務への支障等	
32	同僚とのトラブルがあった		☆		・ トラブルの内容、程度、同僚との職務上の関係等 ・ その後の業務への支障等	
33	部下とのトラブルがあった		☆		・ トラブルの内容、程度等 ・ その後の業務への支障等	
34	理解してくれていた人の異動があった	☆				
35	上司が替わった	☆			(注) 上司が替わったことにより、当該上司との関係に問題が生じた場合には、項目31で評価する。	
36	同僚等の昇進・昇格があり、昇進で先を越された	☆				
37 ⑦セクシュアルハラスメント	セクシュアルハラスメントを受けた		☆		・ セクシュアルハラスメントの内容、程度等 ・ その継続する状況 ・ 会社の対応の有無及び内容、改善の状況、職場の人間関係等	

230

心理的負荷の強度を「弱」「中」「強」と判断する具体例		
弱	中	強
【解説】同僚等による暴行又はいじめ・嫌がらせが「強」の程度に至らない場合、心理的負荷の総合評価の視点を踏まえて「弱」又は「中」と評価 【「弱」になる例】 ・ 同僚等から、「中」に至らない程度の言動を受けた場合	【「中」になる例】 ・ 同僚等から、治療を要さない程度の暴行を受け、行為が反復・継続していない場合 ・ 同僚等から、人格や人間性を否定するような言動を受け、行為が反復・継続していない場合	○ 同僚等から、暴行又はひどいいじめ・嫌がらせを受けた 【「強」である例】 ・ 同僚等から、治療を要する程度の暴行等を受けた場合 ・ 同僚等から、暴行等を執拗に受けた場合 ・ 同僚等から、人格や人間性を否定するような言動を執拗に受けた場合 ・ 心理的負荷としては「中」程度の暴行又はいじめ・嫌がらせを受けた場合であって、会社に相談しても適切な対応がなく、改善されなかった場合
【「弱」になる例】 ・ 上司から、業務指導の範囲内である指導・叱責を受けた ・ 業務をめぐる方針等において、上司との考え方の相違が生じた（客観的にはトラブルとはいえないものも含む）	○ 上司とのトラブルがあった 【「中」である例】 ・ 上司から、業務指導の範囲内である強い指導・叱責を受けた ・ 業務をめぐる方針等において、周囲からも客観的に認識されるような対立が上司との間に生じた	【「強」になる例】 ・ 業務をめぐる方針等において、周囲からも客観的に認識されるような大きな対立が上司との間に生じ、その後の業務に大きな支障を来した
【「弱」になる例】 ・ 業務をめぐる方針等において、同僚との考え方の相違が生じた（客観的にはトラブルとはいえないものも含む）	○ 同僚とのトラブルがあった 【「中」である例】 ・ 業務をめぐる方針等において、周囲からも客観的に認識されるような対立が同僚との間に生じた	【「強」になる例】 ・ 業務をめぐる方針等において、周囲からも客観的に認識されるような大きな対立が多数の同僚との間に生じ、その後の業務に大きな支障を来した
【「弱」になる例】 ・ 業務をめぐる方針等において、部下との考え方の相違が生じた（客観的にはトラブルとはいえないものも含む）	○ 部下とのトラブルがあった 【「中」である例】 ・ 業務をめぐる方針等において、周囲からも客観的に認識されるような対立が部下との間に生じた	【「強」になる例】 ・ 業務をめぐる方針等において、周囲からも客観的に認識されるような大きな対立が多数の部下との間に生じ、その後の業務に大きな支障を来した
○ 理解してくれていた人の異動があった		
○ 上司が替わった		
○ 同僚等の昇進・昇格があり、昇進で先を越された		
【「弱」になる例】 ・ 「○○ちゃん」等のセクシュアルハラスメントに当たる発言をされた場合 ・ 職場内に水着姿の女性のポスター等を掲示された場合	○ セクシュアルハラスメントを受けた 【「中」である例】 ・ 胸や腰等への身体接触を含むセクシュアルハラスメントであっても、行為が継続しておらず、会社が適切かつ迅速に対応し発病前に解決した場合 ・ 身体接触のない性的な発言のみのセクシュアルハラスメントであって、発言が継続していない場合 ・ 身体接触のない性的な発言のみのセクシュアルハラスメントであって、複数回行われたものの、会社が適切かつ迅速に対応し発病前にそれが終了した場合	【「強」になる例】 ・ 胸や腰等への身体接触を含むセクシュアルハラスメントであって、継続して行われた場合 ・ 胸や腰等への身体接触を含むセクシュアルハラスメントであって、行為は継続していないが、会社に相談しても適切な対応がなく、改善されなかった又は会社への相談等の後に職場の人間関係が悪化した場合 ・ 身体接触のない性的な発言のみのセクシュアルハラスメントであって、発言の中に人格を否定するようなものを含み、かつ継続してなされた場合 ・ 身体接触のない性的な発言のみのセクシュアルハラスメントであって、性的な発言が継続してなされ、かつ会社がセクシュアルハラスメントがあると把握していても適切な対応がなく、改善がなされなかった場合

別表 2

業務以外の心理的負荷評価表

出来事の類型	具 体 的 出 来 事	心理的負荷の強度		
		I	II	III
① 自分の出来事	離婚又は夫婦が別居した			☆
	自分が重い病気やケガをした又は流産した			☆
	自分が病気やケガをした		☆	
	夫婦のトラブル、不和があった	☆		
	自分が妊娠した	☆		
	定年退職した	☆		
② 自分以外の家族・親族の出来事	配偶者や子供、親又は兄弟が死亡した			☆
	配偶者や子供が重い病気やケガをした			☆
	親類の誰かで世間的にまずいことをした人が出た			☆
	親族とのつきあいで困ったり、辛い思いをしたことがあった		☆	
	親が重い病気やケガをした		☆	
	家族が婚約した又はその話が具体化した	☆		
	子供の入試・進学があった又は子供が受験勉強を始めた	☆		
	親子の不和、子供の問題行動、非行があった	☆		
	家族が増えた（子供が産まれた）又は減った（子供が独立して家を離れた）	☆		
	配偶者が仕事を始めた又は辞めた	☆		
③ 金銭関係	多額の財産を損失した又は突然大きな支出があった			☆
	収入が減少した		☆	
	借金返済の遅れ、困難があった		☆	
	住宅ローン又は消費者ローンを借りた	☆		
④ 事件、事故、災害の体験	天災や火災などにあった又は犯罪に巻き込まれた			☆
	自宅に泥棒が入った		☆	
	交通事故を起こした		☆	
	軽度の法律違反をした	☆		
⑤ 住環境の変化	騒音等、家の周囲の環境（人間環境を含む）が悪化した		☆	
	引越した		☆	
	家屋や土地を売買した又はその具体的な計画が持ち上がった	☆		
	家族以外の人（知人、下宿人など）が一緒に住むようになった	☆		
⑥ 他人との人間関係	友人、先輩に裏切られショックを受けた		☆	
	親しい友人、先輩が死亡した		☆	
	失恋、異性関係のもつれがあった		☆	
	隣近所とのトラブルがあった		☆	

（注）心理的負荷の強度 I から III は、別表 1 と同程度である。

〔資料４〕 心理的負荷による精神障害の認定基準の運用等

基労補発1226第１号
平成23年12月26日

都道府県労働局労働基準部長　殿

厚生労働省労働基準局
労災補償部補償課長

心理的負荷による精神障害の認定基準の運用等について

　心理的負荷による精神障害の認定基準については、平成23年12月26日付け基発1226第１号「心理的負荷による精神障害の認定基準について」（以下「認定基準」という。）をもって示されたところであるが、地方労災医員協議会精神障害等部会（以下「専門部会」という。）の運用等については下記によられたい。

　また、判断指針との相違点等について別添のとおり整理したので、業務の参考とされたい。

　さらに、「精神障害の労災認定の基準に関する専門検討会報告書（平成23年11月）」には、認定基準の要件等に関する背景や考え方が記述されているので、精読されたい。

記

１　専門部会の運用

　(1)　都道府県労働局への報告等

　　　認定基準第６の１及び２に基づき専門部会の意見を求めず決定する事案（以下「主治医等決定事案」という。）については、当分の間、決定前に都道府県労働局労働基準部労災補償課（以下「局」という。）に事案の概要を報告すること。

　　　局においては、その内容を検討し、慎重な医学的検討が必要と認められる場合には、認定基準第６の３④により専門部会の意見を求めるよう指示すること。

　(2)　専門部会への報告

　　　主治医等決定事案については、決定後、事案の概要について専門部会に定期的に報告すること。

２　認定基準の周知等

　(1)　認定基準の周知

　　　精神障害の労災認定に関し相談等があった場合には、おって配付するパンフレット等を活用することにより、認定基準等について懇切・丁寧に説明をすること。

　　　また、医療機関及びその関係団体、事業主団体、労働組合、労働相談等を実施している地方公共団体等の関係機関に対しても、機会をとらえて周知を図ること。

　(2)　職員研修等の実施

　　　精神障害の労災認定に関する十分な理解や専門的知識等を修得させるため、別途送付する資料を活用する等により、職員研修等を計画的に実施し、職員の

資質向上に努めること。

　また、地方労災医員に対しても、同様に認定基準について情報提供し、その考え方等について説明すること。

3　調査中の事案等の取扱い

　認定基準発出日において調査中の事案及び審査請求中の事案は、認定基準に基づいて決定すること。

　また、認定基準発出日において係争中の訴訟事案のうち、認定基準に基づいて判断した場合に訴訟追行上の問題が生じる可能性のある事件については、当課労災保険審理室に協議すること。

4　通達の改廃

　平成11年9月14日付け事務連絡第9号、平成12年3月24日付け事務連絡第3号、平成17年12月1日付け基労補発第1201001号、平成20年2月6日付け基労補発第0206001号及び平成21年4月6日付け基労補発第0406001号は廃止する。

（別添）

認定基準と判断指針の主な相違点

1　通達の標題について

(1)　「認定基準」の名称

　平成11年9月14日付け基発第544号「心理的負荷による精神障害等に係る業務上外の判断指針について」（以下「判断指針」という。）の標題にある「判断指針」の名称は、すべての事案について専門部会の判断に基づいて業務上外を決定する等、他の疾病の認定基準とは異なる点も多い等の理由から用いられたものである。

　平成22年5月に労働基準法施行規則別表第1の2第9号に「人の生命にかかわる事故への遭遇その他心理的に過度の負担を与える事象を伴う業務による精神及び行動の障害又はこれに付随する疾病」が追加されたこと等も踏まえ、今回、精神障害の業務起因性を肯定し得る要素をより具体的に定め、一部は専門部会の判断を要しないものとしたこと等から、他の疾病に関するものと同様、「認定基準」の名称を用いることとした。

　したがって、精神障害について認定基準に定める要件に該当した場合には、原則として業務上と判断できるものである。

(2)　「精神障害」

　判断指針の標題は「精神障害等」となっており、「等」は自殺を指すものとされていたが、従来より、自殺の業務起因性の判断の前提として、精神障害の業務起因性の判断を行っていたことから、この趣旨を明確にするため「等」を削除したものであり、実質的な変更はない。

2　対象疾病について（認定基準第1関係）

　対象疾病について一部字句の変更があるが、従来の取扱いを明確にする趣旨のもので、実質的な変更はない。

3　認定要件等について（認定基準第2及び第3関係）

認定要件について一部字句の変更があるが、実質的な変更はない。また、認定要件に関する基本的な考え方についても同様である。

4 発病の有無等の判断について（認定基準第４の１関係）

発病の時期の特定が難しい場合の取扱いについて、次の２点を明確にした。第一に、できる限り発病の時期の範囲を絞り込むことであり、少なくとも「○月○旬頃」まで絞り込んだ医学意見を求めることを意図している。この点は、労働時間数の算定等において重要となる。

第二に、出来事の前と後に発病と考えられる言動がみられ、発病時期はどちらとも考えられるが特定が難しい場合は、出来事の後に発病したと取り扱うことであり、発病後の悪化の事案として判断するか否かにおいてこの点は重要となる。

5 業務による心理的負荷の強度の判断について（認定基準第４の２関係）

(1) 業務による心理的負荷評価表

業務による心理的負荷の評価方法を明確にするため、新たに「業務による心理的負荷評価表」（以下「別表１」という。）を定めた。

なお、従来「強」と判断されていたものは、別表１に基づく評価によっても、基本的に「強」と判断される。

主な変更点は次のとおりである（参考１及び参考２参照）。

ア 「出来事」と「出来事後の状況」の一括評価

判断指針では、業務による心理的負荷の強度について、まず出来事の心理的負荷の強度を評価し、次に、出来事後の状況が持続する程度を評価し、これらを総合評価して業務による心理的負荷を判断していたが、認定基準では、「出来事」と「出来事後の状況」を一括して心理的負荷を「強」、「中」、「弱」と判断することとして、別表１の中に具体例を示した。

このうち、類型①「事故や災害の体験」については、出来事後の状況が相当程度過重といえない場合でも心理的負荷が「強」と認められ得るものとなっている。

イ 「出来事の類型」の見直し

「出来事の類型」については、類似するものを統合する等の観点から、次のとおり見直している。

(ｱ) 「仕事の量・質」

判断指針の「仕事の量・質の変化」とほぼ同趣旨であるが、「１か月に80時間以上の時間外労働を行った」等、必ずしも「変化」を伴わない状況を出来事として本類型に含めたことから、表現を改めた。

(ｲ) 「役割・地位の変化等」

判断指針の「身分の変化等」及び「役割・地位等の変化」については、類似することから統合した。

(ｳ) 「対人関係」

判断指針の「対人関係のトラブル」及び「対人関係の変化」については、類似することから統合した。

(ｴ) 「セクシュアルハラスメント」

　「セクシュアルハラスメントを受けた」は、判断指針では「対人関係の
トラブル」に分類されていたが、セクシュアルハラスメントは「対人関係
のトラブル」という分類から想定される、対人関係の相互性の中で生じる
ものに限らないことから、独立した類型とした。

ウ　「具体的出来事」の見直し

　「具体的出来事」については、類似する項目や発生頻度が小さい項目は統
合し、最近の職場環境の変化に伴い業務による心理的負荷として感じられる
ことが多い出来事は追加する等の観点から、次のとおり見直している。

(ア)　「(重度の) 病気やケガをした」等

　「(重度の) 病気やケガをした」は、「重度の」病気やケガであることを
前提に、平均的な心理的負荷 (Ⅲ) を定めているが、重度とはいえない病
気やケガの場合にも、本項目に当てはめる (その上で、心理的負荷の総合
評価は「中」や「弱」となる) こととなる。その趣旨を明確にするため、
「重度の」という表現をカッコ書きにした。

　また、「仕事内容・仕事量の(大きな)変化を生じさせる出来事があった」、
「(ひどい) 嫌がらせ、いじめ、又は暴行を受けた」のカッコ書きも同じ趣
旨である。

(イ)　「業務に関連し、重大な人身事故、重大事故を起こした」

　判断指針の「交通事故 (重大な人身事故、重大事故) を起こした」及び
「労働災害 (重大な人身事故、重大事故) の発生に直接関与した」につい
ては、類似することから統合するとともに、業務に関連してなされた場合
に評価することを明確にした。

(ウ)　「自分の関係する仕事で多額の損失等が生じた」

　判断指針の「自分の関係する仕事で多額の損失を出した」と同趣旨であ
るが、本項目は、自分のミスによらずに多額の損失等が生じた場合の心理
的負荷を評価する項目であることを明確にした。

(エ)　「業務に関連し、違法行為を強要された」

　判断指針の「違法行為を強要された」と同趣旨であるが、当該違法行為
の強要が、業務に関連してなされた場合に評価することを明確にした。

(オ)　「仕事内容・仕事量の (大きな) 変化を生じさせる出来事があった」

　判断指針の「仕事内容・仕事量の大きな変化を生じさせる出来事があっ
た」及び「勤務・拘束時間が長時間化する出来事が生じた」については、
類似することから統合した。

　また、判断指針の「研修、会議等の参加を強要された」、「職場のOA化
が進んだ」、「部下が増えた」、「同一事業場内での所属部署が統廃合され
た」、「担当ではない業務として非正規社員のマネージメント、教育を行っ
た」については、発生頻度が小さい (決定件数が少ない) ことと、通常、
本項目としての評価が可能であることから、これらの項目を廃止した。

(カ)　「1か月に80時間以上の時間外労働を行った」

　判断指針においては、極度の長時間労働の場合を除き、長時間労働それ

自体は心理的負荷の生じる「出来事」として評価されなかったが、他に特段の出来事が存在しない場合を想定して、長時間労働それ自体を「出来事」とみなし、本項目を新設した。

(キ)　「２週間（12日）以上にわたって、連続勤務を行った」

最近の職場環境の変化に伴い、業務による心理的負荷として感じられる出来事として新設した。業務量が多いこと等から本来取得できるはずの休日が取得できず、連続勤務を行ったことの心理的負荷を評価する項目である。

(ク)　「配置転換があった」及び「転勤をした」

いずれも判断指針にあった項目であるが、人事異動のうち「転勤をした」は転居を伴うものが該当し、「配置転換があった」は転居を伴わないものが該当すること等が明確となるよう説明を加えた。

また、判断指針の「出向した」及び「左遷された」について、いずれも人事異動の一形態であることから、「配置転換があった」及び「転勤をした」に統合した。その際、判断指針では「左遷された」の平均的な心理的負荷は「Ⅱ」であったが、ストレス評価に関する調査研究の結果に基づき、心理的負荷が「強」になる具体例として示している。

(ケ)　「非正規社員である自分の契約満了が迫った」

最近の職場環境の変化に伴い、業務による心理的負荷として感じられる出来事として新設した。期間の定めのある労働契約を締結している労働者について、その契約期間の満了が迫ったことの心理的負荷を評価する項目である。

(コ)　「同僚等の昇進・昇格があり、昇進で先を越された」

判断指針の「昇進で先を越された」及び「同僚の昇進・昇格があった」については、類似することから統合した。

エ　平均的な心理的負荷の強度の見直し

「具体的出来事」のうち、「同僚とのトラブルがあった」については、ストレス評価に関する調査研究の結果に基づき、平均的な心理的負荷の程度を「Ⅰ」から「Ⅱ」に引き上げた。

(2)　出来事の評価に当たっての留意点

認定基準第４の２(5)のうち、①の発病前おおむね６か月の間に生じた苦痛等を出来事とみなすこと及び②の出来事が繰り返されるものについては開始時からのすべての行為を評価の対象とすることについては、取扱いを変更した。

6　業務以外の心理的負荷及び個体側要因の判断（認定基準第４の３関係）

認定要件における業務以外の心理的負荷及び個体側要因の意義は判断指針と同一であるが、業務による強い心理的負荷が認められたにもかかわらず業務以外の心理的負荷又は個体側要因により発病したとして業務外と判断しているものがほとんどない等の実情も勘案し、審査の迅速化、請求人の負担軽減を図る観点から、これらの事項に係る調査・判断について簡略化するための変更をした。

7　精神障害の悪化の業務起因性（認定基準第５関係）

　判断指針では、精神障害の発病の業務起因性のみを検討の対象としていたが、認定基準では発病後の悪化についても特例的に業務起因性を認めることとした。

8　専門家意見と認定要件の判断（認定基準第6関係）

　判断指針では、すべての事案について、複数の専門家による合議等の結果に基づき業務上外を判断することとしていたが、これを変更し、主治医の意見に基づき判断する事案、専門医の意見も求めて判断する事案及び引き続き専門部会の意見に基づき判断する事案に区分することとした（参考3参照）。

9　本省協議（認定基準第8の3関係）

　従来、平成11年9月14日付け事務連絡第9号において本省協議を指示していたものであり、実質的な変更はない。

　なお、別表1に示した「具体的出来事」のいずれにも類推適用できない出来事の評価についても、「本認定基準により判断することが適当ではない事案」に含まれ協議対象となる。

参考1　業務による具体的出来事等の新旧対照表　（略）
参考2　具体的出来事の統合関係一覧　（略）

専門家の意見の聴取・判断の流れ

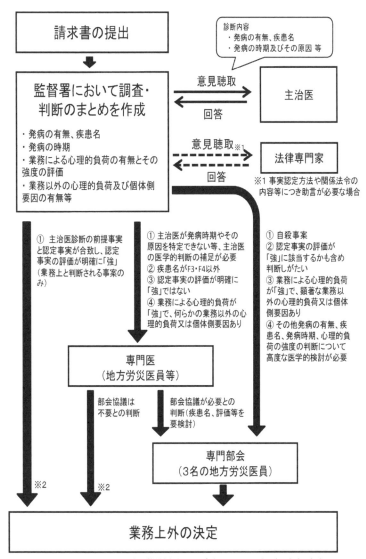

〔資料5〕　心理的負荷による精神障害の認定基準の改正に係る運用上の留意点

基補発0529第1号
令和2年5月29日

都道府県労働局労働基準部長　殿

厚生労働省労働基準局補償課長

　心理的負荷による精神障害の認定基準の改正に係る運用上の留意点について

　心理的負荷による精神障害の認定基準については、令和2年5月29日付け基発0529第1号「心理的負荷による精神障害の認定基準の改正について」（以下「第1号通達」という。）をもって改正されたところであるが、その具体的運用に当たっては、下記の事項に留意の上、適切に対応されたい。

　なお、「精神障害の労災認定の基準に関する専門検討会報告書（令和2年5月）」には、認定基準改正の考え方等が示されているので、第1号通達に基づく具体的な運用に当たり、適宜、参照されたい。

記

第1　検討の経緯及び改正の趣旨

　心理的負荷による精神障害については、平成23年12月26日付け基発1226第1号「心理的負荷による精神障害の認定基準について」（以下「認定基準」という。）に基づき労災認定を行ってきたところであるが、認定基準の発出以降、働き方の多様化が進み、労働者を取り巻く職場環境が変化するなど社会情勢の変化も生じているところである。

　こうした中、労働施策の総合的な推進並びに労働者の雇用の安定及び職業生活の充実等に関する法律（以下「労働施策総合推進法」という。）が改正され、令和2年6月からパワーハラスメント防止対策が法制化されること等を踏まえ、精神障害の労災認定の基準に関する専門検討会において、認定基準別表1「業務による心理的負荷評価表」（以下「心理的負荷評価表」という。）の見直しについての検討が行われた。

　今般、その検討結果を踏まえ、心理的負荷評価表へのパワーハラスメントの追加等の認定基準の改正が行われたものであり、これにより、基準の具体化、明確化を図り、請求の容易化や審査の迅速化にも資するものである。

　なお、今般の改正は、職場におけるパワーハラスメントの定義が法律上規定されたことを踏まえ、心理的負荷評価表の具体的出来事の明確化等を図るものであり、パワーハラスメントに係る出来事を新たに評価対象とするものではない。

第2　主な改正点

1　具体的出来事等へのパワーハラスメントの追加

　心理的負荷評価表に、「出来事の類型」⑤として「パワーハラスメント」を追加し、その具体的出来事として、「上司等から、身体的攻撃、精神的攻撃等

のパワーハラスメントを受けた（項目29)」を追加したこと。

　なお、パワーハラスメントは、優越的な関係を背景とする上司等による一方的な被害であり、「対人関係」という類型から想定される、対人関係の相互性の中で生ずるものに限らない特異性があること、また、過去の支給決定事例等をみると、当事者の立場や加害行為の態様には多様性があることから、独立した類型としたものであること。

　また、当該項目の平均的な心理的負荷の強度は、過去の支給決定事例等を踏まえ、「Ⅲ」とした上で、心理的負荷の総合評価の視点、心理的負荷の強度を「弱」、「中」、「強」と判断する具体例についても、過去の支給決定事例等を踏まえて修正したこと。

2　具体的出来事「（ひどい）嫌がらせ、いじめ、又は暴行を受けた」の修正

　改正前の認定基準における具体的出来事「（ひどい）嫌がらせ、いじめ、又は暴行を受けた（項目29)」については、上記１の改正に伴い、パワーハラスメントに該当しない優越性のない同僚間の暴行や嫌がらせ、いじめ等を評価する項目として位置づけるとともに、名称を「同僚等から、暴行又は（ひどい）いじめ・嫌がらせを受けた（項目30)」に修正したこと。

　また、当該項目の平均的な心理的負荷の強度は、過去の支給決定事例等を踏まえ、「Ⅲ」とした上で、心理的負荷の総合評価の視点、心理的負荷の強度を「弱」、「中」、「強」と判断する具体例についても、過去の支給決定事例等を踏まえて修正したこと。

3　その他

　類型番号、項目番号について、所要の修正をしたこと。

第3　運用上の留意点

1　具体的出来事等におけるパワーハラスメントについて

　出来事の類型及び具体的出来事における「パワーハラスメント」とは、労働施策総合推進法及び「事業主が職場における優越的な関係を背景とした言動に起因する問題に関して雇用管理上講ずべき措置等についての指針（令和２年厚生労働省告示第５号)」（以下「指針」という。）の定義を踏まえ、「職場において行われる優越的な関係を背景とした言動であって、業務上必要かつ相当な範囲を超えたものにより、その雇用する労働者の就業環境が害される」ことをいうものであること。

　また、パワーハラスメントに関する具体的出来事については、過去の支給決定事例として、上司等から、暴行等の身体的な攻撃や、人格否定等の精神的な攻撃によるパワーハラスメントを受けたものが多くみられたこと等から、名称を「上司等から、身体的攻撃、精神的攻撃等のパワーハラスメントを受けた」とするとともに、平均的な心理的負荷の強度を「Ⅲ」としたものであること。

　なお、職場におけるパワーハラスメントの行為態様は様々であるが、指針においては、職場におけるパワーハラスメントの代表的な言動の類型として、身体的な攻撃（暴行・傷害）、精神的な攻撃（脅迫・名誉棄損・侮辱・ひどい暴言）のほか、人間関係からの切り離し（隔離・仲間外し・無視）、過大な要求（業

務上明らかに不要なことや遂行不可能なことの強制・仕事の妨害）、過小な要求（業務上の合理性なく能力や経験とかけ離れた程度の低い仕事を命じることや仕事を与えないこと）、個の侵害（私的なことに過度に立ち入ること）が掲げられていることに留意すること。

2　「具体的出来事」の見直しに伴う適切な評価について

　具体的出来事の当てはめを行うに当たり、「職場におけるパワーハラスメント」に該当するか否かは、指針に基づき判断することになるが、労災補償においては、業務による出来事について、別表1のいずれの「具体的出来事」で評価することが適当かという観点から「具体的出来事」への当てはめを行い、評価を適切に行うことが重要であり、「パワーハラスメント」に該当するか否かを厳格に認定することが目的でないことに留意すること。

　このため、例えば、調査の結果、業務上必要かつ相当な範囲で行われる適正な業務指導や指示であるか否かが客観的な資料等によって明らかでない場合であっても、当事者等からの聴取等により被害者の主張がより具体的で合理的である場合等には、職場におけるパワーハラスメントに該当する事実があったと認定できる場合に当たると考えられることから、適切に評価すること。

　なお、「職場におけるパワーハラスメント」に該当しないことが明らかであって、上司と部下の間で、仕事をめぐる方針等において明確な対立が生じたと周囲にも客観的に認識されるような事態や、その態様等も含めて業務上必要かつ相当な範囲内と評価される指導・叱責などが認められる場合は、「上司とのトラブルがあった」の具体的出来事に当てはめて評価することになること。

3　繰り返されるパワーハラスメントの取扱い

　パワーハラスメントについては、当該行為が反復・継続しつつ長期間にわたって行われるという事情があることから、認定基準の第4の2(2)イ(イ)c及び同(5)②にいう「いじめやセクシュアルハラスメントのように出来事が繰り返されるもの」に該当する。

　このため、認定基準に基づき、繰り返される出来事を一体のものとして評価し、また、その「継続する状況」は、心理的負荷が強まるものとして評価すること。

　あわせて、パワーハラスメントが発病の6か月よりも前に開始されている場合でも、発病前6か月以内の期間にも継続しているときは、開始時からの行為を評価すること。

4　適用日等

　改正労働施策総合推進法は、令和2年6月1日から施行されることから、第1号通達についても、同日以降適用することとされたものである。

　同日において調査中の事案及び審査請求中の事案は、第1号通達に基づいて決定すること。

　また、同日において係争中の訴訟事案のうち第1号通達に基づいて判断した場合に訴訟追行上の問題が生じる可能性のある事件については、当課労災保険審理室に協議すること。

第4　改正認定基準の周知等

1　改正認定基準の周知

　　精神障害の労災認定に関し相談等があった場合には、おって示すリーフレット等を活用することにより、改正認定基準等について懇切・丁寧に説明をすること。

　　また、各種関係団体に対しても、機会をとらえて周知を図ること。

　　なお、改正前の認定基準のパンフレットについては、当面、上記リーフレットを挟み込んで使用すること。

2　職員研修等の実施

　　当課においては、別途、改正認定基準に関するweb会議形式での研修を予定していることから、各労働局においても、当該研修資料を活用する等により職員研修等を計画的に実施し、職員の資質向上に努めること。

　　また、地方労災医員に対しても、同様に改正認定基準について情報提供し、その考え方等について説明すること。

〔資料6〕 過労死等防止対策推進法

(平成26年6月27日法律第100号)

第1章 総則

(目的)

第1条 この法律は、近年、我が国において過労死等が多発し大きな社会問題となっていること及び過労死等が、本人はもとより、その遺族又は家族のみならず社会にとっても大きな損失であることに鑑み、過労死等に関する調査研究等について定めることにより、過労死等の防止のための対策を推進し、もって過労死等がなく、仕事と生活を調和させ、健康で充実して働き続けることのできる社会の実現に寄与することを目的とする。

(定義)

第2条 この法律において「過労死等」とは、業務における過重な負荷による脳血管疾患若しくは心臓疾患を原因とする死亡若しくは業務における強い心理的負荷による精神障害を原因とする自殺による死亡又はこれらの脳血管疾患若しくは心臓疾患若しくは精神障害をいう。

(基本理念)

第3条 過労死等の防止のための対策は、過労死等に関する実態が必ずしも十分に把握されていない現状を踏まえ、過労死等に関する調査研究を行うことにより過労死等に関する実態を明らかにし、その成果を過労死等の効果的な防止のための取組に生かすことができるようにするとともに、過労死等を防止することの重要性について国民の自覚を促し、これに対する国民の関心と理解を深めること等により、行われなければならない。

2 過労死等の防止のための対策は、国、地方公共団体、事業主その他の関係する者の相互の密接な連携の下に行われなければならない。

(国の責務等)

第4条 国は、前条の基本理念にのっとり、過労死等の防止のための対策を効果的に推進する責務を有する。

2 地方公共団体は、前条の基本理念にのっとり、国と協力しつつ、過労死等の防止のための対策を効果的に推進するよう努めなければならない。

3 事業主は、国及び地方公共団体が実施する過労死等の防止のための対策に協力するよう努めるものとする。

4 国民は、過労死等を防止することの重要性を自覚し、これに対する関心と理解を深めるよう努めるものとする。

〔過労死等防止啓発月間〕

第5条 国民の間に広く過労死等を防止することの重要性について自覚を促し、これに対する関心と理解を深めるため、過労死等防止啓発月間を設ける。

2 過労死等防止啓発月間は、11月とする。

3 国及び地方公共団体は、過労死等防止啓発月間の趣旨にふさわしい事業が実施されるよう努めなければならない。

（年次報告）

第6条　政府は、毎年、国会に、我が国における過労死等の概要及び政府が過労死等の防止のために講じた施策の状況に関する報告書を提出しなければならない。

第2章　過労死等の防止のための対策に関する大綱

第7条　政府は、過労死等の防止のための対策を効果的に推進するため、過労死等の防止のための対策に関する大綱（以下この条において単に「大綱」という。）を定めなければならない。

2　厚生労働大臣は、大綱の案を作成し、閣議の決定を求めなければならない。

3　厚生労働大臣は、大綱の案を作成しようとするときは、関係行政機関の長と協議するとともに、過労死等防止対策推進協議会の意見を聴くものとする。

4　政府は、大綱を定めたときは、遅滞なく、これを国会に報告するとともに、インターネットの利用その他適切な方法により公表しなければならない。

5　前3項の規定は、大綱の変更について準用する。

第3章　過労死等の防止のための対策

（調査研究等）

第8条　国は、過労死等に関する実態の調査、過労死等の効果的な防止に関する研究その他の過労死等に関する調査研究並びに過労死等に関する情報の収集、整理、分析及び提供（以下「過労死等に関する調査研究等」という。）を行うものとする。

2　国は、過労死等に関する調査研究等を行うに当たっては、過労死等が生ずる背景等を総合的に把握する観点から、業務において過重な負荷又は強い心理的負荷を受けたことに関連する死亡又は傷病について、事業を営む個人や法人の役員等に係るものを含め、広く当該過労死等に関する調査研究等の対象とするものとする。

（啓発）

第9条　国及び地方公共団体は、教育活動、広報活動等を通じて、過労死等を防止することの重要性について国民の自覚を促し、これに対する国民の関心と理解を深めるよう必要な施策を講ずるものとする。

（相談体制の整備等）

第10条　国及び地方公共団体は、過労死等のおそれがある者及びその親族等が過労死等に関し相談することができる機会の確保、産業医その他の過労死等に関する相談に応じる者に対する研修の機会の確保等、過労死等のおそれがある者に早期に対応し、過労死等を防止するための適切な対処を行う体制の整備及び充実に必要な施策を講ずるものとする。

（民間団体の活動に対する支援）

第11条　国及び地方公共団体は、民間の団体が行う過労死等の防止に関する活動を支援するために必要な施策を講ずるものとする。

第4章　過労死等防止対策推進協議会

第12条　厚生労働省に、第7条第3項（同条第5項において準用する場合を含む。）に規定する事項を処理するため、過労死等防止対策推進協議会（次条において「協

議会」という。）を置く。

第13条　協議会は、委員20人以内で組織する。

2　協議会の委員は、業務における過重な負荷により脳血管疾患若しくは心臓疾患にかかった者又は業務における強い心理的負荷による精神障害を有するに至った者及びこれらの者の家族又はこれらの脳血管疾患若しくは心臓疾患を原因として死亡した者若しくは当該精神障害を原因とする自殺により死亡した者の遺族を代表する者、労働者を代表する者、使用者を代表する者並びに過労死等に関する専門的知識を有する者のうちから、厚生労働大臣が任命する。

3　協議会の委員は、非常勤とする。

4　前3項に定めるもののほか、協議会の組織及び運営に関し必要な事項は、政令で定める。

第5章　過労死等に関する調査研究等を踏まえた法制上の措置等

第14条　政府は、過労死等に関する調査研究等の結果を踏まえ、必要があると認めるときは、過労死等の防止のために必要な法制上又は財政上の措置その他の措置を講ずるものとする。

附　則（抄）

（施行期日）

1　この法律は、公布の日から起算して6月を超えない範囲内において政令で定める日〔編注・平成26年11月1日―平26政339〕から施行する。

（検討）

2　この法律の規定については、この法律の施行後3年を目途として、この法律の施行状況等を勘案し、検討が加えられ、必要があると認められるときは、その結果に基づいて必要な措置が講ぜられるものとする。

〔資料7〕 事業主が職場における優越的な関係を背景とした言動に起因する問題に関して雇用管理上講ずべき措置等についての指針

（令和2年厚生労働省告示第5号）

【令和2年6月1日適用】

1 はじめに

　この指針は、労働施策の総合的な推進並びに労働者の雇用の安定及び職業生活の充実等に関する法律（昭和41年法律第132号。以下「法」という。）第30条の2第1項及び第2項に規定する事業主が職場において行われる優越的な関係を背景とした言動であって、業務上必要かつ相当な範囲を超えたものにより、その雇用する労働者の就業環境が害されること（以下「職場におけるパワーハラスメント」という。）のないよう雇用管理上講ずべき措置等について、同条第3項の規定に基づき事業主が適切かつ有効な実施を図るために必要な事項について定めたものである。

2 職場におけるパワーハラスメントの内容

(1) 職場におけるパワーハラスメントは、職場において行われる①優越的な関係を背景とした言動であって、②業務上必要かつ相当な範囲を超えたものにより、③労働者の就業環境が害されるものであり、①から③までの要素を全て満たすものをいう。

　なお、客観的にみて、業務上必要かつ相当な範囲で行われる適正な業務指示や指導については、職場におけるパワーハラスメントには該当しない。

(2) 「職場」とは、事業主が雇用する労働者が業務を遂行する場所を指し、当該労働者が通常就業している場所以外の場所であっても、当該労働者が業務を遂行する場所については、「職場」に含まれる。

(3) 「労働者」とは、いわゆる正規雇用労働者のみならず、パートタイム労働者、契約社員等いわゆる非正規雇用労働者を含む事業主が雇用する労働者の全てをいう。

　また、派遣労働者については、派遣元事業主のみならず、労働者派遣の役務の提供を受ける者についても、労働者派遣事業の適正な運営の確保及び派遣労働者の保護等に関する法律（昭和60年法律第88号）第47条の4の規定により、その指揮命令の下に労働させる派遣労働者を雇用する事業主とみなされ、法第30条の2第1項及び第30条の3第2項の規定が適用されることから、労働者派遣の役務の提供を受ける者は、派遣労働者についてもその雇用する労働者と同様に、3(1)の配慮及び4の措置を講ずることが必要である。なお、法第30条の2第2項、第30条の5第2項及び第30条の6第2項の労働者に対する不利益な取扱いの禁止については、派遣労働者も対象に含まれるものであり、派遣元事業主のみならず、労働者派遣の役務の提供を受ける者もまた、当該者に派遣労働者が職場におけるパワーハラスメントの相談を行ったこと等を理由として、当該派遣労働者に係る労働者派遣の役務の提供を拒む等、当該派遣労働者に対

する不利益な取扱いを行ってはならない。

(4) 「優越的な関係を背景とした」言動とは、当該事業主の業務を遂行するに当たって、当該言動を受ける労働者が当該言動の行為者とされる者（以下「行為者」という。）に対して抵抗又は拒絶することができない蓋然性が高い関係を背景として行われるものを指し、例えば、以下のもの等が含まれる。

- 職務上の地位が上位の者による言動
- 同僚又は部下による言動で、当該言動を行う者が業務上必要な知識や豊富な経験を有しており、当該者の協力を得なければ業務の円滑な遂行を行うことが困難であるもの
- 同僚又は部下からの集団による行為で、これに抵抗又は拒絶することが困難であるもの

(5) 「業務上必要かつ相当な範囲を超えた」言動とは、社会通念に照らし、当該言動が明らかに当該事業主の業務上必要性がない、又はその態様が相当でないものを指し、例えば、以下のもの等が含まれる。

- 業務上明らかに必要性のない言動
- 業務の目的を大きく逸脱した言動
- 業務を遂行するための手段として不適当な言動
- 当該行為の回数、行為者の数等、その態様や手段が社会通念に照らして許容される範囲を超える言動

この判断に当たっては、様々な要素（当該言動の目的、当該言動を受けた労働者の問題行動の有無や内容・程度を含む当該言動が行われた経緯や状況、業種・業態、業務の内容・性質、当該言動の態様・頻度・継続性、労働者の属性や心身の状況、行為者との関係性等）を総合的に考慮することが適当である。また、その際には、個別の事案における労働者の行動が問題となる場合は、その内容・程度とそれに対する指導の態様等の相対的な関係性が重要な要素となることについても留意が必要である。

(6) 「労働者の就業環境が害される」とは、当該言動により労働者が身体的又は精神的に苦痛を与えられ、労働者の就業環境が不快なものとなったため、能力の発揮に重大な悪影響が生じる等当該労働者が就業する上で看過できない程度の支障が生じることを指す。

この判断に当たっては、「平均的な労働者の感じ方」、すなわち、同様の状況で当該言動を受けた場合に、社会一般の労働者が、就業する上で看過できない程度の支障が生じたと感じるような言動であるかどうかを基準とすることが適当である。

(7) 職場におけるパワーハラスメントは、(1)の①から③までの要素を全て満たすものをいい（客観的にみて、業務上必要かつ相当な範囲で行われる適正な業務指示や指導については、職場におけるパワーハラスメントには該当しない。）、個別の事案についてその該当性を判断するに当たっては、(5)で総合的に考慮することとした事項のほか、当該言動により労働者が受ける身体的又は精神的な苦痛の程度等を総合的に考慮して判断することが必要である。

248

　このため、個別の事案の判断に際しては、相談窓口の担当者等がこうした事項に十分留意し、相談を行った労働者（以下「相談者」という。）の心身の状況や当該言動が行われた際の受け止めなどその認識にも配慮しながら、相談者及び行為者の双方から丁寧に事実確認等を行うことも重要である。

　これらのことを十分踏まえて、予防から再発防止に至る一連の措置を適切に講じることが必要である。

　職場におけるパワーハラスメントの状況は多様であるが、代表的な言動の類型としては、以下のイからヘまでのものがあり、当該言動の類型ごとに、典型的に職場におけるパワーハラスメントに該当し、又は該当しないと考えられる例としては、次のようなものがある。

　ただし、個別の事案の状況等によって判断が異なる場合もあり得ること、また、次の例は限定列挙ではないことに十分留意し、4(2)ロにあるとおり広く相談に対応するなど、適切な対応を行うようにすることが必要である。

　なお、職場におけるパワーハラスメントに該当すると考えられる以下の例については、行為者と当該言動を受ける労働者の関係性を個別に記載していないが、(4)にあるとおり、優越的な関係を背景として行われたものであることが前提である。

イ　身体的な攻撃（暴行・傷害）
　(イ)　該当すると考えられる例
　　①　殴打、足蹴りを行うこと。
　　②　相手に物を投げつけること。
　(ロ)　該当しないと考えられる例
　　①　誤ってぶつかること。
ロ　精神的な攻撃（脅迫・名誉棄損・侮辱・ひどい暴言）
　(イ)　該当すると考えられる例
　　①　人格を否定するような言動を行うこと。相手の性的指向・性自認に関する侮辱的な言動を行うことを含む。
　　②　業務の遂行に関する必要以上に長時間にわたる厳しい叱責を繰り返し行うこと。
　　③　他の労働者の面前における大声での威圧的な叱責を繰り返し行うこと。
　　④　相手の能力を否定し、罵倒するような内容の電子メール等を当該相手を含む複数の労働者宛てに送信すること。
　(ロ)　該当しないと考えられる例
　　①　遅刻など社会的ルールを欠いた言動が見られ、再三注意してもそれが改善されない労働者に対して一定程度強く注意をすること。
　　②　その企業の業務の内容や性質等に照らして重大な問題行動を行った労働者に対して、一定程度強く注意をすること。
ハ　人間関係からの切り離し（隔離・仲間外し・無視）
　(イ)　該当すると考えられる例
　　①　自身の意に沿わない労働者に対して、仕事を外し、長期間にわたり、

別室に隔離したり、自宅研修させたりすること。

② 一人の労働者に対して同僚が集団で無視をし、職場で孤立させること。

(ロ) 該当しないと考えられる例

① 新規に採用した労働者を育成するために短期間集中的に別室で研修等の教育を実施すること。

② 懲戒規定に基づき処分を受けた労働者に対し、通常の業務に復帰させるために、その前に、一時的に別室で必要な研修を受けさせること。

ニ 過大な要求（業務上明らかに不要なことや遂行不可能なことの強制・仕事の妨害）

(イ) 該当すると考えられる例

① 長期間にわたる、肉体的苦痛を伴う過酷な環境下での勤務に直接関係のない作業を命ずること。

② 新卒採用者に対し、必要な教育を行わないまま到底対応できないレベルの業績目標を課し、達成できなかったことに対し厳しく叱責すること。

③ 労働者に業務とは関係のない私的な雑用の処理を強制的に行わせること。

(ロ) 該当しないと考えられる例

① 労働者を育成するために現状よりも少し高いレベルの業務を任せること。

② 業務の繁忙期に、業務上の必要性から、当該業務の担当者に通常時よりも一定程度多い業務の処理を任せること。

ホ 過小な要求（業務上の合理性なく能力や経験とかけ離れた程度の低い仕事を命じることや仕事を与えないこと）

(イ) 該当すると考えられる例

① 管理職である労働者を退職させるため、誰でも遂行可能な業務を行わせること。

② 気にいらない労働者に対して嫌がらせのために仕事を与えないこと。

(ロ) 該当しないと考えられる例

① 労働者の能力に応じて、一定程度業務内容や業務量を軽減すること。

ヘ 個の侵害（私的なことに過度に立ち入ること）

(イ) 該当すると考えられる例

① 労働者を職場外でも継続的に監視したり、私物の写真撮影をしたりすること。

② 労働者の性的指向・性自認や病歴、不妊治療等の機微な個人情報について、当該労働者の了解を得ずに他の労働者に暴露すること。

(ロ) 該当しないと考えられる例

① 労働者への配慮を目的として、労働者の家族の状況等についてヒアリングを行うこと。

② 労働者の了解を得て、当該労働者の性的指向・性自認や病歴、不妊治療等の機微な個人情報について、必要な範囲で人事労務部門の担当者に

250

伝達し、配慮を促すこと。

　この点、プライバシー保護の観点から、ヘ(イ)②のように機微な個人情報を暴露することのないよう、労働者に周知・啓発する等の措置を講じることが必要である。

3　事業主等の責務

(1)　事業主の責務

　法第30条の３第２項の規定により、事業主は、職場におけるパワーハラスメントを行ってはならないことその他職場におけるパワーハラスメントに起因する問題（以下「パワーハラスメント問題」という。）に対するその雇用する労働者の関心と理解を深めるとともに、当該労働者が他の労働者（他の事業主が雇用する労働者及び求職者を含む。(2)において同じ。）に対する言動に必要な注意を払うよう、研修の実施その他の必要な配慮をするほか、国の講ずる同条第１項の広報活動、啓発活動その他の措置に協力するように努めなければならない。なお、職場におけるパワーハラスメントに起因する問題としては、例えば、労働者の意欲の低下などによる職場環境の悪化や職場全体の生産性の低下、労働者の健康状態の悪化、休職や退職などにつながり得ること、これらに伴う経営的な損失等が考えられる。

　また、事業主（その者が法人である場合にあっては、その役員）は、自らも、パワーハラスメント問題に対する関心と理解を深め、労働者（他の事業主が雇用する労働者及び求職者を含む。）に対する言動に必要な注意を払うように努めなければならない。

(2)　労働者の責務

　法第30条の３第４項の規定により、労働者は、パワーハラスメント問題に対する関心と理解を深め、他の労働者に対する言動に必要な注意を払うとともに、事業主の講ずる４の措置に協力するように努めなければならない。

4　事業主が職場における優越的な関係を背景とした言動に起因する問題に関し雇用管理上講ずべき措置の内容

　事業主は、当該事業主が雇用する労働者又は当該事業主（その者が法人である場合にあっては、その役員）が行う職場におけるパワーハラスメントを防止するため、雇用管理上次の措置を講じなければならない。

(1)　事業主の方針等の明確化及びその周知・啓発

　事業主は、職場におけるパワーハラスメントに関する方針の明確化、労働者に対するその方針の周知・啓発として、次の措置を講じなければならない。

　なお、周知・啓発をするに当たっては、職場におけるパワーハラスメントの防止の効果を高めるため、その発生の原因や背景について労働者の理解を深めることが重要である。その際、職場におけるパワーハラスメントの発生の原因や背景には、労働者同士のコミュニケーションの希薄化などの職場環境の問題もあると考えられる。そのため、これらを幅広く解消していくことが職場におけるパワーハラスメントの防止の効果を高める上で重要であることに留意することが必要である。

イ　職場におけるパワーハラスメントの内容及び職場におけるパワーハラスメントを行ってはならない旨の方針を明確化し、管理監督者を含む労働者に周知・啓発すること。

（事業主の方針等を明確化し、労働者に周知・啓発していると認められる例）

①　就業規則その他の職場における服務規律等を定めた文書において、職場におけるパワーハラスメントを行ってはならない旨の方針を規定し、当該規定と併せて、職場におけるパワーハラスメントの内容及びその発生の原因や背景を労働者に周知・啓発すること。

②　社内報、パンフレット、社内ホームページ等広報又は啓発のための資料等に職場におけるパワーハラスメントの内容及びその発生の原因や背景並びに職場におけるパワーハラスメントを行ってはならない旨の方針を記載し、配布等すること。

③　職場におけるパワーハラスメントの内容及びその発生の原因や背景並びに職場におけるパワーハラスメントを行ってはならない旨の方針を労働者に対して周知・啓発するための研修、講習等を実施すること。

ロ　職場におけるパワーハラスメントに係る言動を行った者については、厳正に対処する旨の方針及び対処の内容を就業規則その他の職場における服務規律等を定めた文書に規定し、管理監督者を含む労働者に周知・啓発すること。

（対処方針を定め、労働者に周知・啓発していると認められる例）

①　就業規則その他の職場における服務規律等を定めた文書において、職場におけるパワーハラスメントに係る言動を行った者に対する懲戒規定を定め、その内容を労働者に周知・啓発すること。

②　職場におけるパワーハラスメントに係る言動を行った者は、現行の就業規則その他の職場における服務規律等を定めた文書において定められている懲戒規定の適用の対象となる旨を明確化し、これを労働者に周知・啓発すること。

(2)　相談（苦情を含む。以下同じ。）に応じ、適切に対応するために必要な体制の整備

事業主は、労働者からの相談に対し、その内容や状況に応じ適切かつ柔軟に対応するために必要な体制の整備として、次の措置を講じなければならない。

イ　相談への対応のための窓口（以下「相談窓口」という。）をあらかじめ定め、労働者に周知すること。

（相談窓口をあらかじめ定めていると認められる例）

①　相談に対応する担当者をあらかじめ定めること。

②　相談に対応するための制度を設けること。

③　外部の機関に相談への対応を委託すること。

ロ　イの相談窓口の担当者が、相談に対し、その内容や状況に応じ適切に対応できるようにすること。また、相談窓口においては、被害を受けた労働者が萎縮するなどして相談を躊躇する例もあること等も踏まえ、相談者の心身の状況や当該言動が行われた際の受け止めなどその認識にも配慮しながら、職

場におけるパワーハラスメントが現実に生じている場合だけでなく、その発
生のおそれがある場合や、職場におけるパワーハラスメントに該当するか否
か微妙な場合であっても、広く相談に対応し、適切な対応を行うようにする
こと。例えば、放置すれば就業環境を害するおそれがある場合や、労働者同
士のコミュニケーションの希薄化などの職場環境の問題が原因や背景となっ
てパワーハラスメントが生じるおそれがある場合等が考えられる。

（相談窓口の担当者が適切に対応することができるようにしていると認めら
れる例）

① 相談窓口の担当者が相談を受けた場合、その内容や状況に応じて、相談
窓口の担当者と人事部門とが連携を図ることができる仕組みとすること。

② 相談窓口の担当者が相談を受けた場合、あらかじめ作成した留意点など
を記載したマニュアルに基づき対応すること。

③ 相談窓口の担当者に対し、相談を受けた場合の対応についての研修を行
うこと。

(3) 職場におけるパワーハラスメントに係る事後の迅速かつ適切な対応

事業主は、職場におけるパワーハラスメントに係る相談の申出があった場合
において、その事案に係る事実関係の迅速かつ正確な確認及び適正な対処とし
て、次の措置を講じなければならない。

イ 事案に係る事実関係を迅速かつ正確に確認すること。

（事案に係る事実関係を迅速かつ正確に確認していると認められる例）

① 相談窓口の担当者、人事部門又は専門の委員会等が、相談者及び行為者
の双方から事実関係を確認すること。その際、相談者の心身の状況や当該
言動が行われた際の受け止めなどその認識にも適切に配慮すること。

また、相談者と行為者との間で事実関係に関する主張に不一致があり、
事実の確認が十分にできないと認められる場合には、第三者からも事実関
係を聴取する等の措置を講ずること。

② 事実関係を迅速かつ正確に確認しようとしたが、確認が困難な場合など
において、法第30条の6に基づく調停の申請を行うことその他中立な第三
者機関に紛争処理を委ねること。

ロ イにより、職場におけるパワーハラスメントが生じた事実が確認できた場
合においては、速やかに被害を受けた労働者（以下「被害者」という。）に
対する配慮のための措置を適正に行うこと。

（措置を適正に行っていると認められる例）

① 事案の内容や状況に応じ、被害者と行為者の間の関係改善に向けての援
助、被害者と行為者を引き離すための配置転換、行為者の謝罪、被害者の
労働条件上の不利益の回復、管理監督者又は事業場内産業保健スタッフ等
による被害者のメンタルヘルス不調への相談対応等の措置を講ずること。

② 法第30条の6に基づく調停その他中立な第三者機関の紛争解決案に従っ
た措置を被害者に対して講ずること。

ハ イにより、職場におけるパワーハラスメントが生じた事実が確認できた場

合においては、行為者に対する措置を適正に行うこと。

（措置を適正に行っていると認められる例）

①　就業規則その他の職場における服務規律等を定めた文書における職場におけるパワーハラスメントに関する規定等に基づき、行為者に対して必要な懲戒その他の措置を講ずること。あわせて、事案の内容や状況に応じ、被害者と行為者の間の関係改善に向けての援助、被害者と行為者を引き離すための配置転換、行為者の謝罪等の措置を講ずること。

②　法第30条の６に基づく調停その他中立な第三者機関の紛争解決案に従った措置を行為者に対して講ずること。

　ニ　改めて職場におけるパワーハラスメントに関する方針を周知・啓発する等の再発防止に向けた措置を講ずること。

　　なお、職場におけるパワーハラスメントが生じた事実が確認できなかった場合においても、同様の措置を講ずること。

（再発防止に向けた措置を講じていると認められる例）

①　職場におけるパワーハラスメントを行ってはならない旨の方針及び職場におけるパワーハラスメントに係る言動を行った者について厳正に対処する旨の方針を、社内報、パンフレット、社内ホームページ等広報又は啓発のための資料等に改めて掲載し、配布等すること。

②　労働者に対して職場におけるパワーハラスメントに関する意識を啓発するための研修、講習等を改めて実施すること。

(4)　(1)から(3)までの措置と併せて講ずべき措置

　　(1)から(3)までの措置を講ずるに際しては、併せて次の措置を講じなければならない。

　イ　職場におけるパワーハラスメントに係る相談者・行為者等の情報は当該相談者・行為者等のプライバシーに属するものであることから、相談への対応又は当該パワーハラスメントに係る事後の対応に当たっては、相談者・行為者等のプライバシーを保護するために必要な措置を講ずるとともに、その旨を労働者に対して周知すること。なお、相談者・行為者等のプライバシーには、性的指向・性自認や病歴、不妊治療等の機微な個人情報も含まれるものであること。

（相談者・行為者等のプライバシーを保護するために必要な措置を講じていると認められる例）

①　相談者・行為者等のプライバシーの保護のために必要な事項をあらかじめマニュアルに定め、相談窓口の担当者が相談を受けた際には、当該マニュアルに基づき対応するものとすること。

②　相談者・行為者等のプライバシーの保護のために、相談窓口の担当者に必要な研修を行うこと。

③　相談窓口においては相談者・行為者等のプライバシーを保護するために必要な措置を講じていることを、社内報、パンフレット、社内ホームページ等広報又は啓発のための資料等に掲載し、配布等すること。

　　ロ　法第30条の2第2項、第30条の5第2項及び第30条の6第2項の規定を踏
　　まえ、労働者が職場におけるパワーハラスメントに関し相談をしたこと若し
　　くは事実関係の確認等の事業主の雇用管理上講ずべき措置に協力したこと、
　　都道府県労働局に対して相談、紛争解決の援助の求め若しくは調停の申請を
　　行ったこと又は調停の出頭の求めに応じたこと（以下「パワーハラスメント
　　の相談等」という。）を理由として、解雇その他不利益な取扱いをされない
　　旨を定め、労働者に周知・啓発すること。
　　（不利益な取扱いをされない旨を定め、労働者にその周知・啓発することに
　　ついて措置を講じていると認められる例）
　　①　就業規則その他の職場における服務規律等を定めた文書において、パ
　　　ワーハラスメントの相談等を理由として、労働者が解雇等の不利益な取扱
　　　いをされない旨を規定し、労働者に周知・啓発をすること。
　　②　社内報、パンフレット、社内ホームページ等広報又は啓発のための資料
　　　等に、パワーハラスメントの相談等を理由として、労働者が解雇等の不利
　　　益な取扱いをされない旨を記載し、労働者に配布等すること。
5　事業主が職場における優越的な関係を背景とした言動に起因する問題に関し行
　うことが望ましい取組の内容
　　事業主は、当該事業主が雇用する労働者又は当該事業主（その者が法人である
　場合にあっては、その役員）が行う職場におけるパワーハラスメントを防止する
　ため、4の措置に加え、次の取組を行うことが望ましい。
(1)　職場におけるパワーハラスメントは、セクシュアルハラスメント（事業主が
　職場における性的な言動に起因する問題に関して雇用管理上講ずべき措置等に
　ついての指針（平成18年厚生労働省告示第615号）に規定する「職場における
　セクシュアルハラスメント」をいう。以下同じ。）、妊娠、出産等に関するハラ
　スメント（事業主が職場における妊娠、出産等に関する言動に起因する問題に
　関して雇用管理上講ずべき措置等についての指針（平成28年厚生労働省告示第
　312号）に規定する「職場における妊娠、出産等に関するハラスメント」をい
　う。）、育児休業等に関するハラスメント（子の養育又は家族の介護を行い、又
　は行うこととなる労働者の職業生活と家庭生活との両立が図られるようにする
　ために事業主が講ずべき措置等に関する指針（平成21年厚生労働省告示第509
　号）に規定する「職場における育児休業等に関するハラスメント」をいう。）
　その他のハラスメントと複合的に生じることも想定されることから、事業主
　は、例えば、セクシュアルハラスメント等の相談窓口と一体的に、職場におけ
　るパワーハラスメントの相談窓口を設置し、一元的に相談に応じることのでき
　る体制を整備することが望ましい。
　（一元的に相談に応じることのできる体制の例）
　①　相談窓口で受け付けることのできる相談として、職場におけるパワーハラ
　　スメントのみならず、セクシュアルハラスメント等も明示すること。
　②　職場におけるパワーハラスメントの相談窓口がセクシュアルハラスメント
　　等の相談窓口を兼ねること。

(2)　事業主は、職場におけるパワーハラスメントの原因や背景となる要因を解消するため、次の取組を行うことが望ましい。

　　なお、取組を行うに当たっては、労働者個人のコミュニケーション能力の向上を図ることは、職場におけるパワーハラスメントの行為者・被害者の双方になることを防止する上で重要であることや、業務上必要かつ相当な範囲で行われる適正な業務指示や指導については、職場におけるパワーハラスメントには該当せず、労働者が、こうした適正な業務指示や指導を踏まえて真摯に業務を遂行する意識を持つことも重要であることに留意することが必要である。

イ　コミュニケーションの活性化や円滑化のために研修等の必要な取組を行うこと。

（コミュニケーションの活性化や円滑化のために必要な取組例）

①　日常的なコミュニケーションを取るよう努めることや定期的に面談やミーティングを行うことにより、風通しの良い職場環境や互いに助け合える労働者同士の信頼関係を築き、コミュニケーションの活性化を図ること。

②　感情をコントロールする手法についての研修、コミュニケーションスキルアップについての研修、マネジメントや指導についての研修等の実施や資料の配布等により、労働者が感情をコントロールする能力やコミュニケーションを円滑に進める能力等の向上を図ること。

ロ　適正な業務目標の設定等の職場環境の改善のための取組を行うこと。

（職場環境の改善のための取組例）

①　適正な業務目標の設定や適正な業務体制の整備、業務の効率化による過剰な長時間労働の是正等を通じて、労働者に過度に肉体的・精神的負荷を強いる職場環境や組織風土を改善すること。

(3)　事業主は、4の措置を講じる際に、必要に応じて、労働者や労働組合等の参画を得つつ、アンケート調査や意見交換等を実施するなどにより、その運用状況の的確な把握や必要な見直しの検討等に努めることが重要である。なお、労働者や労働組合等の参画を得る方法として、例えば、労働安全衛生法（昭和47年法律第57号）第18条第1項に規定する衛生委員会の活用なども考えられる。

6　事業主が自らの雇用する労働者以外の者に対する言動に関し行うことが望ましい取組の内容

　　3の事業主及び労働者の責務の趣旨に鑑みれば、事業主は、当該事業主が雇用する労働者が、他の労働者（他の事業主が雇用する労働者及び求職者を含む。）のみならず、個人事業主、インターンシップを行っている者等の労働者以外の者に対する言動についても必要な注意を払うよう配慮するとともに、事業主（その者が法人である場合にあっては、その役員）自らと労働者も、労働者以外の者に対する言動について必要な注意を払うよう努めることが望ましい。

　　こうした責務の趣旨も踏まえ、事業主は、4(1)イの職場におけるパワーハラスメントを行ってはならない旨の方針の明確化等を行う際に、当該事業主が雇用する労働者以外の者（他の事業主が雇用する労働者、就職活動中の学生等の求職者及び労働者以外の者）に対する言動についても、同様の方針を併せて示すことが

望ましい。

　　また、これらの者から職場におけるパワーハラスメントに類すると考えられる
相談があった場合には、その内容を踏まえて、４の措置も参考にしつつ、必要に
応じて適切な対応を行うように努めることが望ましい。

7　事業主が他の事業主の雇用する労働者等からのパワーハラスメントや顧客等か
　らの著しい迷惑行為に関し行うことが望ましい取組の内容

　　事業主は、取引先等の他の事業主が雇用する労働者又は他の事業主（その者が
法人である場合にあっては、その役員）からのパワーハラスメントや顧客等から
の著しい迷惑行為（暴行、脅迫、ひどい暴言、著しく不当な要求等）により、そ
の雇用する労働者が就業環境を害されることのないよう、雇用管理上の配慮とし
て、例えば、(1)及び(2)の取組を行うことが望ましい。また、(3)のような取組を行
うことも、その雇用する労働者が被害を受けることを防止する上で有効と考えら
れる。

(1)　相談に応じ、適切に対応するために必要な体制の整備

　　　事業主は、他の事業主が雇用する労働者等からのパワーハラスメントや顧客
　等からの著しい迷惑行為に関する労働者からの相談に対し、その内容や状況に
　応じ適切かつ柔軟に対応するために必要な体制の整備として、４(2)イ及びロの
　例も参考にしつつ、次の取組を行うことが望ましい。

　　　また、併せて、労働者が当該相談をしたことを理由として、解雇その他不利
　益な取扱いを行ってはならない旨を定め、労働者に周知・啓発することが望ま
　しい。

　イ　相談先（上司、職場内の担当者等）をあらかじめ定め、これを労働者に周
　　　知すること。

　ロ　イの相談を受けた者が、相談に対し、その内容や状況に応じ適切に対応で
　　　きるようにすること。

(2)　被害者への配慮のための取組

　　　事業主は、相談者から事実関係を確認し、他の事業主が雇用する労働者等か
　らのパワーハラスメントや顧客等からの著しい迷惑行為が認められた場合に
　は、速やかに被害者に対する配慮のための取組を行うことが望ましい。

　（被害者への配慮のための取組例）

　　　事案の内容や状況に応じ、被害者のメンタルヘルス不調への相談対応、著し
　い迷惑行為を行った者に対する対応が必要な場合に一人で対応させない等の取
　組を行うこと。

(3)　他の事業主が雇用する労働者等からのパワーハラスメントや顧客等からの著
　しい迷惑行為による被害を防止するための取組

　　　(1)及び(2)の取組のほか、他の事業主が雇用する労働者等からのパワーハラス
　メントや顧客等からの著しい迷惑行為からその雇用する労働者が被害を受ける
　ことを防止する上では、事業主が、こうした行為への対応に関するマニュアル
　の作成や研修の実施等の取組を行うことも有効と考えられる。

　　　また、業種・業態等によりその被害の実態や必要な対応も異なると考えられ

　ることから、業種・業態等における被害の実態や業務の特性等を踏まえて、それぞれの状況に応じた必要な取組を進めることも、被害の防止に当たっては効果的と考えられる。

〔資料 8〕 労働時間の適正な把握のために使用者が講ずべき措置に関するガイドライン

（平成29年 1 月20日基発0120第 3 号厚生労働省労働基準局長）

1 趣旨

労働基準法においては、労働時間、休日、深夜業等について規定を設けていることから、使用者は、労働時間を適正に把握するなど労働時間を適切に管理する責務を有している。

しかしながら、現状をみると、労働時間の把握に係る自己申告制（労働者が自己の労働時間を自主的に申告することにより労働時間を把握するもの。以下同じ。）の不適正な運用等に伴い、同法に違反する過重な長時間労働や割増賃金の未払いといった問題が生じているなど、使用者が労働時間を適切に管理していない状況もみられるところである。

このため、本ガイドラインでは、労働時間の適正な把握のために使用者が講ずべき措置を具体的に明らかにする。

2 適用の範囲

本ガイドラインの対象事業場は、労働基準法のうち労働時間に係る規定が適用される全ての事業場であること。

また、本ガイドラインに基づき使用者（使用者から労働時間を管理する権限の委譲を受けた者を含む。以下同じ。）が労働時間の適正な把握を行うべき対象労働者は、労働基準法第41条に定める者及びみなし労働時間制が適用される労働者（事業場外労働を行う者にあっては、みなし労働時間制が適用される時間に限る。）を除く全ての者であること。

なお、本ガイドラインが適用されない労働者についても、健康確保を図る必要があることから、使用者において適正な労働時間管理を行う責務があること。

3 労働時間の考え方

労働時間とは、使用者の指揮命令下に置かれている時間のことをいい、使用者の明示又は黙示の指示により労働者が業務に従事する時間は労働時間に当たる。そのため、次のアからウのような時間は、労働時間として扱わなければならないこと。

ただし、これら以外の時間についても、使用者の指揮命令下に置かれていると評価される時間については労働時間として取り扱うこと。

なお、労働時間に該当するか否かは、労働契約、就業規則、労働協約等の定めのいかんによらず、労働者の行為が使用者の指揮命令下に置かれたものと評価することができるか否かにより客観的に定まるものであること。また、客観的に見て使用者の指揮命令下に置かれていると評価されるかどうかは、労働者の行為が使用者から義務づけられ、又はこれを余儀なくされていた等の状況の有無等から、個別具体的に判断されるものであること。

ア 使用者の指示により、就業を命じられた業務に必要な準備行為（着用を義務付けられた所定の服装への着替え等）や業務終了後の業務に関連した後始末(清

259

掃等）を事業場内において行った時間
- イ　使用者の指示があった場合には即時に業務に従事することを求められており、労働から離れることが保障されていない状態で待機等している時間（いわゆる「手待時間」）
- ウ　参加することが業務上義務づけられている研修・教育訓練の受講や、使用者の指示により業務に必要な学習等を行っていた時間

4　労働時間の適正な把握のために使用者が講ずべき措置
- (1)　始業・終業時刻の確認及び記録
   　使用者は、労働時間を適正に把握するため、労働者の労働日ごとの始業・終業時刻を確認し、これを記録すること。
- (2)　始業・終業時刻の確認及び記録の原則的な方法
   　使用者が始業・終業時刻を確認し、記録する方法としては、原則として次のいずれかの方法によること。
   - ア　使用者が、自ら現認することにより確認し、適正に記録すること。
   - イ　タイムカード、ICカード、パソコンの使用時間の記録等の客観的な記録を基礎として確認し、適正に記録すること。
- (3)　自己申告制により始業・終業時刻の確認及び記録を行う場合の措置
   　上記(2)の方法によることなく、自己申告制によりこれを行わざるを得ない場合、使用者は次の措置を講ずること。
   - ア　自己申告制の対象となる労働者に対して、本ガイドラインを踏まえ、労働時間の実態を正しく記録し、適正に自己申告を行うことなどについて十分な説明を行うこと。
   - イ　実際に労働時間を管理する者に対して、自己申告制の適正な運用を含め、本ガイドラインに従い講ずべき措置について十分な説明を行うこと。
   - ウ　自己申告により把握した労働時間が実際の労働時間と合致しているか否かについて、必要に応じて実態調査を実施し、所要の労働時間の補正をすること。
   　　特に、入退場記録やパソコンの使用時間の記録など、事業場内にいた時間の分かるデータを有している場合に、労働者からの自己申告により把握した労働時間と当該データで分かった事業場内にいた時間との間に著しい乖離が生じているときには、実態調査を実施し、所要の労働時間の補正をすること。
   - エ　自己申告した労働時間を超えて事業場内にいる時間について、その理由等を労働者に報告させる場合には、当該報告が適正に行われているかについて確認すること。
   　　その際、休憩や自主的な研修、教育訓練、学習等であるため労働時間ではないと報告されていても、実際には、使用者の指示により業務に従事しているなど使用者の指揮命令下に置かれていたと認められる時間については、労働時間として扱わなければならないこと。
   - オ　自己申告制は、労働者による適正な申告を前提として成り立つものである。このため、使用者は、労働者が自己申告できる時間外労働の時間数に上

限を設け、上限を超える申告を認めない等、労働者による労働時間の適正な申告を阻害する措置を講じてはならないこと。

　また、時間外労働時間の削減のための社内通達や時間外労働手当の定額払等労働時間に係る事業場の措置が、労働者の労働時間の適正な申告を阻害する要因となっていないかについて確認するとともに、当該要因となっている場合においては、改善のための措置を講ずること。

　さらに、労働基準法の定める法定労働時間や時間外労働に関する労使協定（いわゆる36協定）により延長することができる時間数を遵守することは当然であるが、実際には延長することができる時間数を超えて労働しているにもかかわらず、記録上これを守っているようにすることが、実際に労働時間を管理する者や労働者等において、慣習的に行われていないかについても確認すること。

(4) 賃金台帳の適正な調製

　使用者は、労働基準法第108条及び同法施行規則第54条により、労働者ごとに、労働日数、労働時間数、休日労働時間数、時間外労働時間数、深夜労働時間数といった事項を適正に記入しなければならないこと。

　また、賃金台帳にこれらの事項を記入していない場合や、故意に賃金台帳に虚偽の労働時間数を記入した場合は、同法第120条に基づき、30万円以下の罰金に処されること。

(5) 労働時間の記録に関する書類の保存

　使用者は、労働者名簿、賃金台帳のみならず、出勤簿やタイムカード等の労働時間の記録に関する書類について、労働基準法第109条に基づき、3年間保存しなければならないこと。

(6) 労働時間を管理する者の職務

　事業場において労務管理を行う部署の責任者は、当該事業場内における労働時間の適正な把握等労働時間管理の適正化に関する事項を管理し、労働時間管理上の問題点の把握及びその解消を図ること。

(7) 労働時間等設定改善委員会等の活用

　使用者は、事業場の労働時間管理の状況を踏まえ、必要に応じ労働時間等設定改善委員会等の労使協議組織を活用し、労働時間管理の現状を把握の上、労働時間管理上の問題点及びその解消策等の検討を行うこと。

◆その他の参照通達等

① 国家公務員に関する「心・血管疾患及び脳血管疾患の公務上災害の認定について」（令和 3 年 9 月15日職補第266号事務総局職員福祉局長通達）
https://www.jinji.go.jp/kisya/2109/honbun_r 3 shokuho_266.pdf

② 地方公務員に関する「心・血管疾患及び脳血管疾患の公務上の災害の認定について」（令和 3 年 9 月15日地基補第260号理事長通達）
https://www.chikousai.go.jp/reiki/pdf/r 3 ho260.pdf

③ 脳・心臓疾患の労災認定の基準に関する専門検討会報告書（令和 3 年 7 月）
https://www.mhlw.go.jp/content/11201000/000807245.pdf

④ 精神障害の労災認定の基準に関する専門検討会報告書（令和 2 年 5 月）
https://www.mhlw.go.jp/content/11201000/000630780.pdf

⑤ 過労死等の防止のための対策に関する大綱（令和 3 年 7 月30日）〜過労死をゼロにし、健康で充実して働き続けることのできる社会へ〜
https://www.mhlw.go.jp/content/11201000/000811145.pdf

⑥ 過重労働による健康障害防止のための総合対策（令和 2 年 4 月 1 日付基発0401第11号雇均発0401第 4 号改正）
https://www.mhlw.go.jp/content/000616605.pdf

⑦ 自動車運転者の改善基準告示（平成 9 年 4 月）
https://www.mhlw.go.jp/stf/seisakunitsuite/bunya/koyou_roudou/roudoukijun/gyosyu/roudoujouken05/index.html
＊令和 4 年12月に改正・公布、令和 6 年 4 月施行予定

⑧ テレワークの適切な導入及び実施の推進のためのガイドライン
https://www.mhlw.go.jp/content/000759469.pdf

⑨ 副業・兼業の促進に関するガイドライン
https://www.mhlw.go.jp/file/06-Seisakujouhou-11200000-Roudoukijunkyoku/0000192844.pdf

⑩ フリーランスとして安心して働ける環境を整備するためのガイドライン
https://www.mhlw.go.jp/content/11911500/000759477.pdf

●第3版執筆者一覧●

岩城　　穣（いわき総合法律事務所）

生越　照幸（弁護士法人ライフパートナー法律事務所）

上出　恭子（あべの総合法律事務所）

立野　嘉英（吉岡・立野法律事務所）

稗田　隆史（稗田総合法律事務所）

松丸　　正（堺法律事務所）

和田　　香（燈法律事務所）

〔全員弁護士、50音順〕

［第2版執筆者一覧］

岩城　　穣（いわき総合法律事務所）

生越　照幸（ライフパートナー法律事務所）

上出　恭子（あべの総合法律事務所）

立野　嘉英（吉岡・立野法律事務所）

松丸　　正（堺法律事務所）

和田　　香（あべの総合法律事務所）

〔全員弁護士、50音順〕

［初版執筆者］

足立　賢介	岩城　　穣	生越　照幸
上出　恭子	下川　和男	立野　嘉英
長瀬　信明	波多野　進	松丸　　正

〔全員弁護士、50音順〕

〔編者連絡先〕

大阪過労死問題連絡会

〒545－0051　大阪市阿倍野区旭町１－２－７
あべのメディックス２階202号
あべの総合法律事務所気付
TEL06-6636-9361　　FAX06-6636-9364
E-mail：karoshi@abenolaw.jp
ホームページ：https://www.osaka-karoshi.jp/

過労死・過労自殺の救済Q＆A〔第３版〕
──労災認定と企業賠償への取組み──

令和４年４月15日　第１刷発行

定価　本体 2,500円＋税

編　者　大阪過労死問題連絡会
発　行　株式会社　民事法研究会
印　刷　株式会社　太平印刷社

発行所　株式会社　民事法研究会
〒150－0013　東京都渋谷区恵比寿３－７－16
〔営業〕☎03－5798－7257　FAX 03－5798－7258
〔編集〕☎03－5798－7277　FAX 03－5798－7278
http://www.minjiho.com/　　info@minjiho.com

落丁・乱丁はおとりかえします。　　ISBN978-4-86556-502-7　C2032　¥2500E
組版／民事法研究会（Windows10 Pro 64bit+InDesignCC 2022+Fontworks etc.）